1. Auflage

www.conbook-verlag.de
www.fettnaepfchenfuehrer.de

Projektleitung und Lektorat: Julia Kaufhold
Einbandgestaltung: David Janik, Linda Kahrl
unter Verwendung von Lizenzmaterial © istockphoto.com/mkaragoz
Satz: Reihs Satzstudio, Lohmar
Druck und Verarbeitung: Ebner & Spiegel GmbH, Ulm

Printed in Germany

ISBN 978-3-934918-82-5

FETTNÄPFCHENFÜHRER

Heidi Jovanovic

GRIECHENLAND

Blaue Wunder im Land der Götter

Irgendwo zwischen Mokkatässchen und einer Karaffe Wein versteckt er sich – der echte Grieche. Nur, was ist das eigentlich für ein Geselle? Ein braun gebrannter Bursche mit schwarzem Schnurrbart und Schwielen an den Händen oder eher ein klassischer Adonis? Und seine Frau – moderne Aphrodite oder ein altes Mütterchen im schwarzen Rock auf einem Esel? Und wie leben die beiden eigentlich zwischen Orient und Okzident?

Anna, Connie und Bernd wollen es wissen und den wahren Griechen hinter dem Klischeevorhang aus Zaziki und Sirtaki kennenlernen. Während Bernd auf der Insel Náxos ein Haus renoviert, verhandelt und verzweifelt, unternehmen Anna und seine Frau Connie eine Reise ins Blaue der Ägäis. Ihnen allen war klar, dass sie im Land der Götter nicht stolperfrei umherwandern werden – dass das Inselhopping aber zu einem kulturellen Hürdenlauf olympischer Güte wird, hatten sie dann doch nicht erwartet.

Oder haben Sie gewusst, warum der Grieche mit den hochgezogenen Augenbrauen Nein meint, wenn er ein fast bejahendes Nicken andeutet? Warum Sie niemandem in die Parade fahren müssen, wenn er drauf und dran ist, jemanden anzuspucken, oder warum der Herr in Hemd und Kragen dort drüben merkwürdig verschämt seine Finger aneinanderreibt? Wenn Sie dann auch noch den Kellner nach Servietten fragen, dann sind Sie schon mitten drin – im Blamagemarathon und den blauen Wundern der griechischen Kultur.

Heidi Jovanovic arbeitet als Autorin, freie Journalistin und Übersetzerin und liebt das Reisen. Zahlreiche Länder auf fünf Kontinenten hat sie bereits auf eigene Faust besucht. Auf Reisen ist sie stets, auch wenn sie gerade nicht unterwegs ist. Dann finden die Reisen im Kopf statt, dann ist die Zeit der Vor- und Nachfreude, die die Beschäftigung mit der Kultur des fernen Landes bietet.

Inhalt

Vorwort 13

Umschrift und Aussprache griechischer Wörter 18

1 ***Ópa!*** 21
Vom Feiern und Tanzen

2 **Connie weckt ihre Lebensgeister** 31
Von Kaffee und Türken

3 **Anna und der schöne »Alexander«** 37
Von verbaler und nonverbaler Kommunikation

4 **Connie hat mächtig Bammel** 44
Von Kreuzzeichen und Frömmigkeit

Inhalt

5 **Ng, nng, nnng!** 51
Von ungewohnter Kost und verletztem Ehrgefühl

6 **Ganz schön deutsch** 58
Vom Zechen und Blechen

7 **Im Vulkankessel** 63
Von Unfällen und Schutzengeln

8 **Connie verpasst eine Gelegenheit** 70
Von Namen, Festen und Gesten

9 ***Serviétes parakaló!*** 79
Von Wörtern mit Migrationshintergrund

10 **Keusche Küsse** 86
Vom Umgang mit Ikonen

11 **Wie die Hunde** 90
Von Gästezimmern und Gezänk

12 **Connie sorgt sich um die Kosten** 97
Von Krabben und Kumpanen

13 **Taufpatenhilfe** 104
Von unerwarteten Folgen und deren Bewältigung

14 **Anna fühlt sich veralbert** 110
Vom Sagen und Meinen

15 **Bernd hat's eilig** 115
Von Arbeit, Pflicht und Ehre

16 **Connie und Anna auf Wanderschaft** 125
Von schaurigen Rufen und Taxifahrten

Inhalt

17 **Bernd versteht nur Bahnhof** 136
Von fernen Stimmen

18 **Die Finger im Spiel** 144
Von Körpersprache und Kungelei

19 **Bernd macht sich unbeliebt** 151
Von Debatten und wunden Punkten

20 **Hunger!** 160
Von Tavernen und Senioren

21 **Bernd mag's exakt** 168
Vom Kopfschütteln über Pedanten

22 **Anna bekommt einen Korb – und Schnecken** 171
Von Einladungen und Gegeneinladungen

23 **Bernd und der Olivenbauer** 179
Vom Verhandeln und Verzweifeln

24 **Wach ich oder träum ich?** 186
Von Zeiten und Unzeiten

25 **Anna allein im *kafenío*** 192
Von Bieren und Mythen

26 **Zur Hölle!** 197
Von zu viel Essen und schlimmen Gesten

27 **Anna hat die Hosen an** 204
Von Mönchen und Rausschmissen

28 **Vorsicht vor Poseidons Dreizack!** 209
Von Männern namens Tákis und Sákis

Inhalt

29 **Alles halb so wild** 217
Von Schrammen und anderen Nichtigkeiten

30 **Vorsicht ist die Mutter der Porzellankiste – oder?** 226
Von Gaunern, Gas und Geld

31 **Vertrau mir!** 232
Von Absprachen und Verträgen

32 **Kaffeesatz und Böse Blicke** 236
Von Orakeln und »Kakomaten«

33 **Wie eine Vogelscheuche** 243
Von Gastfreundschaft und Geschwätz

34 **Erst mitmachen wollen, dann kneifen** 248
Vom einzig richtigen Lebensgefühl

Epilog 257

Anhang

Danksagung 261

Griechische Körpersprache 262

Zehn Dinge, die Sie getan haben müssen 267

Zehn Handlungen, mit denen Sie sich blamieren 270

Glossar 274

Stichwortverzeichnis 284

Vorwort

Der typische Grieche gilt als lebensfroh, gefühlsbetont, humorvoll, herzlich, leidenschaftlich und überschwänglich. Er ist vital, begeisterungsfähig, debattierfreudig und gewitzt. Man bewundert seine Gelassenheit und seinen Optimismus. Der Titelheld Alexis Sorbas des gleichnamigen oscargekrönten Films aus dem Jahr 1964 hat es uns vorgemacht und unser Griechenlandbild über Jahrzehnte geprägt. Wie er doch versteht, im Augenblick aufzugehen, ganz im Hier und Jetzt zu leben und dieses Leben allen Widrigkeiten zum Trotz in vollen Zügen zu genießen! Genau das, was wir bräuchten, wenn wir einmal selbst eine kleine Auszeit von unserem durchgeplanten Alltag, von unserer Pflichtbesessenheit, Akkuratesse und Skepsis nehmen wollen. Also genau das Richtige für den Urlaub.

Das sonnige Gemüt der Griechen wird ganz so wie die griechischen Säulen, die Sonne und die Strände zum Verkaufsargument für die Tourismusbranche. Wenn der Urlaub zu Ende ist, wenn der Spaß angesichts in den Fokus gerückter Krisenberichte vorbei ist, nehmen wir noch einmal all die bewunderten »typisch griechischen« Eigenschaften unter die Lupe, diesmal etwas griesgrämiger. Nun kommen sie uns suspekt vor. Kann man denn so leben? Wo bleiben da der Ernst, die Disziplin, die klare Linie? Kann das gut gehen? Seit Griechenland sich in eine Schuldenkrise verstrickt hat, ist die Antwort schnell parat: offenbar nicht.

Die Krise hat dem selbstvergessen Sirtaki tanzenden Mustergriechen Alexis Sorbas ein Bein gestellt. Sie hat Anlass gegeben, nach weiteren Adjektiven zur Charakterisierung des typisch Griechischen zu kramen, das man nun für das Debakel verantwortlich machen will. Das Bild vom faulen und korrupten Griechen geistert durch die Medien. Diese Verschiebung zeigt, dass unser Blick auf den anderen stärker von unserer eigenen Einstellung als von dessen tatsächlichen Eigenschaften geprägt ist. Dabei spielt dieser Blick auf die andere Kultur und Mentalität eine beträchtliche Rolle, wenn es darum geht, nicht nur mit Ach und Krach miteinander auszukommen, sondern offen miteinander umzugehen. Offen zu sein für die Bereicherung, die gerade das Anderssein des Gegenübers für uns selbst bedeuten kann, offen für neue Erfahrungen und Überraschungen. Ob positiv oder negativ, Typisierungen entspringen dem Wunsch, das Fremde zu begreifen. Doch belegen sie es lediglich mit einem Namen. Das in Wirklichkeit komplexe und schwer zu erfassende Fremde wird in handliche Muster gepresst, um die Ordnung hineinzubringen, die uns so wichtig ist.

Noch dicker und zäher als die Mauer an Klischees, die sich vor den Zugang zur griechischen Mentalität schiebt, ist diejenige, die das gesamte Griechenlandbild verstellt. Wohlmeinende Philhellenen, die im 19. Jahrhundert von der Wiederauferstehung des antiken Griechenlands träumten, schwärmerische Reisende, die Mitte des 20. Jahrhunderts begannen, Sonne und Strände zu entdecken und sich für die Ursprünglichkeit des Landes zu begeistern, findige Tourismusexperten, die sich in den folgenden Jahrzehnten bemühten, das Land als Urlaubsparadies zu vermarkten, und schließlich Krisenberichterstatter des 21. Jahrhunderts, die auf der Suche nach einem medientauglichen Sündenbock für die Eurokrise sind, haben an diesem Wall gebaut. Durch ihn gilt es sich zu fressen wie durch die Mauer aus Reisbrei, die sich vor dem Schlaraffenland auftürmt, will man den einen oder anderen Blick auf das wahre Griechenland erhaschen.

Oder man macht es wie Connie, Bernd und Anna, die drei deutschen Protagonisten dieses Buches. Sie haben sich in das Land der Hellenen gewagt, ohne sich um Klischees zu scheren oder über ihr Griechenlandbild zu grübeln, ohne aus ihren oder anderer Leute Erfahrungen Allgemeingültigkeit ableiten zu wollen, ganz unvoreingenommen und ziemlich unvorbereitet. Dafür werden ihnen Erlebnisse und Begegnungen beschert, die sie als wahre Bereicherung erfahren. Dabei ecken sie aber auch immer wieder an, stapfen in Fettnäpfchen, dass es nur so platscht. Oft merken sie es gar nicht, manchmal fühlen sie sich belächelt, zuweilen treibt es ihnen die Schamesröte ins Gesicht.

Begleiten Sie Anna und Connie beim Insel- und Fettnäpfchenhüpfen in der griechischen Ägäis. Sehen Sie Connie und ihrem Mann Bernd dabei über die Schulter, wie sie versuchen, in Griechenland Fuß zu fassen, wie Bernd ihr Haus renoviert und seine Jobs meistert und wie Connie auf seinen neuen Freundes- und Kollegenkreis trifft. Tauchen Sie mit den dreien ein in das moderne Griechenland. Kaum ein Land wartet mit so vielen Überraschungen auf, die sich hinter den Klischees verbergen.

Oft sind alltägliche Kleinigkeiten der Schlüssel zum Verständnis von Eigentümlichkeiten und zu den Herzen der Menschen.

Lassen Sie sich also dazu einladen, aufzuhorchen und oft gehörte Wendungen und Ausrufe kennenzulernen. Sie werden dabei auf Schlüsselworte griechischer Lebens- und Wesensart stoßen. Beobachten Sie Gestik und Mimik der Griechen. Entdecken Sie dabei eine seltsame Wunderwelt voller Poesie und lernen Sie gleichzeitig, Missverständnisse auf körpersprachlicher Ebene zu vermeiden. Beobachten Sie Alltagsphänomene und nehmen Sie Einblick in das Wissen und Tun, das Griechen von Kindesbeinen an prägt. Nach der Lektüre sollten Sie sich ein wenig heimisch fühlen im fremden Land der Hellenen. Statt unsicher nach Stolpersteinen Ausschau zu halten oder gar übel zu straucheln, haben Sie den Kopf frei für Ihre Erkundungen und Entdeckungen und das Herz weit offen, damit griechische Lebensfreude einziehen kann. Damit Sie das *kéfi* packt, jenes unbeschreibliche Lebensgefühl, das kein Geschenk der Götter ist, sondern aufgebaut, gehegt und gepflegt werden will.

Haben Sie Lust bekommen, Annas und Connies Spuren zu folgen und die Inseln, die sie bereisten, selbst zu besuchen? Nur zu!

Sie werden dabei reizvolle Ziele abseits des Touristenrummels entdecken. Hüpfen Sie von Insel zu Insel, wandern Sie wie die beiden auf alten Steinpfaden zu Klöstern und Gipfeln. Genießen Sie Natur und Strände, verbringen Sie laue Abende in einer Fischtaverne am Meer, in das gerade die Sonne versinkt. Alles, was Anna und Connie auf ihrer Reise gesehen und genossen haben, wartet auf Sie.

Nur fragen Sie weder nach Kinderschreck Fotiní noch nach Aufreißer Tákis noch nach dem gestikulierenden Kóstas, dem viel beschäftigen Maler Jórgos oder dem urwüchsigen Olivenbauern Pános. Versuchen Sie auf der Insel Tílos weder ein Zimmer bei der bildschönen Éleni zu mieten, noch Dína zu rufen, wenn Sie Ihre Bestellung in der Taverne des Dorfes Megálo Chorió aufgeben wollen. Suchen Sie auch nicht die vielen Marías, die Anna, Connie und ihr Mann Bernd kennengelernt haben. Da diese Namen weit verbreitet sind, werden Sie zwar sehr wahrscheinlich gleichnamige Personen an den besuchten Orten finden, in Annas, Connies und Bernds Abenteuer sind die aber nicht verstrickt.

Gute Reise!

Umschrift und Aussprache griechischer Wörter

Hinweis vorab:
Eine Tabelle mit dem griechischen Alphabet und seiner in diesem Buch angewandten lateinischen Umschrift befindet sich auf einem separaten Beileger.

Damit Sie nicht über Wörter in einer fremden Schrift stolpern, sind alle griechischen Ausdrücke in diesem Buch mit lateinischen statt griechischen Buchstaben wiedergegeben. Leider hat sich für eine solche Umschrift kein einheitliches System durchsetzen können. Wir transkribieren deshalb einfach möglichst phonetisch, damit Wörter, wenn Sie sie ablesen, von Griechen verstanden werden. Außerdem haben wir einen Akzent auf die betonte Silbe gesetzt, denn falsche Betonung kann zu Miss- oder Unverständnis führen.

Nicht immer ist die gewählte phonetische Umschrift jedoch die gebräuchlichste.

(o)u So ist es üblich, die aus einem Omikron (o) und einem als gedruckter griechischer Kleinbuchstabe einem lateinischen »u« gleichenden Ypsilon bestehende griechische Buchstabengruppe »ου« in lateinischer Umschrift als »ou« wiederzugeben, statt dafür ein »u« zu schreiben, was der Aussprache entspräche. Deshalb haben wir in den deutschen Sprachgebrauch eingegangene Wörter wie etwa Ouzo unverändert gelassen, während in weniger geläufigen Wörtern stattdessen eine Umschrift zum »u« erfolgt. Um daran zu erinnern, dass es die beiden Umschriftweisen gibt, haben wir im Glossar und ab und zu auch im Text die Alternative in Klammern gesetzt.

g/j Ähnliches gilt für die Umschreibung des Buchstabens Gamma, des griechischen »g«. Es ist weit verbreitet, stets ein »g« zu schreiben, auch wenn der Buchstabe »j« gesprochen wird, wie es vor den Vokalen »e« und »i« der Fall ist. Auch hier wechseln wir je nach Bekanntheit und Lesbarkeit der Wörter.

z/s Der griechische Buchstabe Zíta, der unserem »z« entspricht, wird als stimmhaftes »s« (wie im deutschen Wort »Rose«) gesprochen. Um dieses stimmhafte, summende »s« Zíta vom stimmlosen »s« Sígma (des deutschen Worts »fließen«) zu unterscheiden, haben wir Zíta mit »z« transkribiert. Das ist die gebräuchlichste Umschrift, die man beispielsweise auf dem Etikett einer Ouzoflasche findet. Taucht in unserer Umschrift hingegen ein »s« auf, wird es immer stimmlos, also zischend gesprochen. Übrigens: Für ein »z«, das wie in dem eingedeutschten griechischen Wort Zaziki gesprochen wird, benötigt man im Griechischen zwei Buchstaben: »τζ« (»tz«). Konsequent müsste das entsprechende griechische Wort also mit *»tzatzíki«* transkribiert werden. Doch auch in diesem Fall belassen wir es bei der in den deutschen Wortschatz eingegangenen Schreibweise Zaziki.

y Was außerdem Probleme bei der Aussprache bereiten könnte, ist das Ypsilon (das als kleiner griechischer Druckbuchstabe einem lateinischen »u« gleicht). Es wird (außer in den Buchstabengruppen »ου«, »αυ« und »ευ« (»oy«, »ay« und »ey«) wie ein »i« gesprochen. Die Insel Nísyros spricht man entsprechend »Nísiros« aus. Trotzdem haben wir in den meisten Fällen »y« geschrieben, weil dies die gängigste Umschriftvariante ist und die Rücktranskription erleichtert. Wo die Buchstabengruppen »oy«, »ay« und »ey« auftauchen, haben wir phonetisch transkribiert.

Weitere Details können Sie der Einlegekarte entnehmen. Mit dieser Karte haben Sie ein griechisches Alphabet zur Hand, das sich als hilfreich erweisen könnte, wenn Sie unterwegs beispielsweise versuchen, Schilder oder Fahrpläne zu entziffern.

1 *Ópa!*

Vom Feiern und Tanzen

Kardámena (Kos), 8. September

»Na, da kommt doch langsam griechisches Lebensgefühl auf, oder?«

Anna muss herzlich lachen. Ganz ihre Kollegin Connie. Ein gutes Essen, ein süffiger Rotwein, und die Welt ist in Ordnung. Nach langem Herumschauen haben sich die beiden in der Taverne niedergelassen, wo sie gerade den letzten Bissen ihres Lammbratens mit Kartoffeln verspeist haben – Connies Lieblingsgericht. Sie versteht etwas von gutem Essen. Und sie hat Griechenland schon oft bereist.

Letztes Jahr haben Connie und ihr Mann Bernd sich ein Haus auf der Kykladeninsel Náxos gekauft, wo sie versuchen wollen, Fuß zu fassen, weil ihnen die Insel mit ihrem angenehmen Klima so gut gefällt.

»Hör mal, das klingt endlich nach guter griechischer Musik! Scheint von der großen Kirche zu kommen. Lass uns mal schauen, was dort los ist.« Mit einem zufriedenen Lächeln auf ihrem sorgsam geschminkten und von roten Locken umrahmten Gesicht nimmt sie Anna ins Schlepptau.

Und schon finden sie sich auf dem großen Kirchhof vor dem Mariä Geburt geweihten Gotteshaus wieder. Anna freut sich, dass sich ihre ältere Kollegin endlich entspannt. Schließlich wollen sie die griechische Inselwelt erkunden, und Connie hat sie eingeladen, danach einige Tage mit ihr und ihrem Mann in dem neuen Haus auf Náxos zu verbringen. Der gestrige

Anreisetag ist anstrengend gewesen, und der Ort Kardámena scheint nicht so recht Connies Idee von griechischer Urlaubsidylle zu entsprechen. Sie haben hier für die ersten Urlaubstage Quartier bezogen, weil das Feriendorf in der Nähe des Flughafens von Kos liegt. Aber Connie gefällt es nicht – zu viele ausländische Touristen, zu viele von Fastfood und internationaler Küche dominierte Speisekarten, zu viel Trubel und zu viel laute amerikanische Popmusik. Auf all das hat ihr Organismus mit Kopfschmerz reagiert, der nun wie weggeblasen zu sein scheint.

Der Platz ist von Leinen überspannt, an denen bunte Wimpel wehen, und mit Stühlen und langen Tischen vollgestellt. Nur vor der Treppe, die zum Glockenturm führt, ist etwas Raum ausgespart. Hier spielt eine Musikkapelle und eine Trachtengruppe tanzt. Connie fotografiert sofort eifrig, während Anna die ungewohnten Klänge, die Tanzrhythmen und die fröhliche Stimmung der vielen hier versammelten Menschen auf sich wirken lässt. Sie studiert die bunten Wimpel an den Leinen über ihrem Kopf. Zwischen den bekannten blau-weißen griechischen Fähnchen flattern dreieckige grüne, blaue und rote mit Kreuz- und Fischsymbolen und griechischen Aufschriften. Außerdem blau auf weiß gedruckte Christusmonogramme und viele schwarze Doppeladler auf goldgelbem Grund.

Es dauert nicht lange, bis jemand von einer der vergnügten Tischgesellschaften herüberruft und Anna mit der Aufforderung *»kátse!«* (setz dich!) einen freien Stuhl anbietet. Connie hat sie schon vorgewarnt, dass ihr langer strohblonder Pferdeschwanz wohl hier und da Aufmerksamkeit auf sich ziehen könnte. Verlegen dreht Anna eine Strähne um ihren Zeigefinger und dankt freundlich, doch sie folgt lieber ihrer Kollegin, die auf der Suche nach der besten Kameraschützenposition nach vorne drängt. Sonst verliert sie sie womöglich im Gewühl.

Die Trachtengruppe verlässt die Bühne und die Musik setzt eine Weile aus, um einen Priester einige Worte an die Festbesucher richten zu lassen. Als die Musiker wieder zu spielen beginnen, erhebt sich eine Schar von einem der langen Tische und strebt der Tanzfläche zu. Die Hände auf Schulterhöhe so gefasst, dass die Arme den Buchstaben »W« bilden, bewegt sich die Runde im Halbkreis zum Takt der Musik. Die Tänzerinnen und Tänzer rufen einige Festbesucher herbei, die der Aufforderung folgen und sich einreihen, um mitzutanzen.

»*Ópa!*«, erschallt es überall, und Anna überlegt, ob Opa auch im Griechischen die Abkürzung für Großvater ist – wäre ihr neu, dass das ein internationaler Begriff ist.

So gesellen sich immer neue Tänzer zu dem Reigen, viele festlich gekleidet, manche in der Volkstracht, der Priester mit wehendem, langem, schwarzem Talar. In einem sanften Auf und Ab gleitet die Tänzerreihe über den Platz wie die Wogen übers Meer. Kaum hat sich nach einer Melodienfolge eine Gruppe aufgelöst, formiert sich zur nächsten eine neue und folgt dem Anführer, der mit einem Korb im Arm eine neue Schrittfolge vorgibt. Bald gibt der Vortänzer seine Position an einen neuen ab, der einen Geldschein in den Korb wirft und diesen zusammen mit der Führung der Tänzer übernimmt. Mit dem Ruf »*ópa!*« steigert er das Tempo. Aus einer Ecke tönt plötzlich Applaus, und einige verwunderte Köpfe fahren herum.

Anna will ihren Augen nicht trauen, als sie Connie mitten auf der Tanzfläche sieht. Die Kameratasche, die schräg über Connies Brust hängt, hüpft im Rhythmus ihrer ungeschickten Tanzschritte auf und ab, ihre goldbraunen Augen leuchten. Die befremdeten Blicke der Tänzer und das Gekicher der umstehenden Gruppen junger Mädchen nimmt sie nicht wahr, die verlegene Anna aber schon. So kennt sie ihre Kollegin ja gar nicht! Sie ist kontaktfreudig und stets zu einem Spaß bereit, aber sich einfach in eine fremde Tanzgesellschaft zu drängen? Ist sie so beschwipst von dem Rotwein zum Essen? Als das Musikstück und damit der Reigen zu Ende ist, eilt Anna herbei, um Connie wegzuziehen. Zu spät. Die Musik hat schon eine neue Melodie angestimmt, und schon wieder geht es los, diesmal mit einer Handfassung, bei der sich die Arme der benachbarten Tänzer überkreuzen. Als Connie nicht weiß, wem sie wie die Hand geben muss, um das richtig zu bewerkstelligen, und unschlüssig mit den Armen herumfuchtelt, lässt man sie einfach außen vor. Statt aufzugeben, läuft sie ans Kopfende. Sie wird doch nicht auch noch den Tanz anführen wollen? Jetzt wird es Anna zu bunt. Sie stürzt sich selbst auf die Tanzfläche und zieht Connie mit einem Ruck aus der Menge. Die folgt ihr widerwillig und beklagt sich: »Komische Tänze haben die hier! Auf Rhodos in unserem Hotel, da war das viel schöner!«

Was ist diesmal schiefgelaufen?

Tanzeslust, Sangesfreude und Feierlaune gehören zu dem Bild, das man sich im Ausland vom typischen Griechen macht, einem Griechen wie Alexis Sorbas, den der amerikanische Schauspieler Anthony Quinn einst in der Verfilmung eines Romans des großen griechischen Schriftstellers Níkos Kazantzákis spielte. Seit dieser Streifen 1964 auf die Leinwand kam und mit drei Oscars ausgezeichnet wurde, gilt seine Filmmusik mit ihrem eigens für den Film kreierten Tanz Sirtaki als Inbegriff griechischer Musik. Touristenhotels und -lokale spinnen weiter an diesem Klischee, um Urlaubslaune zu vermitteln. Auf »Griechischen Abenden« spielen sie den Sirtaki und animieren ihre Gäste zum Tanzen.

Das Fest, dessen Musikklänge Connie angelockt haben, war aber kein Touristenabend, sondern ein *panijýri* genanntes Kirchenfest. Die Kirche, auf deren Hof gefeiert wurde, ist Mariä Geburt geweiht. Deshalb begeht sie das Fest Mariä Geburt alljährlich am 8. September mit einem festlichen Gottesdienst, Musik und Tanz und Speis und Trank. Tags zuvor hatte bereits nach der Liturgie eine Prozession durch den Ort und zum Hafen stattgefunden.

Für das Gemeindeleben sind solche lokalen Feste oft wichtiger als die großen gesetzlichen Feiertage wie Ostern, Pfingsten und Weihnachten. Sie sind Fixpunkte im Jahreszyklus und werden mit Leib und Seele gefeiert. Alt und Jung, Arm und Reich gesellt sich dabei. Fremde sind grundsätzlich willkommen, wie ja auch Anna bei ihrem Gang durch die Reihen der Feiernden spürte, als sie gleich freundlich zum Platznehmen aufgefordert wurde. Vielleicht hätte sogar jemand die beiden im Laufe des Abends zum Mittanzen ermuntert. Wenn sich eine Fremde oder ein Fremder hingegen einfach selbst der Tänzerreihe anschließt, wird das in manchen Fällen als aufdringlich und störend empfunden. Am Kopfende der Reihe hat sie oder er gleich gar nichts verloren.

Bei aller Fröhlichkeit werden griechische Tänze mit Inbrunst getanzt. Oft dauert ein Fest sehr lange, und lang schon spielt die Musik, bis die ersten Festgäste die richtige Stimmung – das *kéfi* – überkommt, um zu tanzen. Die Menschen wissen um die stärkende und erhebende Kraft des gemeinsamen Reigens, der sie in Freude und in seelischem wie körperlichem Einklang verbindet. Alltag, Sorgen und so mancher Zwist innerhalb der Gemeinde sind vergessen. Während die Tänzer jeweils die gleichen Muskeln im gleichen Rhythmus bewegen, beginnen sie – so heißt es – ein und denselben Atem zu atmen und vom gleichen Geist beseelt zu sein, bis ein Gefühl des Glücks und der tiefen Harmonie erreicht ist.

Obwohl die Gemeinde ihr Kirchenfest als große Gemeinschaft begeht, bilden sich auf dem Festplatz auch Gruppen und es gibt Übereinkünfte, die für den Fremden zu schwer zu überblicken sind, um sich einmischen zu können. So geben oft Feiernde den Musikern großzügige Geldbeträge in Anerkennung ihrer Leistung oder dafür, dass sie ihnen ein für sie persönlich bedeutsames Stück spielen, auf das sie dann mit Freunden und Verwandten – und ausschließlich mit denen – tanzen. Das Privileg, einen Reigen anzuführen, kann ebenso wie das Recht zum Tragen der Ikone bei der Prozession mit einer Geldspende verbunden sein. Die Bräuche und Gepflogenheiten bei den Dorf- und Kirchenfesten sind mannigfaltig.

Mit dem Ruf *»ópa!«* ist übrigens nicht der Großvater gemeint, wie Anna sich verwundert fragte. Beim Tanzen wird er als Anfeuerung ausgestoßen, aber auch als Aufforderung aufzumerken, wenn beispielsweise Schrittfolge oder Tempo geändert werden sollen.

Während Connie hier nur etwas vorwitzig war, ohne dass ihr das jemand wirklich übel genommen hätte, ist es bei anderen Gelegenheiten schlichtweg tabu, einfach mitzutanzen. Tanzt ein Mann beispielsweise den *zeïmbékiko(s)*, so kann es als Beleidigung gewertet werden, wenn jemand versucht mitzutanzen oder applaudiert. Denn die Tänzer legen ihre Emotionen in den Tanz und verleihen durch ihre Bewegungen ihrem Innersten, ihrer Seele, Ausdruck. Der *zeïmbékikos* gehört mit einigen weiteren Tänzen zum Musikstil *rembétiko*, der urbanen Subkulturen der ersten Hälfte des 20. Jahrhunderts mit eigenen Sitten und Ehrenkodizes entstammt. Zu denen gehörte auch, dass man bei diesem meditativen Tanz nicht gestört wurde. Saß damals noch das Messer locker, wenn jemand dazwischenfunkte, so blieb davon bis heute der Brauch, dem Tänzer die Tanzfläche allein zu überlassen und nicht zu applaudieren.

Patronatsfeste der Kirchen und Klöster

Panijýri (geschrieben: *Panigýri*) ist die griechische Bezeichnung für das Patronatsfest, mit dem die Gemeinden die Heiligen oder Mysterien, denen ihre Kirche geweiht ist, feiern. Das Fest findet am jeweiligen Gedenktag und/oder am Vorabend des Gedenktags statt; zuweilen kann es sich auch über mehrere Tage erstrecken. Die Feste gestalten sich von Ort zu Ort verschieden, je nachdem welches Brauchtum sich vor Ort über die Jahrhunderte herausgebildet hat. Manche dieser Kirch(weih)feste werden mit eigens zubereiteten Speisen für ein gemeinsames Essen der Gemeinde sowie mit Musik und Tanz gefeiert. In einigen Orten auf Lesbos und in Nordgriechenland werden gar Opfertiere zu diesem Anlass geschlachtet, was an Riten der Antike denken lässt. Einige Gemeinden veranstalten Rennen und Wettbewerbe, oft werden Jahrmarktbuden aufgestellt. Selten fehlt dabei ein Stand mit *lukumádes*, kleinen Teigbällchen, die in heißem Fett ausgebacken, in Honig oder Sirup getaucht und mit einer Zucker-Zimt-Mischung bestäubt werden. Immer gehören zu diesen Kirchenfesten Festgottesdienste in der mit Blumen geschmückten Kirche, häufig auch Prozessionen.

Was können Sie besser machen?

Das Fest spontan zu besuchen, war sicher eine gute Idee, vermitteln doch solche Feiern ein Stück griechische Lebensart. Grundsätzlich sind auf den Dorf- und Kirchenfesten auch Fremde willkommen. Als Fremder sollte man sich aber erst einmal zurückhalten, die Atmosphäre genießen und beobachten, welchen Verlauf das spezielle Fest nimmt. Denn kaum eines gleicht dem anderen. Während man bei Festen in kleineren Dörfern vielleicht eher integriert und auch zum Mittanzen aufgefordert wird, ist Kardámena auf Kos einer jener Touristenorte, die gern von jungen Leuten besucht werden, denen es vor allem ums Partymachen geht, oft verbunden mit reichlichem Alkoholgenuss. Deshalb haben hier die Einheimischen auch schon etliche ungute Erfahrungen mit Touristen gemacht, die sich nicht zu benehmen wussten. Denn das passt nicht gut zu der Art, wie die Griechen ihre Dorffeste feiern. Dabei wird auch gern etwas Wein oder Ouzo getrunken, und die Stimmung ist fröhlich, stark Alkoholisierte sind aber die Ausnahme. Denn schließlich handelt es sich um ein geselliges, in diesem Fall kirchliches ebenso wie weltliches Ereignis, bei dem niemand einen schlechten Eindruck machen will. Abgesehen davon bedürfen die Griechen weniger als Mittel- und Nordeuropäer des Alkohols, um guter Laune zu sein.

Handelt es sich bei den Tänzen nicht um eine Tanzvorführung für Publikum, sollte man den Tanzenden nicht applaudieren. Denn tanzen sie auf einem Fest wie diesem in Kardámena, so tanzen sie aus eigenem Antrieb und nicht für die Zuschauer. Spenden Griechen trotzdem Applaus, so drücken sie damit beispielsweise aus, dass es in einem speziellen Fall vor allem um den Spaß geht, oder dass sie sich freuen, dass jemand, dem sie das eigentlich nicht zugetraut hätten, sich doch endlich nach langen Überredungskünsten auf die Tanzfläche gewagt hat. Es kann aber auch Sarkasmus darin mitschwingen. So mag etwa der Applaus zu werten sein, den ein griechischer Ministerpräsident dafür erntete, dass er in der Neujahrsnacht an der Wende zweier von der Finanzkrise geprägter Jahre den *zeïmbékikos* tanzte – so beurteilen es zumindest einige griechische Zeitungen.

Ópa! – der Appell ans Tanzbein

Die griechische Tanzkultur ist eine ausgesprochen lebendige, der nichts aufgesetzt Folkloristisches, nichts Museales anhaftet. Sie hat ihren festen Platz im Festtags- und Alltagslebens. Erklingt der Ruf »*ópa!*«, dann geht's los.

Syrtós ist der Tanz, den wohl ein jeder Grieche, den seine Beine tragen, beherrscht, vom Kleinkind bis zum Greis. Es gibt ihn in vielen regionalen Varianten, für die die Bezeichnung *syrtós chorós* (*Syrtós*-Tanz) der Oberbegriff ist. *Syrtós* bedeutet in etwa »gezogener Tanz«. Die Tänzer fassen einander an den Händen oder sie halten ein Tüchlein zwischen sich. Dem Ersten kommen Führung und Improvisationsfreiheit zu. Im Kreis oder in Mäandern führt er die Übrigen, die eine feste, meist recht einfache Schrittfolge einhalten, über den Tanzplatz. Von dem Wort *syrtós* (sprich: *sirtós*) leitet sich der Name Sirtaki für die Musik des Films »Alexis Sorbas« ab, ohne dass der eigens für den Film kreierte Sirtaki bezüglich seiner Musik und Tanzschritte tatsächlich mit dem *syrtós* verwandt wäre. Zur Familie der *syrtós*-Tänze gehört einer der ältesten Tänze, der ***kalamatianós***.

Pidiktós (»gesprungene Tänze«) nennt man die zweite große Familie von Reigentänzen. Hier bewegen sich die Tänzer mit hüpfenden Schritten und kräftigen Sprüngen. Diese Tänze werden bevorzugt von Männern getanzt und sind vor allem für die Bergregionen auf dem Festland typisch.

Die meisten Volkstänze sind Reihentänze; Paartänze wie der ***bálos*** sind selten. Solotänze sind meist kleinasiatischen Ursprungs. Dazu zählen der ***tsiftetéli*** der Frauen, der mit seinen schlangenartigen Bewegungen ein wenig dem orientalischen Bauchtanz ähnelt, und der ***zeïmbékikos*** der Männer.

Rembétiko – griechischer Gaunerblues

Einer der beliebtesten Stile der heutigen griechischen Musikszene ist noch immer der *rembétiko* (*rebétiko* oder *rempétiko*). Er entstammt städtischen Subkulturen und war zunächst im Bürgertum verpönt. Die Diktaturen belegten ihn wiederholt mit

Verboten, sowohl bereits die unter Metaxás (1936–41) als auch später die der 1967–74 herrschenden Obristen. Der oft mit dem Blues oder portugiesischen Fado verglichene *rembétiko* ist das Vermächtnis der in den Jahren 1922/23 durch Flucht und Vertreibung von mehr als 1,5 Millionen Griechen aus ihrer kleinasiatischen Heimat ausgelösten großen menschlichen Katastrophe. Diese Menschen hausten zunächst in armseligen Unterkünften aus Holz und Blech an den Stadträndern. Ihre orientalisch geprägte Musik verschmolz mit musikalischen Einflüssen existierender städtischer Subkulturen zu einem neuen Stil.

Die meisten der heute noch beliebten *rembétiko*-Lieder entstanden in den 1930er- bis 50er-Jahren. Sie handeln vom Alltag in den Elendsquartieren, von Gefängnis, Drogen, Sehnsucht, Enttäuschung und Tod, aber auch von Hoffnung und Liebe. Sie entspringen Gesten der Klage und Anklage, der Verweigerung und Selbstbehauptung.

Musiker und Sänger sitzen in einer langen Reihe auf dem Podium. Zu Beginn steht eine *taxími* genannte instrumentelle Einleitung, in der die einzelnen Musiker ihr Können zeigen. Mit dem Seufzer *»amán, amán«* stimmen die Sänger und Sängerinnen schwermütige Klagen an oder überbrücken Pausen, in denen sie neue Strophen ersinnen. Denn manchmal wird improvisiert, um aktuelle Geschehnisse zu kommentieren oder Leute im Publikum direkt anzusprechen.

Bekannte Interpreten des *rembétiko* zu seiner Blütezeit waren Róza Eskenázy, Márkos Vamvakáris, Vasílis Tsitsánis, Sotiría Béllou und Maríka Nínou. Viele moderne Interpreten haben heute *rembétiko*-Lieder in ihrem Repertoire, und auch junge Komponisten und Liedermacher verwenden Elemente des *rembétiko* in ihren Werken.

2 Connie weckt ihre Lebensgeister

Von Kaffee und Türken

Kardámena (Kos), 9. September

»Gut, dass wir nur zwei Nächte reserviert haben«, sagt Connie zu Anna, als sie beim Frühstück im Hotel sitzen. Sie will weg von hier. Von dem gestrigen Tag bleibt ihr ein schales Gefühl. »Die Zimmer sind hellhörig. Bist du heute Nacht nicht wach geworden, als die Engländer heimkamen? Mein Gott haben die gepoltert und krakeelt. Zu viel Trubel hier. Lass uns den Bus in die Hauptstadt nehmen.«

»Ich hab nichts gehört«, sagt Anna und piekt eine Olive auf ihre Gabel. »Aber lass uns gerne fahren. Ich bin schon gespannt auf Kos Stadt und auf die antike Ausgrabungsstätte, dieses *Asklepíon*.«

Also fragen sie an der Rezeption nach dem Fahrplan des Regionalbusses, rufen das Hotel in Kos an, das ihnen Connies Schwester empfohlen hat, zahlen die Hotelrechnung und gehen mit ihren Koffertrolleys und Rucksäcken zur Bushaltestelle. Sie sind früh dran, und der schwache Kaffee, den es am Frühstücksbüffet im Hotel gab, hat Connies heute so träge Lebensgeister nicht so recht zu wecken vermocht. Sie schlägt vor, noch kurz in einem Café Halt zu machen. Sie hat so richtig Lust auf einen Mokka, einen starken türkischen Kaffee, wie ihre Mutter ihn immer genannt hat.

»Einen türkischen Kaffee, bitte«, bestellt sie.

Eine verächtliche Miene, ein lautes Zungenschnalzen und Augen, die sich zum strahlendblauen Himmel verdrehen, sind die Antwort des grau gelockten Kellners. Seine buschigen Augenbrauen schnellen ebenfalls in die Höhe. Gerade noch hat er ihnen freundlich lächelnd geholfen, ihr Gepäck die kleine Stufe hochzuhieven, und sie auf Deutsch gefragt, wohin sie unterwegs seien.

»Haben Sie keinen türkischen Kaffee?«, wundert sich Connie. Den trinken die Griechen doch immer, oder?

Als Erwiderung bekommt sie einen tiefen Seufzer zu hören, bei dem sich die beiden dicht behaarten, kräftigen Arme ihres Gesprächspartners samt geöffneter Handflächen ein Stück himmelwärts heben, bevor er schließlich antwortet: »Einen griechischen Kaffee können Sie haben. Haben Sie noch nicht gemerkt, dass wir hier in Griechenland sind?«

»Das ist doch das Gleiche, oder? So eine kleine Tasse mit viel Kaffeesatz und wenig süßem, starkem Kaffee!«

»Sind Sie das erste Mal in Griechenland?«

»Nein, aber auf Kos war ich noch nie. Ich kenne Athen, Thessaloniki, Kreta, Rhodos – viele Inseln.«

»Und dort bestellen Sie immer einen türkischen Kaffee?«

»Hm, türkischen, griechischen. Ist doch egal. Sie wissen schon, was ich meine, oder? Und süß bitte – *glykó*.« Connie rutscht auf ihrem Stuhl hin und her und zupft an ihren Locken. Muss das denn alles so kompliziert sein?

Statt einer Antwort heben sich die weiß behaarten Arme zwei weitere Male, bevor sich der Mann wortlos von ihr ab- und Anna zuwendet.

»Ist das ein Kaffeeshake?«, fragt Anna und deutet auf die von dickem Schaum gekrönte kaffeebraune Flüssigkeit in einem hohen Glas mit Strohhalm auf dem kleinen Tisch neben der Tür.

»Du willst wohl einen *Nescafé frappé*?«, sagt Connie, bevor der mittlerweile genervte Kellner antworten kann. Anna nickt und wird vor die Entscheidung gestellt, ob mit oder ohne Milch und mit wie viel Zucker.

Als sie eine halbe Stunde später im Bus gen Hauptstadt sitzen, resümiert Connie: »Die sind anscheinend etwas fremdenfeindlich hier auf Kos. Ich hab die Griechen freundlicher in Erinnerung. Was für ein Theater!«

Was ist diesmal schiefgelaufen?

Nein, fremdenfeindlich sind die Griechen und auch die Bewohner von Kos nicht, ganz im Gegenteil. Ihre Gastfreundschaft ist sprichwörtlich.

Es wird immer wieder betont und auch gelebt, dass das griechische Wort *xénos* die Doppelbedeutung Gast und Freund aufweist.

Heute ging es vor allem um das Kaffeetässchen, ein Fettnäpfchen, das kräftig platscht und spritzt, tritt man hinein. Denn als türkischen Kaffee mag der Hellene seinen griechischen Kaffee nun wirklich nicht bezeichnet hören. Das liegt nicht daran, dass Zutaten und Zubereitung anders wären als in der Türkei, sondern daran, dass Griechenland unter einer türkischen Fremdherrschaft zu leiden hatte, die 1453 mit dem Fall Konstantinopels einsetzte und in den meisten Gegenden fast 400 Jahre bis ins 19. Jahrhundert hinein andauerte. Die Aufstände gegen die Türken 1821–29 brachten noch heute gefeierte griechische Helden hervor und bescherten dem Land die Freiheit und einen Nationalfeiertag am 25. März, dem Tag des Beginns der griechischen Revolution. Auch seither blieben Spannungen mit der Türkei nicht aus, seien es der griechisch-türkische Krieg 1912–22 und die riesige Zwangsmigration in seiner Folge, der Zypernkonflikt oder die türkischen Militärflugzeuge in griechischem Luftraum.

All dies hindert die Griechen nicht daran, um friedliche bis hin zu freundschaftlichen Beziehungen bemüht zu sein und einen Kulturaustausch zu pflegen. Doch lang genug war die eigene Kultur von der osmanischen dominiert – und wo so wichtige Herzstücke der eigenen Lebensart wie der geliebte Mokka, das griechische Lebenselixier, als türkisch bezeichnet werden, da hört die Freundschaft auf.

Was können Sie besser machen?

Das Wort »türkisch« möglichst wenig in den Mund nehmen und auf gar keinen Fall in einem Atemzug mit Kaffee! Wenn es denn schon mal in diesem Zusammenhang rausgerutscht ist, hilft nur noch, sich auf die Zunge zu beißen, das servierte Getränk in den höchsten Tönen zu loben, vielleicht noch zu betonen, wie gut es einem in Griechenland und gerade an diesem Ort und in diesem Lokal gefällt, und auf Vergebung hoffen.

Nicht ohne meinen Kaffee

Kaffee ist für die Griechen ein Stück Lebensart. Mit ihm beginnt der Tag, zu ihm lädt man sich gegenseitig ein, weder in der Freizeit noch bei der Arbeit möchte man ihn missen. Wer seinen Arbeitsplatz nicht verlassen kann, lässt ihn sich bringen. Man sieht Kellner mit speziellen, an einer Aufhängung schwingenden runden Tabletts über die Straße laufen, um die Büros und Geschäfte mit dem lebenswichtigen Gebräu zu versorgen.

Mokka – der Klassiker

Bestellt man einen griechischen Kaffee, so bekommt man das, was die Deutschen Mokka und manche unter ihnen »türkischen Kaffee« nennen, während Österreicher und insbesondere Wiener ihren Mokka anders zubereiten. Für den griechischen Mokka wird stark gerösteter, fein gemahlener Kaffee zusammen mit Zucker und Wasser in einem sich nach oben zunächst verengenden und schließlich zu einem breiten Rand wieder weitenden Kännchen gekocht. *Bríki* heißt dieses Kaffeetöpfchen mit dem langen Stiel, das es in verschiedenen Größen für eine bis sechs Portionen gibt. Denn die richtige Größe und Form entscheidet über die Qualität des Schaums, der das heiße Getränk krönt. Mindestens ein gehäufter Kaffeelöffel Kaffeepulver pro Tässchen und Zucker nach Belieben werden verwendet. Es bedarf voller Konzentration, die cremige Schaumkrone hinzubekommen, ohne dass der Kaffee überkocht. Dreimal lässt man ihn dafür aufwallen, während sich sein Duft verbreitet. Nach jedem brodelnden Aufsteigen des Gebräus nimmt man das Kännchen rasch vom Herd, ehe sich die schäumende dicke Brühe über den Rand ergießt. Anschließend gießt man das Getränk mit dem Kaffeesatz in winzige Tassen und serviert es zusammen mit einem Glas Wasser.

Da der Zucker mitgekocht wird, muss man bei der Bestellung bereits angeben, ob man den Kaffee ohne Zucker *(skéto)*, mit mäßig Zucker *(métrio)* oder reichlich Zucker *(glykó)* will. Der Kaffee wird in der Tasse nicht umgerührt, der Kaffeesatz soll sich setzen.

Der einzige wesentliche Unterschied zum türkischen und arabischen Mokka ist, dass der griechische Kaffee stets ungewürzt getrunken wird, während türkischem Mokka oft Rosenwasser und arabischem Kardamom beigemischt wird.

Frappé – der erfrischende Kaffeelongdrink

Genauso beliebt wie der Mokka ist dieses kühle Getränk. Dabei handelt es sich um einen kalt aufgeschäumten Instantkaffee, der in hohen Gläsern mit einem Strohhalm serviert wird. Meist schwimmen darin Eiswürfel, sodass Ausländer ihn oft griechischen Eiskaffee nennen. Wie beim Mokka muss man bei der Bestellung angeben, wie süß man ihn möchte, und zusätzlich, ob mit oder ohne Milch. Bars und gut ausgestattete Cafés bereiten ihn mit einem Mixer zu, sodass eine feine, dicke Schaumschicht entsteht.

So gut wie jeder Kiosk, Mini- und Supermarkt sowie fast jeder Bäcker hat kleine Plastiktüten im Angebot, die einen Einweg-Schüttelbecher und je eine Portionspackung Kaffee und Zucker und manchmal zusätzlich Milch enthalten. Daraus lässt sich – zusammen mit stillem Mineralwasser – jederzeit und überall Kaffeedurst auf kühle Art stillen.

3 Anna und der schöne »Alexander«

Von verbaler und nonverbaler Kommunikation

Kos, 10. September

Das Hotel in der Hauptstadt ist ruhiger und hat die beiden Frauen heute Morgen mit einem reichhaltigen Frühstücksbuffet und einem schönen Blick über den Mandráki-Hafen verwöhnt. Hier ankern Jachten, Fischer- und jede Menge Ausflugsboote. Gestern haben sie noch die Altertümer der Stadt besichtigt und sind durch die engen, von Souvenirläden gesäumten Gassen der Altstadt gebummelt. Heute Vormittag stand das antike *Asklepíon* etwa drei Kilometer außerhalb der Stadt auf ihrem Programm.

Nun schlendern Anna und Connie durch die alten Mauern des Kastells, lauschen den Geschichten, die sie ihnen zuflüstern, studieren Wappen und Säulenschäfte und lassen den Blick zur Küste hinab und aufs Meer hinaus gleiten. Die Fähren, deren Schornsteine sie durch die Burgzinnen und -mauern erspähen, locken. Sie wollen von Insel zu Insel hüpfen und ihre Füße auf Boden setzen, auf den noch nicht so viele Touristenfüße wie hier getreten sind. Zuerst soll eine richtige Vulkaninsel dran sein: Nísyros. Da Nísyros viel kleiner als Kos ist, wird es dort sicher nicht so viele Einkaufsmöglichkeiten geben, überlegen die Frauen. Sie sollten lieber hier auf Kos noch einige Besorgungen machen.

Sie schlendern hinab zum belebten Mandráki-Hafen. Dort trennen sich ihre Wege für eineinhalb Stunden, um vier wollen sie sich am Eleftheria-Platz vor der städtischen Markthalle wiedertreffen. Connie braucht einige Kosmetika und würde sich gern noch einen Bikini kaufen. Anna will nur etwas zum Lesen und einen kleinen Sprachführer besorgen, was flotter geht. Darum wird sie sich auch um die Fährtickets kümmern.

Kurz nach halb drei betritt Anna das Fährbüro, in dem sie ein junger, dunkelblond gelockter Angestellter erwartet. Mit seiner markanten Nase, der fliehenden Stirn, den starken Brauenbogen und den sanft geschwungenen Lippen über einem kräftigen Kinn erinnert er Anna an das Profil des antiken Feldherrn Alexander des Großen auf alten Münzen. Im Geiste tauft sie ihn Alexander. Er sieht sie freundlich an, erwidert ihr *»Kaliméra«* mit einem *»méra«*, das wie ein vom Sturm verwehtes Echo klingt, zumal gerade irgendwo ein Ventilator anspringt, und hört sich ihr Anliegen an. Da in Touristenzentren wie Kos die Angestellten der Reiseunternehmen bestimmt Fremdsprachen sprechen und die Insel vor allem ein Domizil der Engländer ist, trägt Anna ihre Wünsche auf Englisch vor. Keine Antwort. Stattdessen senken sich die alexandrinische Stirn und Nase. Die Tastatur auf dem hinter dem Schalter verborgenen Schreibtisch beginnt zu klappern. Stirnrunzeln – wieder Tastenklappern – schließlich das Kratzen eines Bleistifts auf Papier.

Endlich wendet sich der junge Mann der Auskunftsuchenden zu. Er zeigt ihr seine Notizen und erklärt, dass heute und auch übermorgen, am Mittwoch, jeweils um 15.50 Uhr ein Katamaran der Gesellschaft Dodekanisos Seaways gen Nísyros ablege. Hach, das kann nicht klappen heute. Sie trifft Connie ja erst wieder um vier! Und selbst wenn man sich früher träfe, bis sie ihr Gepäck eingesammelt und die Hotelrechnung bezahlt hätten – das ist utopisch. Und in eine Hetze soll der Urlaub ja auch nicht ausarten.

Also fragt Anna: »*And tomorrow?*«

Wieder keine Antwort, zumindest keine in Worten. Stattdessen wirft Alexander den Kopf in den Nacken, zieht seine kräftigen Augenbrauen hoch und dreht die braunen Augen himmelwärts.

»*Tomorrow, Tuesday?*«, wiederholt Anna, während sie in dem gerade erstandenen Sprachführer blättert. »*Ávrio, tin Tríti?*« (Morgen, am Dienstag?), liest sie schließlich die gleiche Frage auf Griechisch ab.

Noch einmal dieselbe Geste ihres Gegenübers, diesmal sogar zweimal kurz hintereinander und von einem Zungenschnalzen begleitet. Das sieht nach einem Nicken aus. Also geht es doch morgen, oder? Was denn nun?

Doch es folgen die Worte: »*Tríti óchi*« (Dienstag nicht). »*Only Monday, Wednesday, Thursday, Saturday and Sunday*«.

Na gut. Dann müssen sie wohl noch einen Tag länger bleiben, zwei Nächte sogar. Da wird Connie sicherlich nicht sehr erbaut drüber sein. Aber was soll man machen.

Verunsichert, wie viel Englisch der wortkarge Alexander tatsächlich spricht, und bemüht, ihren neuen Sprachführer zu erproben, liest Anna mühsam die Frage ab, ob er ihr die Fahrkarten ausstellen könne. Darauf senken sich Alexanders Augenlider und sein Kopf neigt sich zur Seite, während er »*ne*« sagt.

Na toll, denkt Anna, und wofür gibt es dann dieses Büro hier? Also, wo gibt es denn dann die Tickets?

»*Where?*«, fragt sie.

»*At the port.*« Alexander markiert mit seinem Bleistift auf einem kleinen Stadtplan die Anlegestelle am Hafen.

Da ihr der schöne Hellene schon so der Sache überdrüssig erscheint, lässt sie es damit bewenden und verabschiedet sich. Dann wird sie eben später mit Connie zum Fährhafen gehen, um dort die Tickets zu besorgen. Wozu der bloß da sitzt? Gut sieht er ja aus. Aber auszukennen scheint er sich nicht und höflich ist er auch nicht gerade.

Was ist diesmal schiefgelaufen?

Ja oder nein – das war hier die Frage. Leider entstehen gerade in diesem grundlegenden Punkt die meisten Missverständnisse. Denn die gebräuchlichsten griechischen Bejahungs- und Verneinungsworte und -gesten bedeuten genau das Gegenteil dessen, was die meisten Ausländer dahinter vermuten. Erstmals mit griechischer Sprache und Gestik konfrontiert neigt man leicht dazu, eine Bejahung für eine Verneinung zu halten und umgekehrt. Denn das griechische Wort für »ja« heißt *ne*, also fast so, wie viele Deutschsprachige umgangssprachlich Nein sagen. »Nein« oder »nicht« heißt hingegen *óchi*.

Das größte Missverständnis lauerte also am Ende des Gesprächs. Als der Fährbüromitarbeiter ihre auf Griechisch gestellte Frage, ob er ihr Fahrkarten verkaufen könne, mit *ne* und der entsprechenden Geste bejahte, verstand Anna fälschlicherweise »nein« und wollte deshalb wissen, wo sie denn dann das Ticket herbekäme. Da der Angestellte ja nicht ahnen konnte, dass sie seine Antwort missverstanden hatte, bezog er die knappe Frage »Wo?« auf die Abfahrtstelle der Fähre und gab ihr die entsprechende Auskunft.

Gern drückt man Zustimmung und vor allem Verneinung oder Ablehnung auch wortlos aus. Und bei der entsprechenden Körpersprache lauerte das nächste Missverständnis. So hat Anna das körpersprachliche Nein auf ihre Frage, ob am nächsten Tag eine Fähre gehe, nicht verstanden (mehr zu den Ja-Nein-Gesten im Infokasten unten). Die erste verneinende

Geste schien ihr einfach nur rätselhaft, die zweimalige Wiederholung derselben dann wie ein Nicken, also eine Bejahung.

Zusätzlich hat es Anna gleich zu Anfang befremdet, dass der junge Mann auf ihre eingangs gestellte Frage nach den Fährverbindungen nicht mit einer höflichen Wendung wie »Einen Moment« oder »Ich sehe gleich nach« geantwortet hat, sondern sie einfach stehen ließ, während er sich stumm seinem Computer zuwandte, der ihm die Verbindungen und Fahrpläne anzeigte. Schließlich hielt Anna den Angestellten für unhöflich. Und tatsächlich sind in Griechenland weniger Höflichkeitsfloskeln im Gebrauch.

Ja und Nein

Verbal:

Ja – ***ne*** (kurz)

Nein – ***óchi*** (mit einem hellen »ch« wie in »nicht«)

Nonverbal:

Zustimmung / Bejahung: wird nicht wie bei uns durch ausgeprägtes Nicken, sondern vorwiegend durch kurzes Schließen der Augenlider ausgedrückt. Oft wird es begleitet von einer Neigung des Kopfes, meist nach vorn, manchmal aber auch seitlich. Vor allem Männer klopfen ihrem Gegenüber als Ausdruck der Zustimmung auch gern auf die Schulter.

Ablehnung / Verneinung: wird durch Anheben des Kinns ausgedrückt. Da sich das Kinn früher oder später wieder senkt und die Geste zuweilen wiederholt wird, wird sie leicht als Nicken interpretiert, was für die meisten Nichthellenen Zustimmung bedeutet. Auch hochgezogene Augenbrauen, weit aufgerissene Augen und ein Schnalzen mit der Zunge oder ein »ts«-Laut bedeuten *óchi* – »nein«. Je nach Temperament und hineingelegtem Nachdruck werden diese Gesten oft miteinander kombiniert, das Kinn nicht nur leicht angehoben, sondern der Kopf weit zurück in den Nacken geworfen.

Tipp zur Unterscheidung der beiden Gesten:

Geht der Kopf *zuerst nach unten* (oder zur Seite), heißt es »*Ja*«.
Geht der Kopf *zuerst noch oben*, heißt es »*Nein*«.

Was können Sie besser machen?

Die zur Bejahung und Verneinung gebrauchten Wörter und Gesten sollte man sich unbedingt aneignen, auch wenn man sich nicht ausführlicher mit der Sprache beschäftigen will. So umgeht man schon einmal diverse Fettnäpfe. Nützlich und interessant ist es allemal, ein wenig die griechische Körpersprache zu beobachten, um sie allmählich zu verstehen. Man sollte stets damit rechnen, dass sie eine gänzlich andere als die vermutete Bedeutung hat. (Eine Übersicht über die griechischen Gesten finden Sie im Anhang dieses Buchs im Kapitel »Griechische Körpersprache«, S. 262.)

Lassen Sie sich von Sprachschwierigkeiten und unverstandenen Gesten nicht einschüchtern! Hätte Anna nicht so schnell aufgegeben, so hätte sie sicher die gewünschten Fahrkarten erhalten. Viele Griechen sprechen Englisch, das gilt insbesondere für jene, die in der Tourismusbranche arbeiten. Außerdem sind Griechen – das lässt sich durchaus pauschalieren – sehr hilfsbereit und suchen und finden fast immer einen Weg, um mit Fremden zu kommunizieren, wohingegen antrainierte, dem Kunden entgegenlächelnde Dienstleister-Zuvorkommenheit weniger verbreitet ist.

Erwarten Sie also weniger Höflichkeitsfloskeln als in Deutschland (oder gar in England). Äußert man in einem Büro oder Geschäft einen Wunsch, so bekommt man im Optimalfall ein *améssos* (sofort) oder *se misó leptó* (in einer halben Minute) zur Antwort. Floskeln wie »gern« oder »Kann ich

Ihnen sonst noch irgendwie behilflich sein?« sind rar. Auch mit dem Bitte- und Dankeschön haben es die Griechen nicht so wie beispielsweise die Deutschen oder gar die dafür berüchtigten Österreicher. Es ist klar, dass man gern hilft und gern gibt. Deshalb muss ein Gefallen nicht unbedingt höflich erbeten werden. Im Gegenzug nimmt man auch gern mal etwas an, ohne sich groß dafür zu bedanken.

4 Connie hat mächtig Bammel

Von Kreuzzeichen und Frömmigkeit

Nísyros, 12. September

Im Hafenort der Insel Nísyros, der – genauso wie der Fischerhafen von Kos – Mandráki heißt, haben Connie und Anna schöne Zimmer etwas abseits am Hang bei einer freundlichen Familie gefunden. Nach dem Frühstück fragen sie die Hausherrin María nach der Busverbindung nach Nikiá, denn von dort aus wollen sie zu einem Kloster und zum Vulkankrater wandern. Sie müssen allerdings erfahren, dass der erste Bus bereits weg ist und der nächste erst um elf geht. Das ist ihnen zu spät.

»Dann lass uns doch heute auf den Profítis Ilías wandern«, sagt Connie. Sie ist begeisterte Profítis-Ilías-Stürmerin.

Fast jede Insel hat einen Berg dieses Namens, meist ist es ihr höchster Gipfel. Connie hat schon einige davon erklommen und will nun auf jeden Berg, der den Namen des Propheten trägt, obwohl sie keine sportliche Kletterin ist. Das ist meist aber auch nicht nötig, denn normalerweise sind die Wege nicht allzu anspruchsvoll. So soll es auch hier sein, hat sie in ihrem Reiseführer gelesen.

María wechselt einige Worte mit ihrem Sohn Stávros, dann sagt sie: »Er wird euch bis zum Kloster Evangelístria fahren und euch von dort aus den Weg zeigen. Nicht wahr, Stávros?«

Der schließt kurz die Augenlider und senkt den Kopf.

Dankbar nehmen die beiden an. Connie fragt sich nur, ob der Bursche überhaupt schon einen Führerschein hat. Mit seiner schmächtigen Gestalt und den zarten Gesichtszügen kommt er ihr sehr jung vor.

Kurz darauf sitzen die zwei Frauen mit ihren Rucksäcken in einem klapprigen, rostigen Gefährt mit einer Delle an der zerkratzten Tür, und der junge Stávros braust los. Auf dem Armaturenbrett ist ein Muttergottesbild angebracht. Ein himmelblauer, etwa pflaumengroßer Glastropfen, auf den ein plastisches Glasauge mit einer türkisfarbenen Iris aufgesetzt ist, baumelt von der Sonnenblende und blickt auf die nervöse Connie hinab, die erfolglos versucht, ihren Sicherheitsgurt zu schließen.

»Der ist kaputt«, sagt Stávros. »Aber keine Angst, ich bin ein guter Fahrer.«

Im gleichen Moment macht er drei Kreuzzeichen. Auch Connie würde sich am liebsten bekreuzigen, wie er so dahinrast, hupt und winkt, sobald ein Mofa entgegenkommt, mal einen Schlenker nach rechts, mal einen nach links macht und am Kassettenrekorder hantiert. Sie ist heilfroh, als sie endlich beim Kloster ankommen, wo Stávros die nächsten drei Kreuzzeichen macht, so hastig, dass es eher aussieht, als wolle er sich die Brust abstauben. Er zeigt den zwei Touristinnen, wo der Weg beginnt, und fragt sie, ob er sie am Abend hier wieder abholen soll. Doch Connie lehnt eilig dankend ab.

»Uff!«, entfährt es ihr, als er wieder abbraust.

Anna grinst und drückt die Klinke der Klostertür. Nichts. Sie rüttelt ein wenig und stemmt sich gegen die Tür. Eindeutig verschlossen. Und obwohl Connie sonst nicht besonders fromm ist, wäre ihr jetzt danach zumute, Gott und allen Heiligen im Kloster dafür zu danken, dass sie die rasante Fahrt heil überstanden haben.

Die Wanderung entschädigt sie fürs verschlossene Kloster und die ausgestandenen Ängste. Der Pfad windet sich mal zwischen alten, von Trockensteinmauern gehaltenen Terrassen, mal zwischen üppigen Farnhainen dahin, führt durch ein Steineichenwäldchen und schließlich über Geröll und Fels, auf dem sich hier und da putzige Krokodilchen sonnen.

Krokodilchen

Krokodilákia (Krokodilchen) ist die Bezeichnung der Einheimischen für die korrekt Agama oder Hardun genannten, bis zu dreißig Zentimeter langen Echsen, die sich in den Bergen von Nísyros tummeln.

Der Blick vom Gipfel ist überwältigend. Doch wo versteckt sich nur der Vulkankrater? Connie kann ihn nirgends erspähen. Im Abgrund hinter diesem Felsvorsprung vielleicht? Dann müssten die kleinen weißen Quader dort drüben auf dem Rücken des Hangs die Häuser des Dorfes Nikiá sein, von wo aus sie morgen zum Krater hinabwandern wollen. Leuchtend weiß zeichnen sie sich vom dunklen Graubraun des Felsens und dem milchigen Blau des Meeres dahinter ab. Und die Felsenkette, die weit draußen über dem Wasser zu schweben scheint, ist wohl Tílos, die nächste Insel, die sie besuchen wollen. Und dahinter – fern, ätherisch, vom fließenden, flirrenden Untergrund abgehoben – Wolken oder das nächste Inselmassiv? Rhodos vielleicht?

Was ist diesmal schiefgelaufen?

Sowohl der Zustand des Fahrzeugs als auch das zarte Alter und der hektische Fahrstil des jungen Stávros haben Connie Angst gemacht, teils wohl zu Recht. Denn ohne Sicherheitsgurt zu fahren ist auch in Griechenland nicht ratsam, obwohl viele Griechen Gurtmuffel sind.

Die Kreuzzeichen, die Stávros schlug, waren jedoch kein Anlass zu erhöhter Sorge. Die hätte der Bursche ebenso geschlagen, wenn er zu Fuß unterwegs gewesen wäre, und zwar an den gleichen Stellen, nämlich immer dann, wenn er eine Kirche passiert. Viele Griechen folgen dieser Gewohnheit, denn die meisten sind sehr fromm. Stávros strotzt zwar nur so vor Selbstbewusstsein, doch sich gut mit Gott und den Heiligen zu stellen, hat noch niemandem geschadet. Ebenso wenig ein blaues Glasauge, wie jenes, das an seiner Windschutzscheibe baumelte. So ist er allemal vor dem bösen Blick gefeit. (Mehr dazu in Kapitel 32, S. 236.)

Falsch lag Connie auch mit ihrer Vermutung, dass Stávros keine Fahrerlaubnis besitzt. Natürlich besteht auch in Griechenland Führerscheinpflicht. Seinen 18. Geburtstag hatte der schmächtige Bursche schon hinter sich und seinen Führerschein griffbereit in der Tasche.

Eigentlich sollten keine verkehrsuntüchtigen Fahrzeuge auf Griechenlands Straßen unterwegs sein – wenn es nach dem Gesetz ginge. Generell besteht die Pflicht, über vier Jahre alte Wagen alle zwei Jahre bei einem technischen Überwachungsdienst vorzustellen. *KTEO* heißt die griechische Entsprechung unseres TÜV. Trotzdem sieht man eine Menge Autos in erbärmlichem Zustand auf den Straßen, vor allem auf den kleineren Inseln, wo es keine Schnellstraßen und Autobahnen gibt. Bis zum nächsten Dorf wird es das Schnauferl schon noch schaffen. Manche Dinge werden in Griechenland einfach etwas lascher gehandhabt als weiter nördlich und westlich in Europa.

Nicht dass es keine entsprechenden Gesetze gäbe, aber mangelnder Datenaustausch zwischen Behörden und zugedrückte Augen, wo es auf Inseln gar keine entsprechenden Prüfstellen gibt und die Distanzen klein sind, lassen so manche Rostlaube im Umlauf. Und doch gibt es laufend Reformen, die zum Zweck haben, existierende Gesetze auch durchzusetzen.

Kirchen, so weit das Auge reicht – die griechische Orthodoxie

Rund 97 Prozent aller Hellenen wurden griechisch-orthodox getauft. Viele von ihnen praktizieren ihre Religion mit einer Frömmigkeit, die auf Schritt und Tritt offenkundig wird. Zahlreiche Menschen bekreuzigen sich, sobald sie eine Kirche oder Kapelle passieren, und das geschieht oft, denn es gibt viele. Nicht nur jeder Ortsteil und jedes noch so kleine Dorf hat sein Gotteshaus oder gleich mehrere davon, Kapellen finden sich auch weit über das Land verstreut. Mit ihrem leuchtenden Weiß und ihren meist kräftig blau strahlenden Kuppeln prangen sie weithin sichtbar auf Berg- und Hügelkuppen, an Hafeneinfahrten und Stränden.

Sie werden liebevoll gepflegt und geschmückt. Selbst in weitgehend verlassenen und verfallenen Dörfern ist häufig die Kirche als einziges Gebäude intakt und frisch getüncht. Traditionell streicht man sie, wenn das Osterfest oder der Jahrestag des Heiligen, dem sie geweiht ist, ansteht. Gottesdienste sind gut besucht und Feiertage werden mit großen Familien- und Gemeindefesten begangen. In allen wichtigen Lebenslagen wird priesterlicher Segen gesucht, sei es vor einem wichtigen Fußballspiel oder bei einer Geschäftseröffnung.

Der Begriff »orthodox« leitet sich von den griechischen Worten *orthós* für »richtig« und *dóxa* für »Meinung« oder »Glaube« ab, woraus sich die Bedeutung Rechtgläubigkeit ergibt. Geprägt ist diese Lehre von einer konservativen Haltung; sie will das Alte bewahren, Beliebigkeit und Willkür meiden. Das zeigt sich auch an den Sakralbauten und -bildern: Anders als westliche Kirchenkunst unterliegen sie keinen Stilwandlungen.

Was können Sie besser machen?

Keine Angst vor Kreuzzeichen! Sie sind in diesem Fall nur Ausdruck der Frömmigkeit, nicht der Angst. Ob Anlass besteht, sich vor dem rasanten Fahrstil und den alten Blechkisten so mancher Insulaner zu fürchten, kommt auf die Situation an. Natürlich kennen die Einheimischen ihre Insel und jedes Schlagloch, jeden abgebrochenen Straßenrand und die Stellen, an denen täglich Hühner und Schafe die Straße kreuzen. Auf keinen Fall sollte man selbst rasen, falls man mit dem eigenen oder einem gemieteten Fahrzeug unterwegs ist. Denn Hindernisse gibt es zuhauf, einen entsprechenden Warnhinweis hingegen fast nie.

Dass Sicherheitsgurte fehlen oder defekt sind, ist sicher ein Manko, das zu gefährlichen Situationen führen kann und dem eigenen Sicherheitsbedürfnis zuwiderläuft. Vielleicht in ähnlichem Maße, wie sich ein Grieche in seinem Freiheitsbedürfnis beeinträchtigt fühlt, sollte er sich derart an den Sitz fesseln – und das gar auch noch, weil es Polizei und Gesetz so verlangen!

Sackt einem das Herz wegen der Raserei eines Fahrers allzu tief in die Hose, so hat schon manches Mal der freundlich vorgebrachte Appell »*Sigá, sigá, parakaló!*« (Langsam, langsam, bitte!) geholfen. Vielleicht ringt er dem Fahrer ein bewunderndes Lächeln ob der offensichtlich doch beträchtlich über *kaliméra* und Ouzo hinausgehenden Sprachkenntnisse des Angsthasen ab, sodass er sich schon vor lauter Bewunderung dessen Wunsch beugt. Wer ganz auf Nummer sicher gehen will, dem bleibt wohl nur, vor Besteigen eines Gefährts selbst zu überprüfen, ob alles in Ordnung ist, und den Fahrer zu stoppen und auszusteigen, wenn es ihm allzu wild wird.

Sigá, sigá! – immer mit der Ruhe! ...

... – eine nützliche Einstellung im Land der Hellenen, wo nichts so heiß gegessen wie gekocht wird, im wörtlichen ebenso wie im übertragenen Sinne. Eintöpfe und Aufläufe kommen meist lauwarm auf den Tisch. Niemand stört sich daran. Im Gegenteil, so soll der Geschmack richtig zur Ausprägung kommen. Das Gleiche gilt für Ärger und Wutausbrüche, die die eine oder andere üble Schimpftirade lostreten können. Klingt oft schrecklich, ist aber nur ein Ventil, das einen Gewaltausbruch verhindert und durch das die heiße Luft schnell wieder verpufft. *Sigá, sigá!* – so mahnt man zu Ruhe und Langsamkeit.

5 Ng, nng, nnng!

Von ungewohnter Kost und verletztem Ehrgefühl

Nísyros, 12. September

Nach der Wanderung und einem Bad im Meer lassen Connie und Anna den Tag in einem der Fischrestaurants an der Uferstraße von Mandráki ausklingen.

»Ui, was ist denn das?« Ein kräftiges Rot inmitten der silbriggrauen Fische hat Annas Blick angezogen. Der Drachenfisch, den sie sich ausgeguckt hat, hebt sich nicht nur durch seine leuchtende Farbe von den anderen Fischen ab, er hat auch eine einzigartige, bizarre, eben an einen kleinen Drachen erinnernde Form.

»*Skórpena*«, sagt der Kellner, mit dem sie und Connie in der Küche der Fischtaverne stehen, und führt die beiden zu einem großen Topf auf dem Herd. »*Kakaviá – fish soup*«, fügt er hinzu, während er den Deckel lüftet und sich ein würziges Fischfondaroma verbreitet. »*Skórpena is cooked for kakaviá.*« Aha, in Fischsuppe gekocht wird dieses Prachtexemplar serviert.

»Das kleine rote Ungeheuer sieht giftig aus.« Connie rümpft die Nase. Sie mag Fisch nur gegrillt, und der Geruch des Fonds ist ihr zu penetrant. Eine Nasevoll davon reicht, um ihr den Appetit auf alles, was Kiemen hat, zu verderben.

»*Ke apó kreatiká?*« (Und Fleisch?), fragt sie.

»*Suvlákia, brisóles, biftéki, echúme ap' óla*« (Fleischspießchen, Koteletts, Frikadellen, wir haben alles), versichert ihr der Kellner, geht mit den beiden zu ihrem Tisch im Freien und reicht ihnen die Speisekarten, Connies bei den Fleischgerichten aufgeschlagen. Sie bestellt einen Bauernsalat und sucht vergeblich nach einem gemischten Grillteller. Hm, einen ganzen Teller nur mit Fleischspießchen oder Koteletts mag sie nicht. Schließlich liest sie unter »Griechische Küche« *stifádo* (Schmorfleisch mit – vielen – Zwiebeln) und entscheidet sich dafür.

»Bei dieser herrlichen Fischauswahl isst du Gulasch?«, wundert sich Anna. Sie bleibt bei der Fischsuppe mit dem roten Fisch, der es ihr gleich angetan hat.

»Das hat mir zu sehr gefischelt da drinnen.«

»Gefischelt? Das duftete doch köstlich nach frischem Fisch!«

Na ja, eigentlich hat Anna ja recht. *Stifádo* steht auf der Speisekarte vieler Tavernen, und das hier ist schließlich eine Fischtaverne. Vielleicht sollte sie doch …? Connies Blick fällt auf die Oktopoden – den Plural von Oktopus hat sie neulich erst gelernt –, die von der Abendsonne beleuchtet auf einer Schnur über der Ufermauer baumeln. Warum nicht mal etwas Neues probieren? Als der Kellner die Getränke und einen Korb mit Brot, Servietten und Besteck bringt, spricht sie ihn an.

»Sygnómi, parakaló, den thélo stifádo, allá avtó!« (Verzeihung, ich will kein Schmorfleisch, sondern das da!). Dabei deutet sie auf die wie Wäsche zum Trocknen auf der Leine hängenden Krakenarme mit ihren komischen Saugnäpfen. Den griechischen Redeschwall, mit dem ihr der Kellner erklärt, dass Oktopus kein Hauptgericht, sondern eine Vorspeise sei, die man zum Ouzo isst, versteht sie nicht. Da greift sie doch lieber auf ihre paar Brocken Englisch zurück: *»Is it possible? Octopus, no meat.«* (Ist das möglich? Oktopus, kein Fleisch.)

Das wiederum scheint der Kellner nicht ganz verstanden zu haben. Natürlich ist Oktopus kein Fleisch, auch kein Fisch, sondern Oktopus, versucht er ihr lachend zu erklären, bevor er sich vergewissert: *»You want octopus?«* (Sie wollen Oktopus?)

Kurz darauf bringt er zwei kleine, knusprig gegrillte Fangarmstücke. Connie probiert.

»Wie schmeckt's?«, will Anna wissen.

»Probier selbst. Bisserl verkohlt und zäh, finde ich. Und zu salzig.« Connie greift zum Weißwein, um die ungewohnte Kost herunterzuspülen.

»Bäh, was für eine lauwarme Brühe!« Sie verzieht den Mund und ruft den Kellner. *»The wine is warm.«* (Der Wein ist warm.)

»I bring ice.« (Ich bringe Eis.)

Eis im Wein? Na, da weiß Connie nicht, was schlimmer ist.

»Échete pió krýo krasí?« (Haben Sie kälteren Wein?), versucht sie sich nun doch lieber wieder auf Griechisch, da sie den Wein auf keinen Fall mit Eis verwässern will.

»Da kitáxo« (Ich werde nachsehen), verspricht der Kellner und fragt dann, wie der Oktopus schmecke.

»Zäh und hart. Und zu salzig.«

»Eeh?«

»Zäh – ng, nng, nnng!« Connie kennt das entsprechende Wort weder auf Griechisch noch auf Englisch. Sie ersetzt es durch angestrengte Kaubewegungen, die sie gleichzeitig mit den wie Schnäbel aufeinanderklappenden Fingern beider Hände imitiert.

»You don't like it?« (Schmeckt er Ihnen nicht?)

»It's okay.« Connie gibt auf. Ist ja egal, war halt ein Versuch. Sie will sich nicht länger darüber unterhalten, denn gleich wird die Sonne über dem Meer untergehen. Das will sie genießen und fotografieren.

Doch der Kellner gibt nicht auf. Ein Gast, dem es nicht schmeckt, das kann doch nicht sein! Sein Oktopus ist schließlich köstlich! Jeder lobt ihn. Nachdem er einen Schwall Erklärungen halb auf Griechisch, halb auf Englisch auf Connie losgelassen hat, lässt er endlich von ihr ab, weil er merkt, dass sie kaum noch zuhört. Die Sonne sinkt immer tiefer, und sie will doch fotografieren. Er wendet sich Anna zu, denn er hat gesehen, dass auch sie vom Oktopus probiert hat. Die lächelt entschuldigend.

Wenig später kommt er mit einem Schälchen Eis, einer neuen Karaffe Wein, der ein klein wenig kühler ist, der Fischsuppe und dem *stifádo* zurück. Connie starrt immer noch abwechselnd durch die Linse ihres Fotoapparats und daran vorbei auf die rot im Meer versinkende Sonne. Erst als diese endgültig vom Horizont verschwunden ist, hat sie wieder Augen für den Tisch und die zwischenzeitlich aufgetragenen Speisen.

Eigentlich wollte sie ja den Oktopus statt des Zwiebelschmorfleischs und nicht beides. Aber, na ja, auch recht so. Sie ist noch hungrig, die zwei kleinen Fangarme waren ja wirklich etwas für den hohlen Zahn. Und das Zwiebelfleisch sieht lecker aus. Beim ersten Bissen ist sie jedoch enttäuscht. Fast kalt! Sie ruft den Kellner und reklamiert.

»It was hot. You must eat, not look sun and take photograph« (Es war warm. Sie müssen essen, nicht Sonne schauen und Foto machen), mosert dieser in gebrochenem Englisch, bevor er den Teller missmutig packt und eigenhändig in der Mikrowelle platziert.

Was ist diesmal schiefgelaufen?

So einiges lief hier nicht ganz rund. Zunächst einmal hat es mit der Verständigung nicht so recht klappen wollen. So hat der Kellner nicht verstanden, dass Connie den Oktopus statt des *stifádo* und nicht als Vorspeise wollte. Dann waren die gegrillten Krakenarme einfach nicht Connies Sache. Das kann passieren, wenn man sich auf kulinarische Entdeckungstour begibt. Fremde Kost kann gewöhnungsbedürftig sein, und die Geschmäcker sind bekanntlich verschieden. Der Kellner hatte Connie schon richtig informiert: So wie in dem Lokal zubereitet, nämlich kräftig auf Holzkohle gebraten, hat der Oktopus tatsächlich einen etwas zähen Biss und ein kräftiges, salziges Holzkohlenaroma. Genau richtig, um ihn zum Ouzo zu knabbern, aber wohl nicht jedermanns Sache. Am allerliebsten hätte Connie ja einen gemischten Grillteller gehabt – mit allem Drum und Dran, so wie sie ihn vom Griechen daheim in Deutschland gewohnt ist. (Warum sie nicht fündig wurde, erfahren Sie in Kapitel 20 im Infokasten »Bestellen wie die Griechen«, S. 166.)

Das *stifádo*, für das sie sich schließlich entschied, kam dann gleichermaßen lauwarm wie der Wein auf den Tisch – langsam platzte Connie der Kragen.

Und genau darin lag das Problem. Die Art, wie sie Wünsche und Kritik vorbrachte, und ihr plötzliches Sich-Abwenden mitten im Gespräch wirkten arrogant und verletzend. Nicht nur ihre fehlende Begeisterung für die Spezialität des Hauses, sondern mehr noch ihre Kritik an der Temperatur von Wein und *stifádo* waren dem Kellner unverständlich, denn mit den Serviertemperaturen nimmt man es in Griechenland nicht so genau. Gekochte Gerichte und Aufläufe essen die Griechen ohnehin nicht gern zu heiß, sie kommen oft lauwarm auf den Tisch. Denn sie werden fertig vorbereitet und im Backofen oder in einer speziellen Vitrine mit Warmhalteplatten bis zum Servieren warmgehalten – warm, nicht heiß. Wein wird normalerweise gekühlt serviert. Das gilt übrigens für Rotwein ebenso wie für Weißwein, da wird meist kein Unterscheid gemacht. Bei sommerlichen Temperaturen ist er dann recht schnell recht warm, denn Weinkühler trifft man in einfachen Tavernen selten an.

Was können Sie besser machen?

Denken Sie stets an das ausgeprägte Ehrgefühl der Griechen. *Filótimo* ist der schwer zu übersetzende Begriff dafür (siehe Infokasten unten). Dieses Ehrgefühl ist so tief verwurzelt und allen gemein, dass man behutsam miteinander umgeht, um das *filótimo* des anderen nicht zu verletzen. Kritik wird also verhalten geäußert, Anerkennung und Lob großzügig. So ist man das gewohnt. Sind Fremde direkter, wenn ihnen etwas nicht gefällt, so stößt man sich daran.

Auf die Frage, wie der Oktopus munde, wäre eine ausweichende Antwort seitens Connies angebrachter gewesen. Sie muss beim nächsten Mal nicht unbedingt eine Notlüge gebrauchen, könnte aber beispielsweise sagen, dass ihr etwas anderes besser schmecke, dass sie eigentlich eine Fleischesserin sei, den Oktopus nur mal probieren wollte, weil er so gut aussieht, Fleisch jedoch vorziehe. Oder sie lässt, nachdem sie ausgedrückt hat, dass der Oktopus nicht nach ihrem Gusto ist, einfließen, dass diese oder jene andere Speise des Lokals hingegen hervorragend sei. Damit wäre die Situation schon gerettet.

Sehr gut macht es sich übrigens auch, statt zu fordern, an die ausgeprägte Hilfsbereitschaft der Griechen zu appellieren oder vielleicht ein eigenes Missgeschick vorzuschieben.

Connie hätte ruhig zugeben können, dass sie der Sonnenuntergang so gefesselt hat, dass sie darüber ganz das Essen vergaß, und darum bitten können, dass der Kellner es ihr aufwärmt.

Reklamationen sollten nie in harschem Ton ausgesprochen, sondern mehr wie Bitten vorgetragen werden, zumindest aber mit einem freundlichen Gesichtsausdruck.

Connies Eifer, den zauberhaften Sonnenuntergang mit ihrer Kamera festzuhalten, mag ja verständlich sein. Kurz angebunden barsche Kritik zu üben und sich daraufhin abzuwenden wirkt aber taktlos und geringschätzig. Wenn man verschiedener Meinung ist, dann ist man es gewohnt, die Sache auszudiskutieren. Man debattiert gern, genießt es geradewegs. Und im Laufe des Gesprächs hätte sich der ob der Kritik schon etwas verstimmte Kellner vielleicht wieder entspannt, anstatt sich von der Touristin eine schlechte Meinung zu bilden. Es hätte gereicht, dass er auch seinen Standpunkt akzeptiert sieht – dazu ließ ihm Connie jedoch keine Gelegenheit.

Filótimo – Ehre, wem Ehre gebührt

Wohl nichts trifft einen Griechen derart ins Mark, wie wenn man ihm das *filótimo* in Abrede stellen will. Der Begriff *filótimo* (oder auch *filotimía*) ist schwer übersetzbar. »Ehrgefühl« überträgt ihn unzureichend ins Deutsche. »Ehrliebe« ist wörtlicher und wird ihm eher – wenn auch nur annähernd – gerecht. Das *filótimo* lässt den Griechen über sich hinauswachsen, kann ihn aber auch in Rage bringen und ihn aufreiben.

Filótimo umfasst Würde, Mut, Integrität und Liebe – Liebe, so wie in Elternliebe, Vaterlandsliebe oder eben Ehrliebe. *Filótimo* fordert Respekt und eine echte persönliche Freiheit. Diese Ehrliebe ist tief und fest im Menschen verankert, sie ist lebensnotwendig wie der Atem. Tief und fest im Einzelnen verankert sind auch die Bindungen, in die er hineingeboren wurde oder die er eingeht: Familie, Heimatstadt, -insel oder -dorf, Vaterland und Religion, aber auch berufliche Bindungen. All das bezieht er in sein Ehrgefühl mit ein. Spricht man abfällig über eines davon, so trifft ihn das persönlich.

6 Ganz schön deutsch

Vom Zechen und Blechen

Nísyros, 12. September

Warm schmeckt das *stifádo* köstlich – von der Mikrowelle weiß Connie zum Glück nichts. Welch herrlicher Abend! Sanft schlagen die Wellen ans Ufer, vor ihnen das Meer, in das gerade die Sonne versunken ist und in dem sich nun die Lichter spiegeln. Zu ihrer Linken zeichnet sich das Kloster Panajía Spilianí vom samtenen, erst goldgelb, dann rötlich und bald violett glühenden Himmel ab. Der Glockenturm des Klosters ist beleuchtet und die weißen Mauern erscheinen zartlila. Langsam wird es dunkel und langsam wird es Zeit zu gehen. Sie müssen noch duschen und die Wanderroute für den nächsten Tag durchgehen. Morgen wollen sie früh aufbrechen, um vor den Touristenschwärmen am Vulkankrater zu sein.

Connie winkt dem Kellner und ruft: »*To logariasmó, parakaló!*« (Die Rechnung, bitte!)

Ganz schön hoch, denkt sie beim Blick auf die Summe. Vorspeise und Hauptgericht, dazu Salat mit Schafskäse und Oliven, den Wein … Ein Liter? Okay, zusammen mit Anna. Und da steht ja auch Annas Fischsuppe mit drauf. Er hat offenbar alles zusammen aufgeschrieben. Und was ist denn das da: *kuvér*? Sie fragt den Kellner, der als Antwort auf den Brotkorb deutet. Brot heißt doch *psomí* auf Griechisch, oder? Connie hat gedacht, dass das zum Essen gehört. Bestellt haben es jedenfalls weder Anna noch sie selbst. Sie hat auch nichts davon genommen. Anna natürlich schon – Fischsuppe kann man ja auch nicht ohne Brot essen! Egal, sind ja nur zwei Euro für sie beide. Sie beginnt damit, dem Kellner aufzuzählen, welche Posten auf ihre Rechnung gehen.

»*Hmm, sta Jermanikà?*«, fragt er genervt.

Jermanikà – deutsch?

Was hat denn der unfreundliche Bursche jetzt schon wieder. Deutsch soll sie mit ihm reden? Bis jetzt hat er doch nur Englisch und Griechisch gesprochen. Und ich mühe mich mit meinem Griechisch ab. Na ja, kann er haben, dann also auf Deutsch. Und sie zählt alles noch einmal in ihrer Muttersprache auf. Langsam ist auch sie immer mehr genervt. Ihr bereits von der Sonne gerötetes Gesicht wird immer röter, während sie spricht. Ihre Brauen schieben tiefe Furchen auf die Mitte ihrer Stirn und ihr Mund schiebt sich zu einer Schnute nach vorn. Jetzt schlägt Anna auch noch vor, dass sie zahlt und sie sich dann im Anschluss die Rechnung teilen. Was soll das jetzt?

»Kommt gar nicht in Frage! Ich habe mehr gegessen und getrunken als du«, ereifert sich Connie. »Den Wein übernehme ich. Du hast ja nur daran genippt und ich habe richtig zugelangt. Musste diesen salzigen, zähen Krakenfuß ordentlich runterspülen. Der Kellner soll das ruhig ausrechnen. Ist doch sein Job«, beharrt Connie.

Nach einer Ewigkeit, so scheint es ihr, teilt er ihr endlich mit, dass ihr Anteil 27,50 Euro beträgt.

»Dreißig«, erwidert sie, weil sie ihm trotz aller Unbill Trinkgeld geben will. Doch er gibt ihr das Wechselgeld auf den Cent genau zurück. Connie hat keine Lust mehr auf Diskussionen. Wer nicht will, der hat schon! Und trotzdem, nachdem auch Anna gezahlt hat, lassen beide das Trinkgeld auf dem Tisch liegen.

»Wir sind ja keine Unmenschen«, grinst Anna.

Fast hätte Connie in ihrem Grimm ihre Kamera vergessen. Als sie schon einige Schritte gegangen sind, merkt sie es und dreht noch einmal um. Da sieht sie, wie ein kleiner Junge das liegengebliebene Wechselgeld einstecken will. Connie sprintet zum Tisch.

»Du Lausbub, lass das liegen!«

Schon ist der Kellner da und drückt ihr die Münzen in die Hand. Als sie versucht, ihm zu erklären, die seien doch für ihn, geht er nicht darauf ein, sondern bedeutet ihr ärgerlich, sie einzustecken.

Was ist diesmal schiefgelaufen?

Sta Jermaniká, hatte der Kellner zu ihnen gesagt. Das heißt »auf Deutsch« – so hat es Connie auch verstanden. Doch hatte er damit nicht sagen wollen, Connie solle deutsch mit ihm sprechen, sondern er stellte lediglich fest, die zwei Touristinnen wollten offenbar »auf Deutsch« zahlen. Das bedeutet: jeder für sich, also je eine Einzelrechnung für Connie und eine für Anna. Unter Griechen ist das absolut unüblich. Die Kellner sehen darin eine deutsche Eigenheit und nennen diese Zahlweise, die bei ihnen gar nicht beliebt ist, deshalb »auf Deutsch«. (Mehr dazu im Infokasten »Allein bist du ein armes Schwein! – Zum Essen gehört *paréa*« in Kapitel 12, S. 102.)

Das Trinkgeld, das Anna und Connie geben wollten, war durchaus angemessen. War man mit dem Service nicht vollends zufrieden, so kann man es kürzen, statt die üblichen fünf bis zehn Prozent zu geben. Aber schließlich ist der Kellner ja auf alle Wünsche – vom kühleren Wein bis zum wärmeren Essen – eingegangen und hat sich ein Trinkgeld verdient.

Griechische Gäste lassen in der Regel das Trinkgeld einfach auf dem Tisch zurück, statt die Rechnung aufzurunden.

Da der Kellner das so gewohnt war und er kein Deutsch verstand, hat er Connie auch den Restbetrag zurückgegeben. Der kleine Junge, der sich das Geld holte, war sein Sohn. Der Vater hatte ihm erlaubt, die Münzen zu nehmen, denn er hatte ihm an dem Abend geholfen und sollte einen kleinen Lohn dafür bekommen. Die voll mit ihrem Essen, dem Sonnenuntergang und ihrer Kamera beschäftigte Connie hatte gar nicht gemerkt, dass er es war, der die schmutzigen Teller weggeräumt und frisches Wasser gebracht hatte. So war der Vater, bei dem sich Connie ohnehin schon unbeliebt gemacht hatte und der nicht wissen konnte, dass Connie seinen flinken kleinen Helfer gar nicht gesehen hatte, erbost darüber, dass sie dem Jungen seinen Lohn nicht gönnte, sondern auch noch mit ihm schimpfte. Überhaupt ist es in Griechenland nicht so verbreitet wie in Deutschland, fremder Leute Kinder zu tadeln. Sie zu loben und zu bewundern – ja. Doch Schelte für die Kleinen kommt nicht gut an. Der Kleine ist schließlich Vaters ganzer Stolz, und er hat auch bereits seinen eigenen Stolz.

Was können Sie besser machen?

Anna lag mit ihrem Vorschlag richtig, die Gemeinschaftsrechnung zu akzeptieren und zusammen zu zahlen. Wenn man will, kann man anschließend unter sich ausmachen, was jeder davon auf seine Kappe nimmt.

Zweitbeste Lösung: Gleich bei der Bestellung darauf hinweisen, dass man getrennt zahlen will. Wird zwar gar nicht gern gesehen, aber Touristen haben nun mal ihre Gewohnheiten und Marotten. Sollen sie damit selig werden! Bloß sollen sie es dann auch gleich zu Anfang sagen. Am Ende alles auseinanderzuklamüsern macht der Bedienung Probleme.

Hat der Kellner einen Helfer, so gebührt auch diesem ein kleines Trinkgeld, vor allem wenn es ein Kind ist, das sonst keinerlei Entlohnung für seine Arbeit bekommt (mehr dazu im Infokasten unten). Generell sollte man sich zurückhalten, anderer Leute Kinder zu schimpfen.

Pfiffige kleine Helfer – Kinder- und Jugendarbeit

Mikró (Kleiner) ruft man die oft sehr jungen Servierhilfen, die in griechischen Tavernen Tische decken und abräumen und den Kellnern zur Hand gehen. Meist handelt es sich dabei um Kinder oder Verwandte des Wirts oder seiner Freunde. Sie freuen sich über ein kleines Trinkgeld. Denn oft ist das ihr einziger Lohn für ihre Arbeit im Lokal. Obwohl unter 16-Jährige dem Gesetz nach keiner Arbeit nachgehen dürfen, ist Mithilfe im elterlichen Betrieb in Griechenland weit verbreitet. Das gilt vor allem auch für die Landwirtschaft. Wenig verbreitet hingegen ist der Brauch, die eigenen Kinder für ihre Mitarbeit zu entlohnen. Solche Hilfe wird meist als selbstverständlich angesehen.

Wesentlich seltener als bei uns suchen sich Schüler und Studenten Teilzeit- oder Ferienjobs. Es bleibt ihnen kaum Zeit dazu. Die meisten Schüler besuchen außer der Schule Nachhilfestudios und sind zudem stark in den Familien- und Freundeskreis eingebunden, was eine Menge Verpflichtungen und gemeinsame Unternehmungen mit sich bringt. Außerdem werden sie von Familie, Paten und Verwandten oft so gut umsorgt und versorgt, dass sie nicht so stark die Notwendigkeit zum Geldverdienen spüren.

7 Im Vulkankessel

Von Unfällen und Schutzengeln

Nísyros, 13. September

Heute wollen Anna und Connie endlich den Vulkankrater sehen. Sie nehmen den ersten Gemeindebus am Morgen zum Bergdorf Nikiá am Rand des großen Vulkankessels, der Caldera. Leichter Schwefelgeruch liegt in der Luft. Sie suchen den *kalderími*, den alten Saumpfad zum Kloster Timíu Stavrú, oder kurz »Stavrós«, wie es in der kleinen Broschüre des Fremdenverkehrsamts heißt. Denn sie wollen das Kloster in ihre Wanderung zum Krater einbinden.

Ein Bauer zeigt ihnen einen kaum erkennbaren Steig, der am Ende des Dorfs von der Asphaltstraße abzweigt, bald in Steinstufen übergeht und schließlich auf den mit unregelmäßigen Natursteinen gepflasterten und streckenweise von Steinmäuerchen gesäumten alten Pilgerweg trifft. Nur noch Teile dieses Jahrhunderte alten *kalderími* sind erhalten. Der weitere Verlauf der Wanderstrecke ist dennoch klar erkennbar, denn sie ist hier und da mit roten Punkten markiert.

Mit einem immer stärkeren Schwefelgeruch in der Nase gehen Anna und Connie nun am steil abfallenden Einbruchsrand des Vulkans entlang. Zur Linken blicken sie aufs Meer, zur Rechten auf die weitläufige kesselartige Formation, die der eingebrochene Vulkan hinterlassen hat. Bald zeichnen sich darin die riesige, in den Kesselboden eingelassene Pfanne des Hauptkraters Stéfanos sowie weitere kleinere Krater ab. Am gegenüberliegenden Rand des Riesenkessels sehen sie weit oben in der Ferne als kleine weiße Punkte die Häuser eines Bergdorfes. Das muss Emboriós sein.

Das Kloster Timíu Stavrú mit seiner kleinen Kirche, seinen niedrigen weißen Bauten und dem großen gepflasterten Platz, auf dem Steinbänke und -tische stehen, finden sie verwaist, aber liebevoll gepflegt vor. Leuchtend rot blüht hier der Oleander, Wände und Stufen der Anlage sind frisch getüncht, Farbtöpfe und langstielige Pinsel stehen noch neben Eimern und Besen in einer Ecke. Frische Rosengirlanden schmücken die Ikonen in dem Kirchlein.

Erwachen aus dem Dornröschenschlaf

Wie immer mehr Klöster wird das Kloster Timíu Stavrú nicht mehr von Mönchen bewohnt und schläft das ganze Jahr über einen Dornröschenschlaf. Als Connie und Anna es besuchen, ist es gerade dabei, für zwei Tage daraus zu erwachen. Denn es ist der 13. September, der Vortag des Patronatsfests des Klosters. Zu diesem Termin muss es in voller Frische und Pracht strahlen, seine Wände werden weiß getüncht, seine Kirche mit Blumen geschmückt. Im Laufe des Tages wird sein Hof noch mit Leinen überspannt werden, an denen Wimpel mit religiösen Symbolen und kleine griechische Fahnen wehen. Dann wird in der Klosterküche gekocht, und Pilger strömen zum Gottesdienst herbei, gefolgt von einem fröhlichen Fest.

Als Anna und Connie kurze Zeit später das Kloster wieder verlassen, steigt ein heftig zankendes junges Paar aus einem kleinen Leihwagen. Mit funkelnden Augen deutet die Frau auf den rechten Kotflügel, der eine höchst eigentümliche Form angenommen hat.

»Gut dass wir kein Auto gemietet haben«, sagt Anna, während sie die Schotterstraße vom Kloster in den Vulkankessel hinabgehen. Connie hat am Ankunftstag den Vorschlag gemacht, sich einen Leihwagen zu nehmen, doch da sie die

Preise etwas hoch fanden und keiner der befragten Vermieter einen Vertrag mit Vollkaskoversicherung anbieten wollte, hatten sie davon abgesehen.

Auf der Straße läuft es sich bequem. Bald sind sie am Kesselboden angelangt und stehen am Rand des sich tief in ihn eingrabenden Stéfanos-Kraters. Hier sind sie nicht die Ersten, wie sie gehofft haben. Einige Leute spazieren bereits auf dem Boden des pfannenartigen Kraters. Klein wie Ameisen wirken sie vom Kraterrand aus. Wie sind sie dorthin gelangt? Gibt es einen Pfad oder klettert man einfach den steilen Abhang hinab zum Pfannenboden? Schließlich sieht Anna auf der gegenüberliegenden Seite jemanden absteigen und erkennt den Weg. Sie folgen also der Schotterpiste entlang dem Pfannenrand, um zum Einstieg in den Abstieg zu gelangen. Als die auf die Asphaltstraße nach Mandráki trifft, kommt ihnen ein junger Mann entgegen, der sie auf Englisch anspricht und zu seinem Infostand lotst. Sie können seiner englischen Rede zwar nicht ganz folgen, doch verstehen sie immerhin, dass er sie warnt, nicht zu nah an die Fumarolen zu kommen, da Verbrennungsgefahr bestehe. Entsprechende Warnhinweise prangen auch an der Wand des Infostands und auf einer Tafel am Abstieg.

»Ja, ja, wir passen auf«, sagt Anna. Können sie jetzt endlich los? Gleich werden die einzelnen Ameisenmenschen eine ganze Ameisenstraße bilden, dann macht das alles auch keinen Spaß mehr.

Als sie schließlich unten am Kraterboden angelangt sind, zückt endlich auch Anna ihre kleine Kamera, nachdem Connie schon den ganzen Tag emsig fotografiert hat.

»Komm, Connie, ich mach ein Bild von dir! – Prima, sehr schön! Und jetzt noch eines aus der Nähe. – Geh mal in die Hocke! Wunderbar!«

Anna inspiziert die Schwefelkristalle, spaziert umher, fotografiert hier und da und prüft das Ergebnis im Display. »Nicht gut zu erkennen. Da muss ich etwas näher ran.« – Einen Schritt nach vorn.

»Au! Hilfe! Connie!«

»Anna, was ist?« Connie lässt von ihrer Kamera ab und springt auf Anna zu. Eine Hand streckt sich ihr entgegen.

Anna fühlt ihren rechten Fuß einsinken, immer weiter. Wie hauchdünnes Eis gibt die Erd-Schwefelkruste nach. Sie spürt etwas Heißes, Zähflüssiges in ihren Stiefel dringen und schreit in Panik.

Inzwischen sind auch zwei weitere Touristen auf sie aufmerksam geworden und kommen herbeigelaufen.

Connie zieht kräftig an Annas Arm. Als Anna ihren Fuß befreit hat und verdutzt neben ihr steht, fällt Connie selbst aufs Gesäß.

»Ist Ihnen etwas passiert?«, fragt einer der Touristen die am Boden sitzende Connie, der er die Hand reicht, um sie hochzuziehen. Der andere blickt an Annas rechtem Bein hinab auf den Hosenrand und den Stiefel. An beidem klebt dicker, sich langsam verkrustender Schlamm.

»Sind Sie eingebrochen?«, fragt er. »Schnell, ziehen Sie den Stiefel aus! Stützen Sie sich auf mich.«

Während die zwei Männer sie halten, schnürt Connie Annas Schuhbänder auf und zieht ihr den dicken Stiefel herunter.

Etwas graubraune Masse klebt am Sockenrand. Connie zieht auch den Socken herunter, der Knöchel ist gerötet. Anna versucht zu sehen, woher der stechende Schmerz kommt. An einer kleinen Stelle klebt ein winziger Batzen Schlamm, und da brennt es wie verrückt.

Connie zieht eine Wasserflasche aus dem Rucksack.

»Hoffentlich gibt das keine Brandblasen«, murmelt sie, während sie Wasser über den Fuß ihrer Freundin gießt und mit einem Taschentuch den Klecks von der Haut wischt.

Anna zieht zischend Luft ein.

»Du hattest Glück im Unglück. Denk mal, was passiert wäre, wenn du in Sandalen da reingetreten wärst! Du hast wirklich einen guten Schutzengel – und gute Wanderstiefel.«

Anna bedankt sich herzlich bei allen – beim Schutzengel und ihren geliebten alten Stiefeln, die sie geschützt haben, still in Gedanken, bei den beiden Männern und ihrer Freundin Connie anschließend laut.

Als Anna später ihren Fuß unter den Wasserhahn einer öffentlichen Toilette hält, überlegt sie laut: »Den Fumarolen soll man sich nicht nähern, stand auf dem Schild. Fumarolen stoßen doch Dampf aus, oder? Hast du da, wo ich eingesunken bin, Dampf gesehen?«

»Hm, nein«, antwortet Connie nachdenklich, »aber es sah da schon irgendwie so ähnlich aus wie ein Stückchen weiter hinten, wo es dampfte.«

Was ist diesmal schiefgelaufen?

Von zu Hause gewohnt, dass an Sehenswürdigkeiten, deren Besichtigung überwacht und geregelt ist, alle gefährlichen Stellen durch Absperrungen gesichert sind, hatte Anna das auch hier angenommen und sich zu leichtsinnig bewegt. So ist sie diesmal nicht nur in ein Fettnäpfchen, sondern geradewegs ins brodelnde Innere von Mutter Erde getappt, über das sich hier am Boden des Stéfanos-Kraters von Nísyros nur eine dünne Kruste legt. In Griechenland wird einem weit weniger als in vielen anderen Ländern die eigene Vorsicht, das Mitdenken und das Auf-der-Hut-Sein vor Gefahren abgenommen.

Das bekam an diesem Tag offenbar nicht nur Anna zu spüren, sondern auch das junge Touristenpärchen mit dem lädierten Auto-Kotflügel. Anna hatte das Paar zwar nicht gefragt, was ihnen widerfahren war, oft sind es jedoch Schlaglöcher, brüchige Böschungen oder unvermutete Hindernisse wie beispielsweise Ziegen und Schafe oder abgestellte Gegenstände auf der Fahrbahn, die Autofahrern zum Verhängnis werden. Es ist auch hier nicht die Regel, dass Warnschilder oder Absperrungen auf Unwegsamkeiten hinweisen. Schäden an Straßenbelag und Böschungen treten unerwartet nach einem einwandfreien, gut asphaltierten Streckenabschnitt auf, der dazu verleitet, aufs Gas zu treten. Auch hier heißt es also: wachsam bleiben!

Das Gleiche gilt für Bürgersteige und Treppen. Soweit Erstere überhaupt existieren, sind sie oft zugeparkt, zugestellt oder plötzlich mitten drin mit Bäumen bepflanzt. Gefährlich für jeden Hans Guck-in-die-Luft und den in die Lektüre seines Reiseführers vertieften Touristen. Viele griechische Treppen genügen keiner Norm. Geländer fehlen häufig oder sind morsch und schadhaft, und die einzelnen Stufen weisen zuweilen ganz unterschiedliche Höhen auf. Man nimmt in Griechenland nicht alles so genau. Es grenzt an ein Wunder, dass so manche alte, buckelige Oma am Stock unbeschadet treppauf und treppab kommt. Man mag daran glauben, dass die Heiligen, deren Ikonen sie verehrt, und die Kerzen, die sie beim Kirchbesuch anzündet, etwas damit zu tun haben.

Was können Sie besser machen?

Augen auf! Für ortsfremde Autofahrer gilt: langsam fahren und immer mit plötzlichen Schäden und Hindernissen rechnen. In allen Situationen sollte man daran denken, dass nicht alles so abgesichert und reglementiert ist wie von Hause gewohnt. Gelegentlich mal eine der stimmungsvollen, weihrauchduftenden Kirchen zu besuchen und etwas für eine der honigfarbenen, dünnen Bienenwachskerzen zu spenden, kann wohl auch nicht schaden. Denn manchmal hat man schon das Gefühl, die Griechen setzen bei der Unfallverhütung mehr auf ihre Frömmigkeit und die Fürsorglichkeit der Heiligen, zu denen sie beten, als auf Sicherheitsmaßnahmen. Es passiert verhältnismäßig wenig. Die Rechnung scheint also aufzugehen.

8 Connie verpasst eine Gelegenheit

Von Namen, Festen und Gesten

Nísyros, 14. September

Das Mädchen hat einen gesegneten Schlaf, denkt sich Connie, als sie hinaus auf die Terrasse tritt und aus dem Nebenzimmer, wo ihre Reisegefährtin schläft, noch kein Ton dringt. Fünfundzwanzig müsste man noch mal sein. Oben am Berghang bellt zweimal ein Hund, als wolle er Jaja sagen. Seine Artgenossen im Dorf scheinen nur auf dieses Signal gewartet zu haben und legen ebenfalls los.

Nach der ausgedehnten Wanderung und dem Schrecken gestern wollen es die zwei Urlauberinnen nun etwas ruhiger angehen lassen und sich ein wenig am Strand erholen. Connie will vorher noch schnell ihre T-Shirts waschen, dazu braucht sie einen Stöpsel für das Waschbecken oder eine Schüssel. Als sie ins Treppenhaus tritt, dringt ein appetitlicher Geruch nach Süßgebäck aus der offenen Wohnungstür ihrer Vermieter.

»*Kaliméra María!*«, ruft Connie hinein.

»*Élla Connie, jásu*«, tönen die Aufforderung einzutreten und der Gruß der Hausherrin fröhlich zurück.

»*Ti kánis?*« (Wie geht es dir?)

»*Kalá.*« (Gut.)

»*Ki esí?*« (Und dir?)

Auf dem Tisch steht ein großes Blech mit *baklavás*, süßes Gebäck aus Blätter- oder Filoteig, von dem María gerade die ersten zwei, noch warmen Stücke abschneidet, um sie auf einen Teller zu legen, den sie stolz ihrem Gast reicht.

»*Mia chará.*« (So gut, dass es eine Freude ist.) Sie strahlt Connie an.

Connie nimmt den Teller dankend entgegen. Da wird Anna sich freuen.

»Im Kloster Timíu Stavrú ist ein Fest. Gestern gab es Musik und Tanz. Mein Sohn feiert auch. Er heißt Stávros«, erklärt María auf Deutsch.

Soll er feiern, der kleine Rennfahrer, denkt sich Connie. Musik und Tanz? Wäre ja ganz nett gewesen. Aber wenn sich das so abgespielt hat wie auf Kos, wo ich nicht mal mittanzen durfte, dann pfeif ich eh drauf. Jetzt erst einmal ein schönes Frühstück und dann ab zum Strand.

»Das riecht gut. Vielen Dank«, sagt sie zu María, während ihr der süße Duft des Kuchens in die Nase steigt.

»Das schmeckt auch gut. Einen schönen Tag!«

Eilig macht sich Connie auf den Weg nach oben. Sie kann es gar nicht erwarten, das Gebäck zu probieren. Mit dem Kuchenteller in der einen und einer großen roten Plastikschüssel fürs T-Shirt-Waschen in der anderen Hand kommt sie auf die Terrasse vor ihren beiden Gästezimmern, als Anna gerade gähnend ihre Balkontür öffnet.

»Wie schön, mal nicht von dir um fünf aus dem Bett geschmissen zu werden«, sagt sie, gähnt nochmals herzhaft und blickt blinzelnd hinaus auf das Meer. »Wo kommst du denn her?«

»Von María. Die muss mitten in der Nacht aufgestanden sein, um jetzt schon das fertige Gebäck aus dem Ofen zu holen. Die Frau ist wirklich unermüdlich. Was sie nicht alles selbst macht. Und dann verteilt sie die Produkte ihrer Arbeit auch noch großzügig. Gestern die Eier und der Käse, heute der Kuchen …« Connie stellt den Kuchenteller auf den hellen Terrassentisch.

»Die Eier hat sie wohl nicht selbst gelegt. Aber sie scheint einen Narren an uns gefressen zu haben, wie sie uns verwöhnt. Womit wir uns das wohl verdient haben?« Anna wischt sich den Schlaf aus den Augen und bindet ihre wirren Haare zu einem schnellen Pferdeschwanz.

»Es mag der Gedichtband auf deinem Nachttisch sein. Erinnerst du dich, wie sie sich gefreut hat, dass du griechische Poesie liest?«.

»Na ja, ich glaube, sie hat sich noch mehr gefreut, dass du ein wenig Griechisch sprichst. Übrigens, dieser kleine Band von Giórgos Seféris ist sicher auch was für dich. Das Büchlein ist zweisprachig«.

»Der griechische Text wird wohl etwas zu hoch sein für meine Anfängerkenntnisse.« Connie schiebt sich ein Stück Gebäck in den Mund. Extrem süß!

»Quatsch, du hast ja den deutschen Text daneben. Die Sprache ist ganz einfach, so weit ich das beurteilen kann, und es kommen immer wieder die gleichen Wörter vor: Meer, Insel, Schiff, Segel, Marmor. All das, was wir hier täglich um uns herum haben.«

Nobelpreiswürdige Gassenhauer

Die beiden Lyriker Giórgos Seféris (1900–1972) und Odysséas Elýtis (1911–1996) wurden mit dem Literaturnobelpreis ausgezeichnet. Ihre Poesie ist heute sehr präsent im griechischen Alltag. Viele ihrer Gedichte wurden vertont, sodass sie heute auf den Straßen und in den Tavernen geträllert werden. In ähnlicher Weise wurden auch Werke anderer Poeten wie Giánnis Rítsos, Dionýsios Solomós und Napoléon Lapathiótis zu beliebten Liedern.

Es ist ein windstiller, sonniger Tag. Genau richtig für einen Badetag. Die beiden lassen sich das nach Zimt und Nelken duftende, siruptriefende Blätterteiggebäck mit Nussfüllung schmecken und trinken Kaffee dazu, den Connie auf dem kleinen Kocher in ihrem Zimmer zubereitet. Dann packen sie Badesachen, Sonnencreme, Wasser, eine Tüte Nüsse und etwas Obst ein, setzen ihre breitkrempigen Strohhüte auf, schlingen sich bunte Baumwolltücher um und gehen hinab zum Meer.

Als sie am Nachmittag zurückkommen, finden sie die Terrasse ihrer Vermieter ungewöhnlich belebt vor. Die ganze Familie und zahlreiche Freunde sitzen an dem mit Gebäck, Konfekt, Ouzo- und Whiskyflaschen, Kaffeetassen und Gläsern beladenen großen Plastiktisch, dem ein weiterer, kleinerer, beigestellt wurde. Die Hausfrau ruft ihre Namen und macht dabei eine scharrende Geste in der Luft. Connie scheint es, als wolle sie ihnen bedeuten, sich ja nicht zu nähern. Doch das will so gar nicht zu ihrer freundlichen Stimme und den ermunternden Augen passen. Schließlich versteht Connie trotz des lauten Stimmengewirrs am Tisch das *»Eláte!«*, das sich zwischen die Handbewegungen und wiederholten Rufe ihrer beiden Namen mischt, und sie weiß, dass es – Handbewegung hin oder her – »Kommt!« heißt.

»Kalispéra!« (Guten Abend!), grüßt sie laut zur Tischrunde hinüber.

»Éla! – Eláte! – Come! – Sit down!«, schallt daraufhin gleich aus mehreren Mündern und in mehreren Sprachen die nun nicht mehr misszuverstehende Aufforderung.

»Óchi, efcharistó. Prépi na kánoun éna dus« (Nein, danke. Wir müssen duschen), lehnt Connie ab.

Nachdem sie mittags nur Obst und Nüsse gegessen haben, freuen sich die beiden auf den Lammbraten, den ihnen der Wirt der Taverne *Panorama* für heute Abend versprochen hat. Alkohol oder süßes Gebäck wären sicher nicht das Richtige auf fast leerem Magen.

Als Connie am nächsten Tag die geliehene Plastikschüssel und den leeren Kuchenteller zurückbringt, scheint ihr die Hausherrin merkwürdig mürrisch zu sein. So knapp und schroff klingt das *kaliméra*, mit dem die sonst so herzliche María Connies Morgengruß erwidert, dass Connie darüber gleich den eigens eingeübten griechischen Satz vergisst, mit dem sie den guten Kuchen vom Vortag loben wollte.

»Vielen Dank. Der Kuchen war sehr gut. *Very good cake, thank you very much*«, bringt sie stattdessen verlegen hervor, während María wortlos die Behälter an sich nimmt und in der Küche verschwindet.

Was ist diesmal schiefgelaufen?

Es ist Connie entgangen, dass Marías gewohnte Großzügigkeit mit Kostproben aus Küche und Garten diesmal einen bestimmten Anlass hatte. Ihr Sohn hatte Namenstag. Dabei hatte María es doch ausdrücklich erwähnt: »Im Kloster Timíu Stavrú ist ein Fest«, sagte sie, und: »Mein Sohn feiert auch. Er heißt Stávros.« Obwohl María ganz passabel Deutsch spricht und die Verständigung zwischen Connie und ihr normalerweise recht gut klappt, hat die Touristin nicht verstanden, worum es geht. Connie hat zwar schon einmal unwissentlich auf einem solchen Fest getanzt, doch kennt sie den Brauch der Patronatsfeste, mit denen Kirchen und Klöster ihren Namenstag feiern ebenso wenig, wie sie um die Bedeutung des Namenstags als wichtigsten persönlichen Feiertag weiß. Sagt man »Mein Sohn feiert«, so versteht man darunter normalerweise, dass er Namenstag hat. Zumindest Glückwünsche wären angebracht gewesen. Die freundliche Zimmervermieterin María war tief enttäuscht, dass die beiden Touristinnen, die sie gern mochte, weil sie Interesse an der griechischen Kultur und Sprache zeigten, nicht mit der Familie und den Freunden ihres Sohnes dessen Namenstag feiern wollten. Ja, ihm noch nicht einmal gratulierten!

Außerdem hatten beide Urlauberinnen Probleme, die Gestik der Vermieterin richtig zu interpretieren. Die körpersprachliche Entsprechung des *Éla(te)!* (Komm(t)!) ist eine winkende Geste mit nach unten gerichteter Handfläche. Sie wirkt, als würde der Rufende Luft zu sich hinschaufeln. Wer damit nicht vertraut ist, wird sie eher als Abschiedswinken oder Aufforderung zum Abstandhalten deuten.

Namenstage

Wichtiger als der Geburtstag ist für die Griechen der Namenstag. Orthodoxe Gläubige haben ein inniges Verhältnis zu ihren Heiligen. Eine besondere Stellung nimmt dabei der Heilige ein, dessen Namen man trägt. Man hält mit ihm Zwiesprache, wendet sich mit Ängsten, Hoffnungen und Bitten an ihn und feiert natürlich dessen Gedenktag.

Am Namenstag feiert man das Leben. Jawohl, das ist ein Grund zum Feiern, das Leben an sich. Entsprechend lautet der Glückwunsch zu dem Anlass nicht »Viel Glück!« oder »Herzlichen Glückwunsch!«, sondern *Xrónia pollá* (Viele (Lebens-)Jahre). Wenn möglich spricht man diesen Wunsch persönlich aus, und es ist üblich, ohne Einladung vorbeizukommen. Gern bringt man auch ein kleines Geschenk mit.

Außer dem Namenstag auch den Geburtstag zu feiern ist in erster Linie bei Kindern üblich, für die ihre Eltern gern kleine Feste veranstalten. Dass man sich die Geburtstage seiner Freunde merkt, um ihnen zu gratulieren, wird eher nicht erwartet. Mit den Namenstagen ist das ja auch einfacher: Da genügt ein Blick in den Heiligenkalender. Die meisten Griechen haben die wichtigsten Termine ohnehin im Kopf, zumal sie nicht nur für den persönlichen Namenstag, sondern auch für die entsprechenden Kirchenfeste gelten. Freilich muss man dazu wissen, auf welchen Namen all die Freundinnen und Freunde, die man

Súla, Túla, Sákis oder Tákis ruft, getauft wurden. Denn diese beliebten Kurzformen stehen in keinem Kalender. (Mehr dazu in den Infokästen »Ja heißen denn hier alle Tákis?«, S. 211, und »›Kleine‹ Speisen, Getränke – und Frauen«, S. 224.)

Was können Sie besser machen?

1. Jede kleinste Information begierig aufsaugen und nachfragen, wenn man die Bedeutung eines Hinweises nicht ganz versteht. Griechen sind sehr mitteilsam und erklären gern Einzelheiten. Von Sprachschwierigkeiten lassen sie sich dabei nicht abhalten. Wenn sie Interesse spüren, finden sie immer einen Weg, um zu kommunizieren. Sei es, indem sie Hilfsmittel benutzen wie Wörterbücher, Fotos, Gegenstände, Zeichnungen oder Lautmalerei. Oder indem ein sprachkundiger Familienangehöriger, Nachbar oder Passant hinzugezogen wird.

2. Sich nichts entgehen lassen! Dadurch dass die Urlauberinnen nicht nachgefragt haben, was es denn mit Stávros, dem Kloster und dem Fest auf sich hat, entgingen ihnen zwei Gelegenheiten: zum einen die, sich für die vielen freundlichen Gesten von Stávros und vor allem seiner Mutter durch ein kleines Namenstagsgeschenk für Stávros erkenntlich zu zeigen; zum anderen, mehr über das Klosterfest zu erfahren und sich damit ein neues Stückchen Wissen über griechische Kultur und Lebensart anzueignen, das geeignet sein könnte, ihnen schöne Urlaubserlebnisse zu bescheren.

3. Einladungen annehmen! Griechen sind in ihrer Gastfreundschaft überschwänglicher und unkomplizierter als die meisten Mitteleuropäer. Nehmen Sie ruhig Einladungen an, vor allem die kleinen, spontanen. Sei es die, sich zu einer fröhlichen

Tischrunde zu gesellen, oder auf ein Kännchen Wein, das der Kellner plötzlich mit Grüßen vom Wirt oder auch von einem anderen Gast am Nebentisch bringt. Anders als vielleicht aus manchen Urlaubsgebieten anderer Länder bekannt, steckt dahinter so gut wie nie ein Geschäftsinteresse oder irgendeine Berechnung, sondern die pure Freude am Geben und an der Geselligkeit. Allenfalls ein unaufdringlicher Versuch zum Anbandeln kann unter manchen Umständen darin zum Ausdruck kommen.

4. Und natürlich: zum Namenstag gratulieren! Am 14. September ist es selbstverständlich, dass man sich bei allen Stávros aus dem Verwandtschafts-, Freundes-, Bekannten- und Kollegenkreis meldet. Umso selbstverständlicher wäre es in diesem Fall gewesen, wo man doch schon morgens vom Namenstagskuchen probiert hat und persönlich eingeladen wurde.

Ein wenig Griechisch: Gruß- und Höflichkeitsformeln

Deutsch	Griechisch
Grüß dich/Hallo	*jásu* (alternative Umschrift: *jassu*)
Grüß euch/Grüße Sie/Hallo	*jásas* (bzw. *jassas*)
Guten Morgen/Guten Tag	*kaliméra* (bis etwa zur Mittagsruhe*)
Guten Abend/Guten Tag	*kalispéra* (nach der Mittagsruhe*)
Gute Nacht	*kaliníchta*
Auf Wiedersehen	*andío*
Tschüss	*ja*
Gute Reise	*kaló taxídi*
Bitte	*parakaló*
Danke (vielmals)	*efcharistó (polí)*

Keine Ursache	*típota*
Entschuldigung	*sygnómi*
Macht nichts	*den pirási*
In Ordnung/Okay	*endáxi*

* Wem es die Lebensumstände erlauben, der zieht sich in den Mittags- oder frühen Nachmittagsstunden zu einer Ruhepause zurück, die viele für ein Schläfchen nutzen.

9 *Serviétes parakaló!*

Von Wörtern mit Migrationshintergrund

Nísyros, 15. September

Nach dem heutigen Frühstück will Connie wieder zum Strand, doch Anna streift lieber noch einmal durch die Gassen des Hafenorts Mandráki. Sie muss sich sattsehen an all den bezaubernden Details, eine Ecke schöner als die andere. Vor allem die Kieselmosaike haben es ihr angetan. Teppichen gleich breiten sie sich vor Hauseingängen aus, zieren Treppen und Plätze. Schließlich setzt sie sich in die Taverne auf dem alten Dorfplatz, dem Platía Ilikioméni, wo sie sich mit Connie verabredet hat. Sie genießt den lichten Schatten des riesigen Ficusbaums, der seine Äste über die Tische und Stühle breitet.

»Hab ich einen Hunger!«, schreit Connie statt eines Grußes, als sie sich Annas Tisch nähert. »Hast du die Sardinen auf dem Grill gesehen und gerochen? Köstlich! Die nehme ich. Und dazu einen Bauernsalat.«

Anna lacht, schaut in die Karte und will wissen, was *paputsákia* sind. Die Wirtin Iríni zeigt auf ihre Schuhe, lacht ebenfalls und bittet Anna, mit in die Küche zu kommen. Dort präsentiert sie ihr nicht nur die »Schuhe«, die sich als mit einer Hackfleischmischung gefüllte und überbackene Auberginenhälften entpuppen, sondern ihr gesamtes Angebot an gekochten und im Backofen zubereiteten Speisen. Von den zwei verschiedenen Hackfleischaufläufen ist der eine mit Kartoffel- und Auberginenscheiben zubereitet und heißt *musakás*, der mit Nudeln nennt sich *pastízio*. Außerdem befinden sich ein Blech mit Lammbraten und ein anderes mit dem Auberginengemüse *ímam baildí* im Backofen. Von den drei riesigen Töpfen auf dem Herd enthält der eine gefüllte Paprikaschoten und Tomaten, die Iríni einfach *jemistá* (Gefüllte) nennt. Im nächsten schmort *stifádo*, das würzige Fleischragout mit vielen Zwiebeln. Das hatten sie ja schon einmal. Aus dem dritten riecht es intensiv nach Lorbeer und Thymian mit einem Hauch von Knoblauch. In dem Weinsud, der diesen Duft verbreitet, schwimmen die fangnapfbesetzten Arme eines Oktopus.

»*Spesialité – xtapódia*«, sagt Iríni beim Lüften des Deckels strahlend.

Anna freut sich. Sie wird ihre Kollegin überraschen und statt der *paputsákia* deren Leibgerichte Lammbraten und Auberginengemüse bestellen. Wenn Connie will, können sie sich dann alles teilen.

Als Anna zurück zum Tisch kommt, stehen bereits der Bauernsalat und ein Korb mit Weißbrot da. Nach wenigen Minuten kommt die Wirtin mit dem Lammbraten und dem Auberginengemüse aus der Küche. Aus der entgegengesetzten Richtung – vom Grill – trabt ein kleiner Junge mit einem Teller heran, auf dem sich die Sardinen häufen. Connies goldbraune Augen werden immer größer, während ihre Nase den Duft aufsaugt und ihrem Mund unwillkürlich ein Schmatzgeräusch entwischt.

»Was ist denn das? Ist das etwa Lammbraten? Wir teilen alles, oder?«

Die Sardinen sind, so scheint es, der Renner in dem Lokal. Laufend pendeln der Kleine und ein etwas älterer Bursche zwischen dem Holzkohlengrill und den Tischen und tragen riesige Portionen davon auf. Die Fische sind köstlich, nur etwas schwierig zu entgräten. Anna und Connie tun es schließlich den Griechen am Nachbartisch gleich und erledigen das mit den Fingern.

Bald sind die Papierservietten in dem Plastikständer aufgebraucht.

»Serviétes parakaló!«, ruft Connie dem älteren der beiden servierenden Jungen zu und erntet ein breites Grinsen.

»Eeh, serviétes?!«

Lachend entfernt sich der Bursche Richtung Grill. Unterwegs trifft er auf seinen kleinen Kollegen, es wird getuschelt, bis auch der in Gelächter ausbricht. Noch am Grill folgt eine Lachsalve der nächsten. Ein noch kleinerer Junge, der den beiden anderen wie aus dem Gesicht geschnitten ist, gesellt sich neugierig dazu, wird aber ins Haus geschickt. Kurz darauf kommt er verlegen mit einem ominösen Plastikpäckchen zurück. Die lachenden Größeren bedeuten ihm, damit zu Annas und Connies Tisch zu gehen.

Jetzt wird es dem Vater, der am Grill hantiert, zu bunt. Mit scharfer Stimme ordert er den zögerlich in Richtung der Tavernengäste schlendernden Siebenjährigen zurück und schimpft die ganze feixende Horde, wobei seine erhobene Hand in der Luft karateschlagartig einen imaginären Ziegelstein zertrümmert.

Während sich die voll in ihren Genuss vertiefte Connie mangels Servietten und weiterer Sardinen die Finger ableckt, um sich nun dem Lammbraten zuzuwenden, beobachtet Anna verwundert das Treiben am Grill. Schließlich fragt sie ihre Tischgefährtin: »Was hast du denn zu dem süßen kleinen Jungen gesagt?«

»Wieso? Dass er uns Servietten bringen soll, natürlich. Wo bleibt er denn?«

Holz essen: »Jetzt setzt's gleich was!«

Tha fas xýlo! – so kündigt man eine Tracht Prügel an. Wörtlich heißt das: Du wirst Holz essen! Die körpersprachliche Entsprechung dieser Androhung sind in der Luft ausgeführte Karateschläge der rechten Hand. Nur selten folgen der Ankündigung Taten. Sie entspricht eher unserem drohend oder tadelnd erhobenen Zeigefinger, auch wenn die griechische Geste auf uns deutlich martialischer wirkt.

Was ist diesmal schiefgelaufen?

Wo immer es geht, erprobt Connie ihre Griechischkenntnisse. Nichts daran auszusetzen.

Im Gegenteil. Griechen freuen sich sehr, wenn Touristen sich die Mühe machen, ihre Sprache zu erlernen. Manche von ihnen halten Ausländer, die ein wenig Griechisch sprechen oder gar die griechische Schrift lesen können, geradewegs für Genies. Denn es gibt nicht viele Ausländer, die das können, und die Griechen selbst halten ihre eigene Sprache für schwierig.

Griechisch mal zwei

Während es in deutschsprachigen Ländern lediglich die Rechtschreibung und deren Reform ist, die immer wieder die Geister scheidet, tobte in Griechenland jahrhundertelang ein Kampf zwischen zwei sehr unterschiedlichen Parallelsprachen. Die eine ist *Katharévusa*, die »Reine Sprache« oder Hochsprache, ein Kunstprodukt, das weder mit dem Altgriechischen noch mit der gesprochenen Volkssprache gleichzusetzen ist. Die andere ist *Dimotikí*, die tatsächlich gesprochene Sprache. Erst 1976 hat sich Letztere nach langem Hin und Her als Staatssprache durchgesetzt. Zuvor war denjenigen, die *Katharévusa* nicht beherrschten, der Zugang zu höherer Bildung und staatlichen Ämtern verwehrt geblieben.

Damit endete die Epoche des staatlichen Sprachpurismus. Es wurde ein auf *Dimotikí* basierendes Standard-Neugriechisch *(Neoellinikí Kiní)* geschaffen, in das einige neuere *Katharévusa*-Elemente Eingang fanden. Obwohl sich diese Sprachform durchgesetzt hat, sind *Katharévusa*-Ausdrücke unter anderem noch in Wörterbüchern, Sprichwörtern, dem Rechts- und Kirchenwesen und in geografischen Begriffen präsent. So haben viele Orte zwei Namen oder zumindest zwei Endungen und heißen somit oft am Ortseingang anders als am Ortsausgang.

Serviétes parakaló! hatte Connie dem Jungen zugerufen. Da *-es* im Griechischen eine der häufigsten Endungen zur Pluralbildung ist, hatte sie gemeint, das sei richtig für »Servietten, bitte!«. Das griechische Wort für Serviette heißt jedoch *chartopetséta* (im Plural *chartopetsétes*). *Serviéta* (im Plural tatsächlich *serviétes*) hingegen bezeichnet einen Hygieneartikel – die Damenbinde. Die jungen griechischen Servierhilfen, bei denen es sich um die Kinder des Wirtsehepaars handelte, wären keine richtigen griechischen Jungs gewesen, hätten sie diese Gelegenheit, sich einen Jux zu machen, ungenutzt gelassen. So haben sie den jüngsten Sprössling der Familie losgeschickt, ein paar Damenbinden seiner großen Schwester zu holen und der Touristin, die sie gerade wortwörtlich bestellt hatte, zu bringen. Der Gast soll schließlich bekommen, was er wünscht.

Was können Sie besser machen?

Vielleicht wollen Sie sich ja das griechische Wort für Serviette merken, um nicht in die gleiche Verlegenheit wie Connie zu kommen? *Chartopetséta* setzt sich aus *chartí* (Papier) und *petséta* (Handtuch) zusammen. Wenn Sie sich das einprägen, haben Sie gleich mehrere Fliegen mit einer Klappe geschlagen. Denn auch Papier und Handtücher sind schließlich Dinge, nach denen Sie vielleicht einmal fragen müssen. *Chartí yjías* heißt übrigens Klopapier (Eselsbrücke: Denken Sie bei *yjías* (geschrieben: *ygías*) an unser aus dem Griechischen stammendes Wort Hygiene).

Und da wir hier schon bei der persönlichen Hygiene und mehr oder weniger intimen Bedürfnissen sind, lassen Sie uns kurz zu einer wichtigen Besonderheit griechischer Toiletten abgleiten: Nicht nur *serviétes* (Damenbinden), sondern auch *chartí yjías* (Toilettenpapier) darf normalerweise nicht in die Toilettenschüssel geworfen werden. Sie gehören in den danebenstehenden Eimer. Zu kostbar ist das Wasser in vielen Gegenden Griechenlands, um eine ähnlich große Menge wie bei uns davon die Toilettenspülung hinunterzujagen. Die Abflussrohre haben zudem meist einen wesentlich kleineren Durchmesser als bei uns, sodass sofortige Verstopfung droht. Nur wenige moderne Gebäude und Hotels der gehobenen Klasse bilden eine Ausnahme.

Wörter auf Wanderschaft

Wenn einer eine Reise tut, dann kann er was erleben! Das gilt auch für Wörter, die sich auf Wanderschaft von einer Sprache in die andere begeben. Oft ändert sich dabei ihre Bedeutung.

Tausende griechischer Wörter haben Eingang in unsere deutsche Sprache gefunden. Manche büßten dabei ihre Bildhaftigkeit ein, wie etwa der Fleischfresser *(sarkofágo)*, der zum Sarkophag wurde. Bei anderen erfuhr die Bedeutung eine Einengung, wie bei dem griechischen Wort *áskisi* für jede Art geistiger und körperlicher Übung, das zur Askese wurde. Was vermuten wir hinter dem Wort *apothíki*? Klingt ähnlich wie unsere Apotheke. Die aber heißt auf Neugriechisch *farmakío*. *Apothíki* hingegen bedeutet Lager, Ablage oder Speicher. Wundern Sie sich auch nicht, wenn Sie jemand zum *pathológos* schickt, weil Sie seit Tagen über Bauchweh und Übelkeit klagen. Er will sie nicht sezieren lassen. *Pathológos* ist der praktische

Arzt, also durchaus die richtige Anlaufstelle für Alltagsschmerzen. Wünscht Ihnen jemand *kaloríziko*, wenn Sie sich ein neues Auto gekauft haben, so spielt er nicht auf das Risiko an, das Sie eingehen, wenn Sie in Griechenland Auto fahren, sondern er wünscht Ihnen einfach viel Glück, viel Freude damit – wörtlich: ein gutes Schicksal, denn *rizikó* bedeutet schlicht Schicksal.

Natürlich gibt es umgekehrt auch unter den neugriechischen Wörtern solche mit Migrationshintergrund, vor allem mit türkischem, italienischem und französischem. Dazu gehört das Wort *serviéta*. Dieser Einwanderer stammt aus Frankreich. Nicht nur in der griechischen Sprache wurde er heimisch, sondern auch in der deutschen. In seinem Heimatland Frankreich hat das Wort ein breites Bedeutungsspektrum, von der Aktentasche über das Handtuch bis zur Damenbinde und zur Serviette. Als es sich auf Wanderschaft begab, hatte es jeweils nur einen Teil davon im Gepäck. Im Griechischen kam es schließlich nur noch als Damenbinde und Windeleinlage an. Im Deutschen hingegen bloß als Mundtuch. Verfänglich!

10 Keusche Küsse

Vom Umgang mit Ikonen

Nísyros, 15. September

Nach dem Essen machen sich Anna und Connie auf zum Kloster Panagía Spilianí, das leuchtend weiß von seinem Felsen auf den Ort herabstrahlt. Anna ist fasziniert von all den Inselklöstern, sodass sie Connie überredet hat, noch einen Abstecher zu diesem Wahrzeichen von Nísyros zu machen, bevor sie morgen die Insel verlassen. Die Marienikone des Klosters gilt als wundertätig.

Während Connie ein kurzer Blick ins Klosterinnere genügt, bevor sie wieder nach draußen in die Sonne tritt, kann sich Anna nicht von der Ikone lösen. Die Hände hinter den Rücken gelegt beugt sie sich nach vorn und studiert das dunkle Gesicht der Muttergottes und die kunstvolle silberne Verkleidung. Dann gleitet ihr Blick tiefer auf die an Schnüren unterhalb der Ikone baumelnden silbernen und goldenen Metallplättchen, deren Reliefs liegende Babys, aufrecht stehende Mädchen und einzelne Körperteile wie ein Ohr und ein Bein darstellen. Wünsche, vermutet Anna. Wünsche und Hoffnungen, die Gläubige so sehr bewegt haben, dass sie sie in eine feste Form bringen mussten, um endlich zur Ruhe zu kommen. Nun hängen sie in Gesellschaft vieler anderer, die ihnen mehr oder weniger gleichen, unter dem Bild der Muttergottes, die ihnen bei der Erfüllung helfen soll.

Anna hört Schritte hinter sich. Ein leichtes Flackern erfüllt den mystischen, felsigen Raum. Jemand hat Kerzen angezündet. Sie dreht sich um und blickt in das mürrische, runzelige Gesicht einer gebeugten Frauengestalt, die sich mit einem kleinen Mädchen an der Hand nähert. Sie mustert Anna verächtlich von oben bis unten, murmelt ärgerlich einige unverständliche Worte und macht mit der freien Hand eine Bewegung, als wolle sie die junge Frau wie einen räudigen Hund verscheuchen.

Betreten zieht Anna ihren imaginären Schwanz ein und räumt den Platz vor dem Heiligenbild.

Die Alte tut so, als gehöre ihr die Kirche, denkt sie, während sie sich wegdreht und in ihrem Reiseführer blättert.

Das Weiblein schaut sie noch einmal böse an, geht dann auf die Ikone zu, bekreuzigt sich und küsst sie.

Was ist diesmal schiefgelaufen?

In den Augen der Kirchenbesucherin hat es Anna an Respekt vor der Ikone fehlen lassen, auch wenn das gar nicht Annas Absicht war. Ganz im Gegenteil, die Ikone hatte die junge Frau in den Bann gezogen. Sie hat in ihr eine Flut von Gedanken ausgelöst. Die Frömmigkeit der Griechen beeindruckt sie tief, vermutet sie doch in ihrem Glauben eine der Wurzeln ihrer Würde und Wärme, ihrer Ruhe und Zuversicht. Gern würde sie einmal einen orthodoxen Gottesdienst besuchen.

Die alte Frau, die mit ihrer Enkelin eintrat, konnte nichts von Annas Gedanken ahnen. Hätte sie das gekonnt, wäre sie ihr mit größter Herzlichkeit begegnet. Doch sie sieht nur den vorgestreckten Oberkörper der jungen Frau und die sich hinter dem Rücken fassenden Hände. Keine Haltung, die man vor einen Ikone einnimmt! Und dann dreht sie der Muttergottes auch noch den Rücken zu und steht breitbeinig da in ihren angeschmuddelten Jeans. Welch unerhörtes Benehmen!

Es war Anna einfach nicht bewusst, dass eine Ikone weit mehr als ein Bild ist. Sie bewunderte und studierte sie, wie sie die Kirchengemälde von Tizian, Pisanello und Signorelli in den Kirchen von Verona, Florenz und Orvieto betrachtet hatte. Die Gesten, mit denen orthodoxe Christen Ikonen grüßen und verehren, hatte sie zwar bemerkt. Doch hat sie deren Bedeutung nicht verstanden und war somit nicht imstande, ihre eigene Haltung, die natürlich keine vollends nachahmende zu sein braucht, intuitiv anzupassen.

Fenster in die geistige Welt: Ikonen

Nicht als der Dekoration dienende Kunstobjekte, sondern als Fenster in die geistige Welt werden Heiligenikonen von orthodoxen Gläubigen betrachtet. Sie dienen der Vergegenwärtigung christlicher Wahrheiten, der Verbindung des Menschen mit einer ihm unzugänglichen Ebene des Daseins, von der er nur durch die Verkündigung der Kirche weiß. Farben und Malstil folgen traditionellen Regeln und unterliegen keiner Mode; sie wirken schlicht und schematisch. Auf eine naturalistische Darstellung und die räumliche Dimension der Tiefe wird ebenso bewusst verzichtet wie auf einen individuellen künstlerischen Ausdruck und eine Neuinterpretationen der dargestellten Themen. Damit lassen diese Sakralbilder so etwas wie Ewigkeit spüren. Sie sind keine Porträts, sondern Hüllen, in die der Heilige einziehen kann, damit der Gläubige mit ihm in Kontakt zu treten vermag. Nicht dem Bild, sondern dem Geist des in ihm präsenten Heiligen gilt die Verehrung des andächtigen Betrachters, der sich vor der Ikone bekreuzigt und sie küsst. Verstärkt wird dieser Eindruck, Hülle für ein geistiges Wesen und Fenster in eine geistige Welt zu sein, durch die Verkleidung aus getriebenem Metall, die sich über manche Ikone legt und nur Gesicht und Hände des Dargestellten freilässt.

Ikonen sind in Griechenland allgegenwärtig. Sie sind nicht nur in Kirchen und Wohnhäusern anzutreffen, sondern wachen in Supermärkten über die Kasse, begleiten Autofahrer, Busse, Schiffe und Boote auf ihren Fahrten. An Weg- und Straßenrändern stehen Bildstöcke, vor deren Ikonen ein Lichtlein brennt.

Was können Sie besser machen?

Bleiben Sie nicht zu lang vor einer Ikone stehen, wenn andere Besucher in der Kirche sind. Denn auch sie wollen ihr ihre Aufwartung machen. In bedeutenden Pilgerkirchen bilden sich manchmal Reihen von Gläubigen, die gekommen sind, um ihre Hauptikonen zu verehren. Man sollte auf keinen Fall die Hände hinter den Rücken legen oder in die Hosentaschen stecken, wenn man vor einer Ikone steht, und man sollte den dargestellten Heiligen auch nicht den Rücken zudrehen.

Orthodoxe Gläubige bezeugen Ikonen ihre Verehrung durch Bekreuzigung und Küsse. Natürlich braucht man diese Geste nicht nachzuahmen. Man würde es vermutlich ohnehin nicht richtig tun. Denn orthodoxe Gläubige schlagen das Kreuz von rechts nach links und küssen die Ikonen niemals auf das Gesicht.

Gegen Annas Ansinnen, einmal einen orthodoxen Gottesdienst zu besuchen, ist nichts einzuwenden. Allerdings kann sie als nicht orthodox Getaufte nicht das Sakrament der Eucharistie, das Abendmahl, empfangen.

11 Wie die Hunde

Von Gästezimmern und Gezänk

Tílos, 16. September

Rund eine Stunde dauert die ruhige Fahrt mit der Fähre Diagóras von Nísyros nach Tílos. Nur wenige andere Reisende gehen mit Anna und Connie von Bord. Kaum haben die beiden den Fuß an Land gesetzt, kommt ihnen eine schwarz gekleidete Frau mit einer Mappe voller Bilder entgegen. Sie will ganz offensichtlich eine Unterkunft anpreisen. Doch Connie winkt ab. Sie hat eine Empfehlung von ihrer Schwester bekommen, die hier schon einmal Urlaub gemacht hat.

»Wissen wir denn, wo wir hinmüssen?«, fragt Anna Connie, die bereits energischen Schrittes vorausläuft.

»Nicht wirklich, aber wir finden das schon.« Connie stapft wacker weiter.

Als die Frau mit der Mappe hinter den Touristinnen herläuft und unverständliche Dinge ruft, stöhnt Connie, dreht sich um und fragt nach Eléni, in deren Gästehaus ihre Schwester damals gewohnt hat. Doch die Frau, die wohl nicht viel mehr Englisch als *nice room, good view* spricht, scheint nicht zu verstehen.

Ein jüngerer Mann in Jeans und gelbem T-Shirt gesellt sich zu ihnen, zieht ein Handy aus der Tasche und telefoniert. Die Frau in Schwarz erspäht derweil neue Beute: zwei Burschen, die mit ihren Rucksäcken ebenfalls von der Fähre kamen. Doch auch die vermag sie nicht so recht von ihrem Angebot zu überzeugen. Sie blickt sich um, entdeckt aber keine weiteren fremden Ankömmlinge, sondern nur eine Bekannte, die gerade ein Paket zur Fähre bringt. Als Connie und Anna weitergehen wollen, verkündet der Handybesitzer laut: »Eléni kommt gleich.«

Wie?

Nun blafft der Handymann auch noch die schwarz gekleidete Dame an. Die erwidert sein Geschrei nicht minder harsch mit vielen, schnellen Worten, die wie aus einem Maschinengewehr gefeuert klingen, bevor sie mit lauter, rauer Stimme über die Anlegestelle hinweg nach ihrer Bekannten mit dem Paket ruft. Die eilt herbei und stimmt in das allgemeine Geschrei ein. Anna und Connie verstehen kein Wort. Die drei zetern und gestikulieren ohne Unterlass, bis endlich ein Auto vorfährt, aus dem die bezaubernd schöne, dunkelblonde Eléni steigt, die Connie von einem Foto ihrer Schwester Doris kennt.

»Jásu Rafaíl, efcharistó! Jásu Lítsa, ti kánis? Jásu María! Ti jívete? Dén píges stin Athína?« (Hallo, Rafaíl, danke! Grüß dich, Lítsa, wie geht es dir? Hallo, María! Was ist los? Bist du nicht nach Athen gefahren?), ruft sie mit strahlendem Lächeln in die Runde.

Während ihr die Antworten fröhlich entgegenschallen, umarmt sie zuerst die alte Lítsa, dann mit einem herzlichen *»welcome!«* die verdutzte Connie und schließlich Anna.

Der Jeansträger lädt derweil die Koffertrolleys der zwei Touristinnen in Elénis Wagen. Dann will er sich mit einem kurzen Gruß eilig davonmachen, doch offenbar hat Lítsa ihm noch eine Menge zu sagen. Mit kleinen schleppenden Schritten folgt sie ihm und bremst sein Tempo, während sie unablässig auf ihn einredet.

»Uff«, stößt Connie hervor, als sie sich neben Anna auf die Rückbank von Elénis altem BMW fallen lässt. »Wie die

Hunde um einen Knochen streiten die sich hier um die paar Touristen, die sich auf die Insel verirren!«

Ein wenig Griechisch: Wie geht's?

Ti kánis? (Wie geht's?) lautet meist die erste Frage nach jeder Begrüßung, wenn man sich duzt. Siezt man sich, so sagt man: *Ti kánete?*.

Obwohl die Frage durchaus herzlich und persönlich gemeint ist, tönt dem Fragenden darauf fast ausnahmslos eine positive Antwort entgegen. Denn schließlich ist es ja schon einmal gut, wenn man sich überhaupt des Lebens erfreuen kann. Wie (schlecht) es einem wirklich geht, kann man gegebenenfalls im weiteren Verlauf des Gesprächs einfließen lassen. Die Standardantwort lautet also zunächst: *Kalá* (Gut), am besten mit viel freudiger Betonung auf einem lang gezogenen a am Wortende, oder *Mía chará* (Eine Freude [, wie gut es mir geht]). Ein »Danke (der Nachfrage)« spart man sich, doch es gehört sich eine Erwiderung mit: *Ki esí?* (Und dir?) bzw. *Ki esís?* (Und Ihnen/euch?).

Kann man beim besten Willen nicht behaupten, es ginge einem gut, so kann man auf das *Ti kánis?* auch antworten: *Étsikétsi* – eine Zusammenziehung der Wörter *étsi* (so), *kí* (und), *étsi* (so), die bedeutet, dass es einem mittelprächtig geht, eben soso, so lala.

Was ist diesmal schiefgelaufen?

Na, hoffentlich hat die freundliche Eléni Connies Worte nicht gehört und verstanden! Denn sie spricht etwas Deutsch. Sicher hätte sie an dieser Behauptung sowohl der Vergleich mit Hunden gestört als auch die Aussage, man müsse sich auf ihre schöne Insel wohl verirrt haben. Denn *skílos* (Hund) ist im Griechischen ein Schimpfwort, ein ganz böses, wenn es zum *palióskilo* (alten Hund oder Köter) oder *vromóskilo* (Stinkhund) gesteigert wird. Und bestimmt liebt Eléni wie die meisten Inselbewohner ihre Heimat und ist sich sicher, dass sie ein lohnendes Reiseziel ist, auf das man sich nicht einfach verirrt, sondern das man ganz bewusst gewählt hat.

Was Connie wie ein heftiger Streit erschien, war in Wirklichkeit nur eine ganz normale Diskussion, bei der kein einziges böses Wort gefallen ist. Auch ging es nicht darum, sich gegenseitig die potenziellen Übernachtungsgäste abspenstig zu machen. Der hilfsbereite junge Mann hatte seine Tante Eléni angerufen, als er hörte, dass die beiden Frauen nach ihr gefragt haben. Natürlich wollte er nicht, dass Eléni umsonst die Fahrt zum Anlegeplatz macht, wenn sich Connie und Anna spontan mit der schwarz gekleideten Lítsa zu deren Haus auf den Weg gemacht hätten. Das erklärte er der geschäftstüchtigen Lítsa, die meinte aber, Eléni hätte doch ihre Pension geschlossen, und rief, um das bestätigt zu bekommen, mit schriller Stimme ihre Bekannte herbei. Die wiederum sagte, Eléni hätte zwar einige Renovierungsarbeiten an dem Gästehaus durchführen lassen wollen und ihren Neffen beauftragt, zwei Toiletten umzubauen. Der würde jedoch zurzeit an einer anderen Baustelle oben im großen Dorf arbeiten, sodass er sie auf übernächste Woche vertröstet hätte. So ging es in einem fort. Es schloss sich ein kleiner Rückblick auf die zu Ende gehende Touristensaison an, gefolgt von Klagen über die beschwerliche wirtschaftliche Situation und die Politiker. Das alles laut und gestenreich, was jedoch keinesfalls ungewöhnlich war, sondern dem Temperament der Griechen entspricht.

Alle, die hier diskutierten, kannten sich gut, was ja kein Wunder ist bei einer Insel mit knapp 300 Einwohnern. Da es auf solch kleinen Inseln wenig Abwechslung gibt, zieht es viele, die gerade ein paar freie Minuten haben, zum Fähranleger, wenn die Schiffe ankommen. Denn da ist immer etwas los, man sieht, wer kommt und geht. Manche freilich kommen auch aus geschäftlichem Interesse, so wie Lítsa. Seit ihr Mann gestorben ist, ist sie mehr denn je auf das Einkommen aus den vier Ferienzimmern, die sie vermietet, angewiesen. Stehen eines oder mehrere davon leer, so geht sie zu den Ankunftszeiten der Fähren hinab zum Kai, um nach neuen Gästen zu suchen. Oft ist sie nicht die Einzige. Auch andere Vermieter versuchen auf diese Weise ihr Glück. Sich um die Gäste streiten, wie es Connie vermutet hat, tun sie jedoch nicht. Einmal hat eben der eine Glück, einmal der nächste.

Was können Sie besser machen?

Seien Sie vorsichtig mit abfälligen Äußerungen über Land und Leute, wenn ein Grieche in Hörweite ist. Denn fremde Sprachen werden oft erstaunlich gut verstanden, da manche Griechen im Ausland tätig waren. Englisch lernen alle Kinder in der Schule. Schließlich tragen der Umgang mit Touristen und zahlreiche im Fernsehen ausgestrahlte ausländische Filme, die nicht synchronisiert, sondern mit griechischen Untertiteln versehen sind, dazu bei, passive Sprachkenntnisse aufzubauen, die weit über den aktiven Sprachgebrauch hinausgehen.

Hüten Sie sich davor, gleich hinter jedem leidenschaftlichen Gespräch einen Streit zu vermuten. Die Gesprächskultur der Griechen ist ausgeprägt und wird gern gepflegt. Jedoch folgt sie etwas anderen Regeln, als von Nordlichtern erwartet.

Man hat sich etwas zu sagen

Nicht nur TV-Debatten zeigen: Man vertritt in Griechenland vehement seinen Standpunkt. Und nicht selten fällt man sich dabei gegenseitig ins Wort, was keinesfalls als unhöflich gewertet wird. Im Gegenteil, ebenso wie eine ausgeprägte Mimik und Gestik gilt das Unterbrechen als expressiver Stil, den man schätzt. Man zeigt damit temperamentvoll, dass einem die diskutierte Sache am Herzen liegt. Oft will man durch solche Unterbrechungen auch dem Gegenüber vermitteln, dass man seinen Gedanken bereits zu Ende gedacht hat, indem man den von ihm begonnen Satz zu Ende führt. Das wird als Zeichen der innigen Übereinstimmung gewertet.

Dass den Griechen der Dialog am Herzen liegt, drückt sich auch dadurch aus, dass sie nah aneinander herantreten, näher, als das aus kühleren Breiten stammende Gemüter gewohnt sind. Auch körperliche Berührungen im Gespräch, wie das Klopfen auf die Schulter des Gegenübers, sind üblich.

Mit all seinen zur Verfügung stehenden Mitteln unterstreicht man den eigenen Vortrag. Neben Händen und Füßen gehört dazu auch eine kräftige Stimme. So kann es bei einer hitzigen Debatte schon mal so laut werden, dass der Fremde einen Streit dahinter vermutet. Die Stimmgewalt vieler Griechen und vor allem Griechinnen ist so groß, dass sie das Handy überflüssig macht, wenn es darum geht, jemandem auf der gegenüberliegenden Seite des Platzes oder am anderen Ende der Gasse etwas mitzuteilen.

Das Gespräch von Mensch zu Mensch ist ein wichtiges Kernstück griechischer Lebensart. Man widmet ihm viel Zeit, genießt es und empfindet es als unverzichtbar. Das gesprochene Wort ersetzt oft Schriftliches, was zuweilen auf dem Unwillen sich festzulegen beruhen mag. Sucht man etwas, wie beispielsweise ein Urlaubsquartier, so fragt man Passanten oder Kioskbesitzer und bekommt in der Regel bereitwillig Antwort.

Auch ganz ohne Anliegen und Ziel verbringt man in Griechenland gern lange Stunden im Gespräch. Es ist Hauptanlass für den Besuch des *kafenío*, wird aber ebenso bei gemeinsamen Tavernenbesuchen, in Konditoreien, im eigenen Hof oder auf der Treppe vorm Haus gepflegt, kurz: wo immer sich die Gelegenheit bietet. Hat man dann für dieses eine Mal genug miteinander gesprochen oder rufen einen die Pflichten, so ist die gängige Abschiedfloskel nicht etwa wie bei uns »Man sieht sich« oder »Auf Wiedersehen«, sondern *Ta léme* (Wir sprechen uns [wieder]).

Ist nun Argwohn angebracht, wenn einem als Tourist in ähnlicher Weise wie hier geschehen Angebote bezüglich Zimmervermietung oder anderen Dienstleistungen gemacht werden? Nein. Es ist auf den Inseln eine völlig übliche Praxis für Hoteliers und mehr noch für Privatvermieter, sich am Fährsteg nach Gästen umzusehen. Manche kommen eigens, um neue Gäste zu werben, manche haben vielleicht Abreisende zur Fähre gebracht – ein Service, den viele bieten – und nutzen die Gelegenheit, um Neuankömmlinge auf ihr Quartier aufmerksam zu machen.

Etwas anders verhält es sich bei Angeboten, die einem von Schleppern gemacht werden, vor allem in den größeren Städten und Touristenhochburgen. Will einem ein Taxifahrer oder jemand auf der Straße in der großen Hafenstadt Piräus unbedingt ein bestimmtes Hotel, Restaurant oder sonstiges Etablissement anpreisen, so ist Vorsicht geboten. Auch die Schlepper, die vor manchen Restaurants versuchen, Gäste abzufangen und hineinzulotsen, sind eher ein schlechtes Zeugnis für das Lokal. Gute (Traditions-)Gaststätten haben ein solches Gebaren nicht nötig.

12 Connie sorgt sich um die Kosten

Von Krabben und Kumpanen

Tílos, 17. September

Eléni hat sich riesig über die Grüße von Connies Schwester gefreut. Auch ihr Mann, der gestern Morgen aus Athen zurückgekehrt ist, wo er einen Facharzttermin und einiges zu erledigen hatte, freut sich über die Gäste, mehr aber noch über den guten Befund des Arztes. Um die Untersuchungsergebnisse zu feiern, hat sich das Paar spontan entschlossen, mit Kindern und Freunden zusammen zu dem Fischlokal in der Ágios-Andónios-Bucht zu fahren. Ob Connie und Anna Lust hätten mitzukommen?

Um neun Uhr abends sitzen die sechs Erwachsenen, ein zwölfjähriger Junge und zwei vierzehnjährige Mädchen an zusammengerückten Holztischen unter großen Tamarisken direkt am Meer, auf dem die Fischerboote schaukeln. Zwischen den Bäumen hat der Wirt eine Schnur gespannt. Die daran baumelnden Glühbirnen werfen Licht auf die Tische und spiegeln sich im Wasser. Während die Wirtin weiße Papiertischdecken mit den in blauer Farbe darauf gedruckten Konturen der Insel Tílos über die Tische spannt, gibt Elénis Mann Kóstas die Bestellung für die Vorspeisen auf.

»Was wollt Ihr trinken, Freunde?«, fragt er in die Runde, und: »Essen alle Fisch oder möchte jemand lieber Fleisch?«

Die Wirtstochter bringt Getränke und einen Korb mit Brot, Servietten und Besteck und stellt jedem einen Teller hin, bevor sie zwei Schüsseln Bauernsalat und je einen Teller mit

Oktopussalat, gekochten kleinen Krabben, in Salz eingelegten Sardinen, einem *skordaliá* genannten Knoblauchdip, Auberginen- und *taramás*-Salat, eine Paste aus Fischrogen, in die Mitte stellt. Elénis Freundin fragt, ob es auch gefüllte Weinblätter gibt. Auch die werden noch herangekarrt.

Dann erhebt Kóstas sein Glas und ruft: »*Jámas!*« (Auf unsere Gesundheit!/Prost!). Alle prosten sich zu und bedienen sich von den Speisen, während er von seinen Besorgungen in Athen erzählt.

»Woher kommst du?«, spricht währenddessen sein Freund Connie an. »Hast du deinen Mann nicht mitgebracht? Und«, er nickt Anna zu, »ist diese reizende Blondine deine Tochter?«

Während Connie geduldig, obschon erstaunt über die Neugier ihres Sitznachbarn, antwortet, schaut der sich nach den Krabben um. Weil die Portion gerade außerhalb seiner Reichweite steht, bedient er sich kurzerhand mit seiner Gabel auf Connies Teller, was Connie zusammenzucken lässt. Zum Glück ist so wenig Licht, dass keinem außer ihrer Freundin Anna auffällt, wie sich ihre rot geschminkten Lippen nach vorn schieben, während ihre Augen Größe und Form von Zwei-Euro-Münzen annehmen. Die von dem Ouzo leicht angeheiterte Anna muss kichern. Elénis Tochter neben ihr kichert aus purer Sympathie mit.

Als Hauptgang kommt zunächst eine große Platte mit gebackenen Fischen auf den Tisch. Connie, die schon ab und zu in Piräus und auf Rhodos ihren Fischappetit unverschämt teuer bezahlt hat, sorgt sich darum, was denn das alles kosten würde, und greift zaghaft zu. Als die zweite Platte mit einer gegrillten Sorte kommt, kann sie sich nicht zurückhalten und fragt: »Ist Fisch nicht auch hier sehr teuer? In Deutschland kosten Meeresfische unheimlich viel, und auf Rhodos haben wir fast noch mehr gezahlt.«

Während Kóstas die struppigen Brauen hochzieht, seine Unterlippe etwas vorschiebt und mit den Fingerspitzen beider Hände langsam kleine Kreise in die Luft zeichnet, erklärt Eléni, auf deren Lippen stets ein Lächeln spielt: »Ich glaube, nur die kleinen roten hier sind Edelfische. Sie heißen *barbúnia* und gehören zur teuren A-Kategorie. Der größere rötliche da heißt *skáros*, der schwärzliche lange *jermanós* und die silbrigen dort hinten sind *gópes*. Die sind alle nicht so teuer. Der Wirt fährt selbst zum Fischen. Das ist das beste Fischlokal der Insel!«

Als der Wirt später am Abend mit der Rechnung an den Tisch tritt, weil er Kóstas mit einem imaginären Bleistift Zeilen in die Luft schreiben sah, zückt Connie ihren Geldbeutel, doch Eléni winkt ab. Ihre Lippen geben zweimal kurz hintereinander einen leisen halb saugenden, halb schnalzenden Laut von sich.

Na, dann zahlt sie halt später an Kóstas, wenn das in Anwesenheit des Wirtes zu umständlich erscheint. So viel hat sie inzwischen gelernt!

»Wie viel hast du bezahlt?«, fragt Connie also auf dem Weg zum Auto und öffnet ihr Portemonnaie.

Kóstas reagiert nicht, sondern schließt schweigend seinen Wagen auf.

»He, Kóstas«, probiert es Connie noch einmal und tritt an den Fahrersitz heran, wo der Mann von Eléni sich bereits niedergelassen hat. »Sag, wie viel hast du ...«

»Sei bloß still«, unterbricht sie Eléni. Erstmals, seit Connie sie kennengelernt hat, ist ihr das Lächeln vergangen. »Kóstas explodiert sonst gleich.«

Was ist diesmal schiefgelaufen?

Auch ohne dass Kóstas und Eléni ausdrücklich gesagt hätten »Wir laden euch ein«, ist der Vorschlag, mit zum Essen zu kommen, als Einladung zu werten. Connies Fettnäpfchen-Stapferei beruht in erster Linie darauf, dass ihr das nicht klar war. Nach dem Preis der vom Gastgeber bestellten Speisen zu fragen, gilt als absolut unhöflich. Kóstas' Gesichtsausdruck und seine in der Luft kreisenden Finger mögen bedeutet haben: »Ich weiß auch nicht, was der Wirt für die Fische verlangt. Hängt davon ab, wie sein Fang war. Ist mir auch egal.« Gleichermaßen können sie als Ausdruck eines ungeduldigen »Stell doch keine solchen Fragen!« verstanden werden.

Es mag an dem Abend ein beträchtliches Sümmchen zusammengekommen sein. Doch Kóstas und Eléni hatten etwas zu feiern, und da schaut man nicht aufs Geld. Man tut sich gern selbst etwas Gutes. Vor allem aber zeigt man sich gern großzügig seinen Freunden gegenüber, die die eigene Freude mit einem teilen sollen.

Es wird als unhöflich gewertet, wenn der Gast Anstalten macht, selbst zu zahlen. Kóstas empfand es sicher als taktlos, wenn nicht gar als beleidigend, dass Connie zuerst schon mit dem gezückten Geldbeutel den Impuls zu zahlen zeigte und dann zusätzlich noch auf dem Weg zum Auto auf die Kosten zu sprechen kam. Zum Glück für die Deutsche, der der Geldbeutel allzu locker zu sitzen scheint, hat seine Frau im Gegensatz zu ihm viel Umgang mit Touristen und weiß Connies Übereifrigkeit als besorgtes und freundlich gemeintes Angebot zu verstehen.

Was Connie auch nicht erkannt hat, war, dass sie durch die gemeinsame Einladung mit Kóstas' Freunden zum Teil einer *paréa* geworden ist, einer (Tisch-)Gemeinschaft, in der die Umgangsformen gelten, die in diesem Freundeskreis üblich sind. Dadurch können manche Tischsitten außer Kraft gesetzt werden. Natürlich gelten für formelle gesellschaftliche Zusammenkünfte in Griechenland in etwa die gleichen Regeln wie international, wonach beispielsweise die benutzte eigene Gabel nichts auf einem fremden Teller zu suchen hat. Doch als Teil der *paréa* werden Connie und Anna sofort genauso behandelt, wie alle anderen am Tisch auch. Unter den Freunden ist es eben nicht tabu, vom Teller des anderen zu naschen.

> ***Paréa***
>
> Bedeutet so viel wie Clique, Freundeskreis oder Kreis Gleichgesinnter. *Paréa* bezeichnet jedoch auch einfach die Gruppe, die sich zu einem bestimmten Vorhaben zusammenfindet, um es gemeinsam zu genießen. Das kann ein Ausflug, ein Kino- oder Theaterbesuch oder eben gemeinsames Speisen sein. Auf jeden Fall gilt, dass der Freund des Freundes wie der eigene Freund behandelt wird und sofort voll und ganz Teil der *paréa* ist. Das gilt meist auch für die Anrede. Duzt man sich allgemein in der Gruppe, so duzt man sich auch mit dem Neuling.

Was können Sie besser machen?

Freuen Sie sich unbefangen und unverkrampft über griechische Gastfreundschaft, verstehen Sie Einladungen als ernst und herzlich gemeint und genießen Sie entspannt mit den Gastgebern! Fragen Sie dabei nicht nach der Speisekarte oder den Preisen und versuchen Sie auch nicht, selbst anstelle des Gastgebers zu zahlen. Stattdessen kann man dem Einladenden und/oder dessen Frau ein kleines Präsent machen. (Mehr dazu und zu der Frage, ob eine Gegeneinladung als nette Geste gewertet wird, in Kapitel 22, S. 171.)

Versuchen Sie, sich als Teil der *paréa* zu fühlen und sich in diese einzufügen und einzubringen. Nicht jede *paréa* gleicht der anderen. Sie ist ein eingeschworenes Freundesgrüppchen mit eigenen Vorlieben und Regeln.

Allein bist du ein armes Schwein! *oder* Zum Essen gehört *paréa*

Zum Genuss eines guten Essens gehört in Griechenland die Gemeinschaft mit Freunden und/oder Verwandten. Nur zu zweit geht man ungern zum Essen. Ganz allein wird man zum tief bedauerten Objekt, dem die mitleidige Frage gilt: *Den échis paréa?* (Hast du keine Gesellschaft?).

Paréa gehört zum griechischen Essen wie Weißbrot und Olivenöl. Darauf sind auch die Speisekarten eingerichtet. Den Portionsteller mit Fleisch oder Fisch, Beilagen und Gemüse oder kleinem Salat dazu oder gar komplette Menüs mit Vor-, Haupt und Nachspeise gibt es fast nur in Touristenzentren, wo man damit Touristengewohnheiten und Eigenbrötlern entgegenkommen will, sowie in einigen Edelrestaurants. Ansonsten sind die Karten auf das gemeinsame Bestellen ausgelegt. So kann eine *paréa* beispielsweise diverse Vorspeisen und Salate ordern, danach ein Kilo gegrillten Fisch, ein oder zwei Portionen Calamari, etwas Lammbraten, eine *jemistá* genannte Portion gefüllte Paprikaschoten und Tomaten, eine von dem bunt gemischten Gemüse *bríam*. Einer, meist der Gastgeber, macht den Anfang mit Vorschlägen und ersten Bestellungen, die anderen sagen, was ihrer Meinung nach noch dazu passt oder worauf sie Appetit haben. Kommt das Essen auf den Tisch – meist ohne Einhaltung einer bestimmten Reihenfolge – nimmt sich jeder, was und wie viel er mag. Ist etwas ausgegangen, wird nachbestellt.

Es versteht sich von selbst, dass bei solcher Bestellweise eine getrennte Rechnung unüblich ist. Normalerweise zahlt derjenige, der einlädt, oder derjenige, der am schnellsten diskret an die Rechnung kommt, wobei es als Ehre angesehen wird, diese begleichen zu dürfen. Man ruft nicht laut nach dem Kellner, sondern verständigt sich mit ihm durch Zeichen, wenn man zahlen will. In Zeiten knapper Kassen und vor allem bei jüngeren Leuten hat sich auch der Brauch durchgesetzt, zwar alles zusammenschreiben zu lassen, dann aber selbst den Betrag durch die Zahl der erwachsenen Esser zu teilen und jeden sein Scherflein beitragen zu lassen – unabhängig davon, wie viel der Einzelne verspeist hat.

13 Taufpatenhilfe

Von unerwarteten Folgen und deren Bewältigung

Tílos und Náxos, 18. September

Als Connie aufwacht und auf den Balkon tritt, ist es noch dunkel und still in der Bucht. Nur die Grillen zirpen und einige Hähne krähen um die Wette. Der Himmel ist voller Sterne, die Bucht voller Lichter, die Straßenlaternen werfen Lichtkegel aufs Wasser. Dazwischen schaukeln die Leuchten der verankerten Jachten. Noch verschwimmen Land und Meer im Dunkel der Nacht.

Connie ist aus einem seltsamen Traum hochgeschreckt: Sie kam auf Náxos an und suchte ihr Haus, das plötzlich verschwunden war. Der ganze Ort hatte sich verändert. Einige Häuser trugen Beschädigungen wie von einem Erdbeben, dazwischen lagen Trümmer. Von ihrem Mann Bernd keine Spur. Kein Wunder, dass ihr solch ein Alpträume gekommen ist! Schon dreimal hat sie versucht Bernd anzurufen und immer nur eine griechische Ansage von Band zu hören bekommen. Während sie diesen Gedanken nachhängt, zeichnet das einsetzende Morgengrauen die Konturen der Felshänge am Rand der Bucht ab und das Meer wird zum tiefen Spiegel, in dem sich Silhouetten und Lichter reflektieren.

Leise, um niemanden zu wecken, geht Connie ins Zimmer zurück und macht Kaffee. Kaum sitzt sie mit ihrer Tasse auf dem Balkon und blickt in die Morgenröte, die sich nun auf dem ruhigen Wasser der Bucht spiegelt und rosige und goldene Streifen in seine gekräuselte Oberfläche zeichnet, tritt

Anna gähnend auf den Nachbarbalkon. Connie muss lachen. Immer just in dem Moment, wo sie Kaffee gemacht hat, kriecht Anna aus dem Bett. Als würde der Kaffeeduft im Schlaf in ihre Nase kriechen.

»Eine feinere Nase als deine gibt es nicht. Du riechst den Kaffee ja durch die geschlossene Balkontür. Komm rüber, es ist genug für uns beide da!«

Als Anna nach einer gemütlichen Tasse Kaffee beim Bäcker fürs Frühstück einkauft, versucht Connie von der Telefonzelle aus nochmals ihren Mann zu erreichen. Endlich kommt eine Verbindung zustande.

»Was war denn los? Seit Tagen versuche ich, dich zu erreichen!«

Bernd seufzt. »Die Leitung war gesperrt.«

»Warum das denn?«

»Weil ich die Rechnung nicht bezahlt habe.«

»Ist dir das Geld ausgegangen?«

»Nein, was du gleich wieder denkst! Ich habe gar keine Rechnung bekommen. Sie ist offenbar verloren gegangen.«

Connie wickelt sich eine ihrer Locken um den Finger und überlegt. »Kam denn auch keine Mahnung?«

»Nichts«, stößt Bernd ärgerlich hervor. Der bloße Gedanke an diese leidige Geschichte treibt ihn immer wieder zur Weißglut. Als hätte er nicht gerade genug am Hals! »Keine Rechnung, keine Mahnung. Plötzlich war einfach die Leitung gesperrt. Und es war wahnsinnig umständlich, die Angelegenheit zu klären. Der Taufpate von einem Freund von mir hat sich schlussendlich darum gekümmert. Wann kommt ihr denn?«

»Schon klar, der Taufpate.« Connie lacht auf. Typisch ihr Mann. Zu Hause in Deutschland wäre sie es wohl gewesen, die ran gemusst hätte, um mit etwas diplomatischem Geschick die Sache ins Reine zu bringen. Denn daran hat es dem guten

Bernd schon immer gefehlt. Und an Sorgfalt auch! Sie traut ihm zu, die Rechnung verschlampt zu haben.

»Wie auch immer«, sagt sie schließlich, »ich komme nächste Woche, voraussichtlich Dienstag oder Mittwoch. Anna will noch einen Abstecher nach Amorgós machen. Sie kommt dann wahrscheinlich zwei oder drei Tage später.«

Bernd räuspert sich. »Lasst euch ruhig Zeit.«

»Na, das klingt ja nicht nach übertriebener Vorfreude«, meint Connie, während sie ein junges Pärchen beobachtet, das von einer weißen Katze beim Küssen auf der Bank gestört wird.

Ihr Mann druckst herum: »Ich freue mich natürlich auf euch. Nur …«

»Nur was?« fragt sie. Die Katze hat sich mittlerweile an dem Jeansbein des Mädchens festkrallt. Ihr verliebter Sitznachbar versetzt dem Tier mit dem Fuß einen leichten Tritt, ohne den Mund von den Lippen seiner Freundin zu lösen.

»Mit den Arbeiten am Haus ist nicht alles so gelaufen wie geplant.«

»Was heißt das genau?«, will Connie wissen.

Bernd stößt eine Mischung aus Knurren, Grunzen und Husten aus, die nur er im Repertoire hat, bevor er antwortet: »Der Maler war noch nicht da … und so.«

Was ist diesmal schiefgelaufen?

Bernds Fehler lag darin, dass er sich nicht über eine ausbleibende Telefonrechnung gewundert und bei seinem Anbieter nachgefragt hat. Mahnungen sind in Griechenland nicht überall dort, wo wir sie gewohnt sind, üblich. Eher greifen hohe Säumniszuschläge oder gar Sperrungen. Das gilt nicht nur für unbezahlte Telefonrechnungen, sondern auch für andere Abgaben und Gebühren. Es wird mehr Mitdenken und Eigeninitiative erwartet als bei uns. Vielleicht hängt das auch damit zusammen, dass Institutionen und Dienstleister nicht immer perfekt und reibungslos arbeiten. Perfektionismus gilt nicht als höchstes Gut.

Leider kommt es auch vor, dass ein mancher auf seiner Position nicht wegen seiner fachlichen Qualifikation sitzt, sondern weil ihm jemand aus seinem Verwandten- oder Bekanntenkreis oder der Freund eines Freundes mit der Vermittlung eines Jobs einen Gefallen tun wollte. Dementsprechend überfordert können manche Inhaber von Stellen und Ämtern sein. Auch dadurch kann es leicht zu Unregelmäßigkeiten wie dem Ausbleiben oder der Fehlleitung einer Rechnung kommen.

Damit der Laden unter solchen Umständen dennoch läuft, werden Erinnerungen und Mahnungen gern übersprungen. Leitung gekappt. Fertig.

Was können Sie besser machen?

Bernd hätte wohl besser daran getan, sich über das Ausbleiben der Telefonrechnung zu wundern und nachzufragen, um Folgen wie die Sperrung des Anschlusses zu vermeiden. Ähnliches gilt für Strom- und Wasserrechnungen, für Sozialabgaben und Steuern.

Bernds Idee, einen Freund bzw. dessen Taufpaten einzuschalten, als einfach nichts vorangehen wollte, war hilfreich. Bei Problemen mit der Bürokratie oder mit Versorgungsbetrieben kann es nützlich sein, sich im einheimischen Bekanntenkreis umzuhören, ob nicht jemand Rat weiß; natürlich sind Ortsansässige besser mit den Ämtern und Formalitäten vertraut. Ganz besonders nützlich ist es, falls jemand der

Bekannten persönliche Beziehungen zur betreffenden Stelle hat. Vielleicht arbeitet ja zufällig sein Freund oder dessen Schwester, Tante, Cousine oder Trauzeuge dort? Oder eben sein Taufpate. Persönliche Beziehungen spielen in der griechischen Arbeits-, Geschäfts- und Behördenwelt eine beträchtliche Rolle.

Wohl behütet und umsorgt – Taufpaten

Zum engen Beziehungsnetz, das einem Griechen bei der Lebensbewältigung hilft, gehören in besonderer Weise die Taufpaten. Sie haben das Kind vor der Taufe mit Olivenöl einzureiben und dabei nur ja kein Fleckchen zu vergessen und kein Tröpfchen von dem Öl zu vergießen. Sonst droht dem Kleinen Ungemach. Sie nennen bei der Taufe den Namen, auf den das Kind getauft wird, und sie tragen zeitlebens zusammen mit den Eltern oder – falls diese dazu nicht imstande sind – an deren Stelle für ihr Taufkind Sorge.

Glück hat, wer einen reichen Taufpaten für sein Kind findet. Denn auch finanzielle Zuwendungen gehören dazu, beispielsweise ein Beitrag zur *príka*, der zwar dem Gesetz nach abgeschafften, aber noch recht gebräuchlichen Mitgift der Mädchen. So mancher Politiker übernimmt auch gern solche Patenschaften. Denn im Gegenzug für diese Verantwortung gibt es Wählerstimmen – wenn seine Rechnung aufgeht, die des ganzen Familienclans.

Ein weiterer Lösungsansatz für hartnäckige Probleme vor allem mit Behörden ist das *fakeláki*, das Schmiergeld. Das soll nun nicht als Rat zur Schmiergeldzahlung verstanden werden – die Praktik steht auch im Griechenland unserer Tage am Pranger. Aber gerade weil sie das tut und somit gegenwärtig in aller Munde ist, soll sie kurz erwähnt werden.

Fakeláki – ein »Umschlägchen« mit Scheinen

Fákelos ist die Bezeichnung für einen Umschlag, *fakeláki* ist die Verniedlichungsform zu dem Wort, ein Umschlägchen also. Dabei kommt es weniger auf seine Größe als auf Inhalt und Bedeutung an. Denn in dem Umschlägchen sollte etwas drin sein – Geld. Es soll imstande sein, so manche Wunder zu wirken, wenn es der richtigen Person dezent zugeschoben wird. Korruption wird heute von vielen als großes Problem erkannt, und ihre Bekämpfung ist eine Aufgabe, an der Politiker arbeiten. Dennoch wandert nach wie vor das eine oder andere *fakeláki* über den Tisch, immer seltener, wie es scheint.

14 Anna fühlt sich veralbert

Vom Sagen und Meinen

Tílos, 18. September

Der Bäcker in seinem weißen Kittel freut sich über die hübsche junge Kundin, die heute zum dritten Mal bei ihm einkauft und stets gut gelaunt und voll des Lobs für seine Waren und seine Insel ist. Obwohl er sie wie immer mit einem strahlenden Lächeln begrüßt, kommen Anna seine Antworten heute ein wenig unpassend vor. Will er sich über sie lustig machen?

»Morgen wollen wir das Kloster Ágios Pandelimónas besuchen«, erzählt sie, weil sie gerade in bester Erzähllaune ist. Und je länger sie erzählt und bleibt, desto stärker kann sie die leckeren Gerüche aus der Backstube auf sich wirken lassen.

»Bravo!«

Bravo? War das jetzt ironisch gemeint oder was?

»Warum? Ist das nicht sehenswert?«, hakt sie nach. Wenn man da besser nicht hinsollte, könnten sie morgen auch …

»Doch, doch! Es ist sehr schön und sehr alt. Das musst du unbedingt anschauen.«

Während der Bäcker spricht, ist aus der Backstube eine Glocke zu hören.

Mit den Worten »Warte mal, bin gleich wieder da« lässt er Anna stehen und geht nach hinten zu den großen Blechöfen, um ein Backblech herauszuziehen und auf den Tisch zum Auskühlen zu stellen. Ein neuer süßlicher Duft dringt in den Laden.

Wie kommt der Mann eigentlich dazu, mich zu duzen? Ist das als Kompliment zu verstehen, dass ich besonders jung aussehe? Oder ein bisschen unverschämt?

»Wissen Sie«, fragt sie demonstrativ, »wie morgen das Wetter wird?«

»Wie heute, wie immer. 4 bis 5 Beaufort.«

Also, jetzt verstehe ich gar nichts mehr, denkt sich Anna. Beaufort – ist das nicht eine Einheit für Windstärke? Ist das wichtig, um das Kloster zu besuchen?

»Muss man mit dem Boot dorthin fahren?«, fragt Anna nach.

Dass es auf einer vorgelagerten Insel liegt, wäre eine logische Erklärung für die Erwähnung der Windstärke.

»Nein, das Kloster liegt in den Bergen. Sonntags geht ein Bus. Sonst musst du ein Taxi nehmen.«

»Und zu Fuß?« Anna erinnert sich, dass Connies Schwester da mal hingewandert ist, von ihrer Pension aus.

»Zu weit!«

Dann reicht er ihr einen Keks zum Probieren. Köstlich, wie alles in diesem Laden. Sie kommt nie an der Bäckerei vorbei, ohne hineinzugehen, so appetitlich duftet es schon von Weitem. Wenn das so weitergeht, passt sie bald nicht mehr in ihre Jeans. Backen kann der Mann, aber ein komischer Kauz ist er trotzdem. Sie dankt ihm, zahlt die zwei *tyrópites*, das leckere Blätterteiggebäck mit Schafskäsefüllung, und verabschiedet sich.

Was ist diesmal schiefgelaufen?

Anna, die sich sonst so gut mit dem freundlichen Bäcker versteht, fand seine Antworten heute einfach nur komisch. Dabei waren sie ganz normal …

Anna hatte zum Beispiel das Gefühl, der Mann wolle sich über sie lustig machen, als er »Bravo!« sagte. Was gab es da denn zu applaudieren, wenn ein Tourist eine der größten Sehenswürdigkeiten der Insel ansehen wollte? Richtig, gar nichts. Der Bäcker wollte mit seinem Bravo auch nicht Beifall spenden, sondern lediglich etwas ausdrücken wie: »Gut, mach das« oder »Prima Idee«. Mit einem Bravo spendet man in Griechenland nicht nur verbalen Applaus, sondern drückt auch ganz schlicht Zustimmung oder Beipflichtung aus.

Dass der Bäcker die junge Anna geduzt hat, ist ebenfalls gängige Praxis. Duzen ist weit verbreitet, auf dem Land noch mehr als in der Stadt. Es steht dem Älteren zu, als Erster diese Form der Anrede zu gebrauchen. Dies geschieht in der Regel formlos, also ohne sich vorher mit dem Gegenüber explizit darüber zu einigen. Daraufhin hätte Anna den älteren Mann ruhig auch duzen dürfen.

Als der Mann auf Annas Frage nach dem Wetter »Wie heute, wie immer« antwortete und anschließend die voraussichtliche Windstärke nannte, dachte sie sich, entweder er wolle sie veralbern oder man müsse mit dem Boot dorthin fahren. Tatsächlich ist auch diese Antwort ganz normal. Denn die größte Sorge der Inselbewohner ist immer die Windstärke. Stürme können den Inseln ganz schön zusetzen und sie für Tage vom Festland und den Nachbarinseln abschneiden. Ab Windstärke 9 verkehren überhaupt keine Fähren mehr. Kleinere, ältere Schiffe bleiben auch schon darunter oft im Hafen, wie auch besonders gefährliche Strecken oft schon bei Windstärken unter 9 nicht mehr befahren werden. Regen hingegen ist oft monatelang kein Thema. Auf jeden Fall ist es nichts, was man fürchtet. Eher freut man sich, wenn es endlich einmal lang ersehnte Niederschläge gibt. Denn man leidet unter Wassermangel. Vielleicht wäre ein Regenguss jetzt, Mitte September, gar keine so abwegige Idee gewesen. Im Juni, Juli und August hingegen scheint die Sonne tagein, tagaus und keiner denkt an Regen. Auf was kann sich also eine besorgte Frage nach dem Wetter beziehen? Doch nur auf die Windstärke, oder?

Schließlich wunderte sich Anna auch über die lakonische Antwort »Zu weit« auf ihre Frage, ob man auch zu Fuß zum Kloster gehen könne, denn Connie hatte ihr von der Wanderung ihrer Schwester dorthin erzählt, die zwar anstrengend, aber nicht extrem lang oder schwierig gewesen sein soll. Hier hatte Anna nicht mit der Fußfaulheit der Griechen gerechnet. Wandern ist in Griechenland kein Volkssport. Zu Fuß gehen die meisten Griechen heute nur, wenn sie auf Pilgerschaft sind oder es nicht anders geht. Das mag daran liegen, dass gerade auf manchen Inseln noch bis in die frühen 1970er-Jahre hinein Autos rar waren und man auf die eigenen Füße angewiesen war. Dies nicht mehr zu sein, empfinden viele, besonders die Älteren, als Segen. Und: Auch heute noch sind neben dem Tourismus Landwirtschaft und Fischerei Haupterwerbsquellen vieler Inseln wie Tílos – solcher Broterwerb fordert genug Bewegung, sodass man zusätzliche Körperertüchtigung für überflüssig ansieht.

Was können Sie besser machen?

An Annas Verhalten war diesmal eigentlich nichts verbesserungswürdig. Sie kam sich veralbert vor, hat zum Glück aber nicht beleidigt reagiert. Gut so! Es ist für den Fremden schwer, inhaltliche Nuancen und auch die des Sprachgebrauchs und Gesprächsstils richtig zu verstehen. Vieles davon ist nur aus der Situation heraus und oft nur mit Vorwissen annähernd richtig zu interpretieren.

Andere Lebensumstände bringen andere Einstellungen und andere Gesprächsthemen hervor – und gerade die Lebensbedingungen der ländlichen Gegenden und kleinen Inseln Griechenlands unterscheiden sich gewaltig von denen der deutschen Großstadt, aus der Anna stammt. So kann ein Gespräch leicht einen Verlauf nehmen, bei dem man sich fragt, ob einen sein Gegenüber veralbern will, so ungewohnt ist das, was er sagt. Tatsächlich lachen Griechen ja auch gern und viel. Dass sie mal jemanden aufs Korn nehmen, kann also durchaus vorkommen, wenn es auch hier gar nicht der Fall war. Dies alles mit Humor und guter Laune zu nehmen, ist das Beste, was man tun kann.

15 Bernd hat's eilig

Von Arbeit, Pflicht und Ehre

Náxos, 18. September

Wieder bloß der Anrufbeantworter. Zum Verzweifeln ist das! Jórgos möge ihn doch bitte dringend zurückrufen. Sofort nachdem seine Frau aufgelegt hat, hat Bernd die Nummer des Malers Jórgos gewählt, denn jetzt wird es höchste Zeit. Bernd wollte seiner Frau das Haus eigentlich frisch herausgeputzt präsentieren, wenn sie und ihre Kollegin ankommen, doch nichts ist nach Plan gelaufen. Viel zu lange haben sich die Renovierungsarbeiten hingezogen. Vielleicht ist Connie schon in einer Woche bei ihm zu Hause auf Náxos. Und wer weiß, vielleicht bringt sie doch Anna gleich mit. Da muss zumindest das Gästezimmer, in dem der Maurer vor vier Wochen den Putz ausgebessert hat, sofort gestrichen werden, sonst trocknet die Farbe nicht mehr rechtzeitig. Zur Not muss er das eben selbst in die Hand nehmen. Ungern, denn er hat seit seinem Sturz im Frühjahr immer noch Probleme mit der Schulter, außerdem hat er im Moment sowieso eine Menge um die Ohren, da er noch Etliches erledigen will, bevor die beiden kommen. Er will sich den Frauen doch widmen!

Das ist aber auch wirklich ärgerlich. Seit gut einem Monat hat ihm der Maler versprochen, das Gästezimmer und die Fassade zu streichen. Immer wieder hat er ihn vertröstet. Mal musste er zur Hochzeit eines Freundes nach Páros, mal einem Verwandten bei der Weinernte helfen und dann wieder bei seinem Bruder arbeiten. Am liebsten würde Bernd persönlich mit dem Maler sprechen, um sich ein Bild zu machen, was da eigentlich los ist, dass er ihn so hinhält. Wenn er ihn überhaupt mal am Telefon erreicht, dann klingt Jórgos immer freundlich, aber ausweichend. Eigentlich hat er doch einen guten Eindruck gemacht und der Preis, den er ihm für die Arbeiten genannt hat, ist günstig. Bernd wäre auch bereit, etwas mehr zu zahlen, wenn die Anstricharbeiten nur endlich gemacht würden. Er wird auf dem Rückweg von Pétros' Computerladen, wo er vormittags arbeitet, mal in der Ouzeri an der Hafenpromenade vorbeischauen. Seine Nachbarin María, die Tante des Malers, hat ihm gesagt, dass Jórgos dort fast jeden Abend mit Freunden sitzt.

Als Bernd um halb sieben die Ouzeri betritt, sieht er Jórgos am Tisch in der Ecke bei der Fensterwand in ein Gespräch mit vier etwa gleichaltrigen Männern vertieft. Vor ihnen stehen zwei kleine Ouzoflaschen, hohe Gläser, ein Eiskübel und etliche kleine Teller mit verschiedenen Dips, winzigen, frittierten Fischlein, Tomaten- und Gurkenscheiben und Wurst- und Käsestücken.

Ein Ouzo kommt selten allein

Ouzo wird in der Werbung und in der kulinarischen Literatur meist als Aperitif bezeichnet. In der Tat ist dieser Anisschnaps der ideale Begleiter der vielfältigen kleinen Häppchen *(mezédes)*, die als Vorspeise gereicht werden. Selten trinkt man ihn pur. Meist wird er mit Eiswürfeln oder Wasser serviert. Dadurch bekommt er ein milchiges Aussehen, das von den im Anis enthaltenen ätherischen Ölen herrührt, die sich im Alkohol besser als in Wasser lösen.

Man kann Ouzo sowohl in Bars und *kafenía* als auch in Tavernen und Restaurants bestellen. Spezialisiert auf Ouzo und *mezédes* sind jedoch sogenannte Ouzerien (griechisch *uzerí*, Plural *uzería*). Meist wird man beim Bestellen gefragt, ob man ein Glas *(potíri)*, eine Flasche *(bukáli)* oder eine kleine Karaffe *(karafáki)* möchte. Eine Karaffe beinhaltet 100 oder 200 ml und wird von Griechen, die ja meist in Gesellschaft trinken, bevorzugt. Die Angabe in der Getränkekarte heißt 200 g *(γρ)* statt ml, denn man misst Flüssiges in Kilo und Gramm. Manche Griechen belassen es beim Ouzo als Begleiter der ganzen Mahlzeit, wobei sie ihn zunehmend mit Wasser verdünnen und schließlich ganz auf Wasser als Getränk übergehen, statt nach dem Aperitif Bier oder Wein zu bestellen.

Der Maler bemerkt Bernd zunächst nicht, und Bernd will auch nicht die heftig diskutierende Gesellschaft stören. Er setzt sich an einen Tisch in Türnähe und wartet erst einmal ab. Es herrscht viel Trubel. Fast alle Tische im Lokalinneren ebenso wie auf der großen Terrasse sind belegt. Dazwischen jonglieren Kellner Tabletts mit Flaschen, Gläsern und appetitlichen Köstlichkeiten, die meisten davon aus Neptuns Reich. Ein alter Losverkäufer humpelt von Tisch zu Tisch, doch niemand scheint heute sein Glück wagen zu wollen. Der gehbehinderte Mann in seinem schäbigen taubenblauen Jackett tut Bernd leid. Er ist drauf und dran eines der Glück versprechenden Papierzettelchen zu erstehen, obwohl er keine Ahnung hat, um was für eine Lotterie es sich dabei handelt.

Doch da blickt Jórgos in Bernds Richtung und grüßt freundlich zu ihm herüber. Sofort macht ihm Bernd ein Zeichen. Doch keine Reaktion. Jórgos vertieft sich gleich wieder ins Gespräch, während er sein *kombolói*, eine Perlenschnur, die dem Fingerspiel dient, durch seine Finger gleiten lässt. Da in dem Moment der Kellner an Bernds Tisch tritt, bestellt er sich erst einmal Calamares und einen Bauernsalat und bittet ihn, Jórgos auszurichten, er möge mal zu ihm herüberkommen. Den alten Losverkäufer hat er inzwischen aus den Augen verloren. Ist wohl zum nächsten Lokal weitergezogen. Dafür macht jetzt ein Afrikaner die Runde, der CDs an den Mann bringen will. Endlich, als Bernd mit dem Essen fertig ist und Jórgos' Tischgenossen aufstehen, um das Lokal zu verlassen, tritt der Maler an seinen Tisch.

»Ich habe deine Nachricht auf dem Anrufbeantworter gehört. Aber es ist so viel zu tun im Moment.«

Jórgos blickt ganz fröhlich drein. Bernd ganz und gar nicht.

»Du hast es mir aber doch versprochen!« Bernd ist verzweifelt. »In wenigen Tagen bekomme ich Besuch, da muss alles fertig sein.«

Der Maler beäugt ihn nachdenklich und lässt sich auf den wackeligen kleinen Stuhl neben Bernd fallen.

»Ja, das habe ich auf dem Anrufbeantworter gehört. Aber davon hast du vorher nichts gesagt.«

Na, der ist gut. Ausgemacht war Mitte August. Jetzt ist Mitte September durch!

»Es war doch ausgemacht, dass du nach Mariä Himmelfahrt anfängst«, stößt Bernd hervor, bevor er sich umdreht und den Kellner, der mit einem Tablett vorbeikommt, bittet, noch ein Glas für Jórgos bringen. »Mariä Himmelfahrt hatten wir am 15. August, vor mehr als einem Monat! Schon mindestens dreimal habe ich dich seitdem angerufen. Aber du hattest immer was anderes zu tun. Zweimal hast du gesagt ›nächste Woche‹. Ich habe gewartet, und als die Woche zu Ende war und du nicht gekommen bist, habe ich dich wieder angerufen. Wie lange willst du mich denn noch hinhalten?«

»Hätte ich geahnt, dass es so dringend ist«, ist alles, was der Maler darauf zu sagen weiß.

Er greift nach der kleinen Flasche und gießt etwas Ouzo über die Eiswürfel in sein Glas.

»Ich zahle dir hundert Euro extra, wenn du das Zimmer morgen streichst und die Fassade in den nächsten Tagen. Es ist mir wichtig, dass das Haus gut aussieht, wenn meine Frau kommt.«

Jórgos presst die Lippen zusammen und lässt langsam die Eisstücke in seinem Glas kreisen.

Bernd hakt nach: »Kannst du es machen oder nicht? Sonst muss ich mit meiner kaputten Schulter selbst zumindest das Gästezimmer streichen, damit es noch rechtzeitig trocknet, und für die restliche Arbeit jemand anderen finden.«

Noch zwei Runden machen die Eisstücke in Jórgos' Glas, bevor er daran nippt, es absetzt, Bernd mit düsterem Blick fixiert und sagt: »Es geht nicht ums Geld. Wir haben ausgemacht, was du mir zu zahlen hast, und dabei bleibt es. Ich habe eben auch noch andere Arbeit.« Jorgós macht eine lange Pause und blickt in sein Glas. Dann sagt er: »Aber okay, wenn es dir so wichtig ist, dann komme ich.«

Die beiden Männer sehen nicht glücklich aus.

Was ist diesmal schiefgelaufen?

Bernd war der lange Aufschub der geplanten Arbeiten unverständlich. Mag es vielleicht am vereinbarten Preis gelegen haben? War der von Anfang an zu niedrig? Nein, das war nicht der Punkt. Der angebotene Extrahunderter landete in einem Fettnapf von der Größe eines Farbeimers. Während Jórgos sich mit seinem Ouzoglas beschäftigte, ging ihm Folgendes durch den Kopf: »Komischer Kerl, dieser Nachbar seiner Tante. Da hat er eine Frau, die ihn nur für ein paar Tage besuchen kommt und wohl noch einen Gast mitbringt. Seltsame Verhältnisse. Na ja, ihm kann's egal sein. Doch ihn mit einer Extrasumme kaufen zu wollen, ist schon eine Unverschämtheit. Sonst ist Bernd ja ganz sympathisch und er hat auch schon einige Male seiner Tante geholfen. Aber so was!« Zum Glück hatte Bernd bei dem Maler einen Stein im Brett, sonst hätte Jórgos den Auftrag womöglich ganz abgelehnt. Denn er hat schließlich seinen Stolz.

Hier sind zwei verschiedene Vorstellungen von Terminplanung und Arbeitsmoral aufeinandergeprallt, und der Wink mit dem Geldbeutel brachte das Fass schließlich zum Überlaufen.

Was die Terminplanung betrifft, so ist es nichts Ungewöhnliches, sich Mitte September noch nicht an eine Arbeit gemacht zu haben, die für Mitte August geplant war, in diesem Fall schon gar nicht. Der Maler ist sich da keinerlei Schuld bewusst, denn er hatte ja gar keinen festen Termin genannt, sondern lediglich »nach Mariä Himmelfahrt« vereinbart. Das muss nun wirklich nicht heißen, gleich am Tag danach, sondern ist eine äußerst dehnbare Abmachung. Auch Weihnachten ist schließlich nach Mariä Himmelfahrt.

Mariä Himmelfahrt: Sommerhöhepunkt und Jahresteiler

Der 15. August ist einer der bedeutendsten Feiertage in Griechenland. Er teilt den Sommer bzw. das Jahr in zwei Teile. *Prín apó tin Panajía?* (Vor der Muttergottes?) oder *Metá tin Panajía?* (Nach der Muttergottes?) lautet oftmals die Frage. *Panajía* ist einer der Namen, mit denen die Muttergottes bezeichnet wird. Gemeint ist in dieser Frage das Fest, das wir als Mariä Himmelfahrt kennen und das in Griechenland »Entschlafung der Gottesmutter« *(Kímisi tis Theotókou)* heißt, da die orthodoxe Kirche nicht an eine Himmelfahrt der Muttergottes glaubt. Ist das große Fest, zu dem viele ihre Heimatdörfer und -inseln besuchen, vorbei, so beginnt man sich einen guten Winter *(kaló chimóna)* zu wünschen, ganz so, als läge nicht noch der gesamte Herbst vor einem.

Tatsächlich ist das Jahr in Griechenland zweigeteilt. Im Sommer gilt es in den Touristengebieten »die große Schlacht des Sommers« zu schlagen, wie man den Dienst an den Feriengästen nennt; ab November »die große Schlacht des Winters«, die Olivenernte. Viele Menschen, die saisonal in den Feriengebieten tätig sind, suchen nach Ausklang der Urlaubssaison in den Städten, manchmal sogar im Ausland, Arbeit. Die Fremdarbeiter unter ihnen kehren für einige Monate in ihre Heimat zurück, wenn sie keinen anderen Job, beispielsweise auf dem Bau oder als Erntehelfer, finden. Ältere Griechen nutzen oft die Wintermonate, um ihre Kinder in Athen oder in anderen Ländern zu besuchen. Der Winter ist auch die Zeit der Musik- und Nachtlokale in den Städten. Viele davon bleiben im Sommer geschlossen.

Gern macht man in Griechenland derart vage Zeitangaben, mit denen man sich nicht unter Druck setzt. Man ist toleranter gegenüber Unwägbarkeiten, lässt sich nicht so leicht aus der Ruhe bringen und hat Verständnis dafür, wenn dem anderen etwas dazwischenkommt und Pläne nicht realisiert werden können.

Hat man eine Arbeit zu erledigen, so tut man es mit Hingabe und Sorgfalt. Dazu zwingen lässt sich allerdings kein Grieche gern. Jórgos fand Bernds dauerndes Nachhaken penetrant, zumal er bislang keine triftigen Gründe für seine Eile genannt hatte. Erkennt ein Grieche die Notlage des anderen, so ist er in der Regel hilfsbereit, egal ob es sich um professionelle, bezahlte Hilfeleistung oder um freundschaftliche, unbezahlte handelt. So mögen ihm die Weinernte des entfernten Verwandten, bei der Jórgos alljährlich hilft, und die Arbeit bei seinem Bruder, der ihm näher als der kürzlich zugezogene Ausländer steht, in dem Moment wichtiger erschienen sein.

Einen Anteil an dem langen Aufschub mag aber auch gehabt haben, dass Jórgos es genießt, sein eigener Boss zu sein, kein Arbeiter, der Weisungen zu folgen hat, sondern sein eigener Herr, der Entscheidungen nach eigenem Gutdünken trifft.

Freiheit ist wichtig – in allen Lebensbereichen. Der Grieche will nicht auf Abruf bereitstehen, sondern selbst entscheiden, wann er was tut. Die Befürchtung, durch solches Verhalten Auftraggeber zu verlieren, hat meist nicht den gleichen Schrecken wie in vielen anderen Ländern, da man in einen großen Freundes- und Verwandtenkreis eingebunden ist und Aufträge aufgrund von Beziehungen und Empfehlungen vergeben werden. Wer ordentliche Arbeit leistet, wird auf diese Weise Auftraggeber finden, ohne Übereifer an den Tag legen oder sich anbiedern zu müssen.

So flexibel man bei Terminangaben ist, so strikt hält man sich hingegen an Zusagen, die beispielsweise den Preis betreffen. Es ist nichts dagegen einzuwenden, nach getaner Arbeit etwas mehr – als Anerkennung besonders guter Leistung – draufzulegen. Manch einer nimmt es an, manch anderer lehnt es ab. So wie Bernd Jórgos Geld angeboten hat, um ihn zur Eile zu drängen, kommt das Angebot jedoch einer Beleidigung gleich. Denn Jórgos will weder als käuflich noch als Lügner dastehen, der nur vorgibt, anderweitig unabkömmlich zu sein. Griechen haben ein starkes Ehrgefühl, das man nicht verletzen sollte, und Ausländer werden dabei zuweilen von Berichten über Bestechlichkeit im Land fehlgeleitet. (Mehr zum Ehrgefühl der Griechen in Kapitel 5 im Infokasten »*Filótimo* – Ehre, wem Ehre gebührt«, S. 57.)

Was können Sie besser machen?

Wenn Sie Vereinbarungen treffen, sollten Sie die unterschiedlichen Vorstellungen von Zeit im Hinterkopf haben. Ist die exakte Einhaltung eines Termins wichtig, so ist es ratsam, ausdrücklich darauf hinzuweisen. Das gilt vor allem für den Umgang mit Handwerkern und kleinen Geschäften sowie im Freundes- und Bekanntenkreis. In großen Unternehmen, deren Führungskräfte oft Auslandserfahrung und -kontakte haben, besitzen Terminabsprachen ähnliche Verbindlichkeit wie bei uns und Verspätungen gelten als unprofessionell und unhöflich. Dennoch mag generell etwas mehr Verständnis für Unabsehbares existieren. So genügt oft ein Handyanruf, wenn man in einem Verkehrsstau steckt und nicht rechtzeitig zu einer Besprechung kommen kann.

Machen Sie sich bewusst, dass im Miteinander der Griechen vor allem im ländlichen Raum mitmenschliche Belange oft Vorrang vor dem Beruf haben. Das sollte man nicht als unprofessionell werten, sondern als andere Gewichtung von Arbeit auf der einen Seite und sozialen und familiären Verpflichtungen auf der anderen. Es ist sinnvoller, dem Vertragspartner sein Problem zu erläutern als darauf zu pochen, dass eine Leistung zu einem bestimmten Termin vereinbart sei. Und: Ein Appell an die Hilfsbereitschaft des Gegenübers fruchtet oft mehr als ein Beharren auf Vereinbarungen.

Wie angedeutet ist es beim Verhandeln und auch im alltäglichen Miteinander besonders wichtig, nicht das Ehrgefühl des Partners zu verletzen. Und der Wink mit dem Geldbeutel kann in bestimmten Situationen ganz schön an der Ehre des anderen kratzen.

Arbeit muss sein – Muße auch

Arbeiten, um zu leben, oder leben, um zu arbeiten? Eine Frage, die sich so mancher Mitteleuropäer stellt. Kommt sie auch einem Griechen in den Sinn? Es darf stark bezweifelt werden. In Griechenland gilt das Leben als solches als höchstes Gut. »Leben« heißt auf Griechisch *zoí*, übrigens auch ein beliebter weiblicher Vorname. *Na zísis!* (Lebe!/Du sollst leben!) ist ein beliebter Glückwunsch an persönlichen Festtagen.

Ein weiteres wichtiges Gut ist die Freiheit. Das griechische Wort für Arbeit lautet *duliá*, ein Begriff, der sich von *dúlos* (Sklave) ableitet und für all jenes steht, das einen von dem erstrebenswerten Zustand der Muße abhält. Unternehmungsgeist und Individualismus sind stark ausgeprägt. Griechen stecken voller Ideen, die in ihren Mußestunden gedeihen und nach Umsetzung streben. Mit Selbstständigkeit scheint vielen die ihnen wichtige Selbstverwirklichung erreichbarer als in einer abhängigen Arbeit. Gut die Hälfte der arbeitenden Bevölkerung ist selbstständig. Damit ist sie »frei«. Denn das griechische Adjektiv *eleftherós* bedeutet außer selbstständig auch frei, ungebunden und auch unverheiratet. Businesspläne werden kaum erstellt – man ist verliebt in eine Idee und stürzt sich mit einer gesegneten Portion Selbst- und Gottvertrauen in sein Vorhaben. Scheitert man, wartet schon der nächste geniale Plan auf seine Ausführung. Oft betreibt man mehrere Unternehmungen nebeneinander. Oft geht man auch neben einer Arbeitnehmertätigkeit, die einem das nötige regelmäßige Einkommen bringt, eigenen Geschäften nach, die einem die hoch gehaltene Freiheit und den begehrten Gestaltungsraum bieten.

16 Connie und Anna auf Wanderschaft

Von schaurigen Rufen und Taxifahrten

Tílos, 19. September

Während Connie und Anna die Köpfe über der kleinen Landkarte zusammenstecken, die ihnen ihre Hauswirtin Eléni mitgegeben hat, füllt sich der Bus mit Brotduft. Als der Bäcker den zweiten großen Papiersack mit Weißbroten einlädt, erspäht er die zwei Touristinnen, grüßt sie und ruft laut: »*Poh, poh, poh!* Ihr lauft also wirklich von der Ágios-Andónios-Bucht bis zum Pandelimónas-Kloster? *Panajía mou!* (Meine Muttergottes!) Das ist weit! Fast vier Kilometer durch die Berge und doppelt so viel auf der Straße. *Poh, poh, poh!*«

Anna bekommt langsam ein mulmiges Gefühl, wie sie den Bäcker gar so stöhnen und die Muttergottes anrufen hört. Außerdem ist es merkwürdig dunstig diesen Morgen.

»Wir wollen den Fußweg über die Berge nehmen«, erklärt sie. »Hoffentlich regnet es nicht.«

Der Bäcker macht »*bah!*«, verabschiedet sich mit den Worten »*sto kaló!*« und einem breiten Grinsen, während der Fahrer den Motor anlässt.

»Was heißt denn *sto kaló*?«, will Anna von Connie wissen, die noch immer mit dem Finger über die Landkarte fährt.

»Hm, *kaló* heißt ›gut‹. So was wie ›alles Gute‹ vielleicht.«

»Alles Gute? Die Wanderung ist wohl doch nicht so einfach. Deine Schwester, ist die eigentlich deutlich sportlicher als wir? Und das Wetter – *bah*? Was wenn uns unterwegs ein Unwetter erwischt?«

Anna will es sich gar nicht ausmalen und rutscht ein wenig tiefer in ihren Sitz.

Nachdem der Busfahrer sie abgesetzt hat, folgen die beiden in ihren Wanderstiefeln der Asphaltstraße nach links, bis sie den Hinweis auf die Kamarianí-Kirche sehen. Hier beginnt der Pfad, der zwischen buschigen, rostig braunen und silbrig grünen Kräuterkissen den steinigen Hang hinaufführt. Ab und zu wiegen sich zarte Blütentrauben einiger Meerzwiebeln auf ihren hohen, kräftigen Stängeln. Der Morgendunst hat sich verzogen. Die zwei Wanderinnen genießen die Ruhe fernab jeden Zivilisationslärms, den leichten Duft nach trockenen Kräutern und den Blick weit über das kräftig blaue Meer, das nahtlos in einen ebensolchen Himmel übergeht. Bald erspähen sie die Insel Nísyros.

»Vor ein paar Tagen haben wir von Nísyros – vom Profítis Ilías aus – hierher nach Tílos geschaut. Jetzt stehen wir hier und blicken nach drüben. Schau, ganz klar ist Mandráki zu erkennen, und dort oben, das ist Emboriós«, begeistert sich Connie.

Eine Fahrtzeit von etwas über einer Stunde mit der Fähre hat die Distanz zu dieser Insel überbrückt. Ähnlich lang waren sie von Kos nach Nísyros unterwegs. Wie herrlich, denkt Anna, so von Insel zu Insel zu hüpfen! Doch was mag das Inseldasein für die Menschen, die hier leben, bedeuten? Etwas abgeschnitten ist man schon, aber es scheint ihnen gut zu tun. Ihr Wesen gefällt Anna, zumindest das meiste daran. Vor allem die Frauen, mit denen sie Kontakt gehabt hat, verzaubern sie. Die emsige María auf Nísyros, die schöne Eléni, um deren Lippen stets ein Lächeln spielt. So stellt sie sich Aphrodite vor. Die Männer mit ihren seltsamen Gesten und kreisenden Perlenketten geben ihr immer wieder das eine oder andere Rätsel auf. Der mal stöhnende, mal grinsende Bäcker, was der sich so denkt? Der junge dunkelblonde »Alexander« im Fährbüro und der grau gelockte Kellner im Café auf Kos, was die genervt haben mag? Doch ob Mann oder Frau, alle strahlen sie menschliche Wärme aus, scheinen einen gelassenen, heiteren Stolz und eine unerschütterliche Zuversicht zu haben. Was macht die Menschen so? Ist es tatsächlich ihr Inseldasein? Anna kann kaum ihren Blick vom Horizont lösen. Ob dieses Gefühl, von Meer umgeben zu sein, etwas damit zu tun hat? Lässt es Eigenständigkeit spüren? Was vermittelt der Blick auf andere Eilande, die fern und doch leicht erreichbar sind? Verleiht er das Vertrauen, alles habe seine Ordnung, sein Maß, ein dem Menschen gerechtes Maß, das sie selbst in ihrer hektischen, globalisierten Welt so oft vermisst? Keine der vielen Inseln der Ägäis, so scheint es Anna, verliert sich in der Einsamkeit des weiten Meeres. Stets blickt eine andere auf sie. Einsamkeit spüren wohl auch die Menschen hier weniger als in Annas Heimat, obwohl viel weniger Menschen einen umgeben. Aber jeder scheint jeden zu kennen, das macht den Unterschied. Man grüßt sich, ruft sich zu, tauscht sich aus, nimmt sich Zeit für einander.

Anna trottet tief in Gedanken versunken neben Connie her. Auch der praktizierte religiöse Glaube, der sich auf Schritt und Tritt manifestiert, überlegt sie weiter, mag das Wesen der Griechen prägen, ihnen innere Sicherheit geben. Die Kirchen und Klöster, die sie auf ihrer Reise besuchen, sind Räume, in denen sie gern verweilt und ihren Gedanken nachhängt. Sie freut sich auf das Ziel ihrer Wanderung.

Der Weg ist gut, mal schmaler Pfad, mal breiter Steinweg, doch stets deutlich zu erkennen und immer wieder mit Markierungen versehen. So können die beiden ganz entspannt wandern und schweigend ihren Gedanken nachhängen. Erst als sie über die letzte Bergkuppe kommen und unter ihnen steil abfallend die Westküste der Insel liegt, müssen sie ein wenig mehr aufpassen, denn es gilt, auf einem schmalen, unbefestigten Pfad ein Schotterfeld zu überqueren. Hier strauchelt Connie und rutscht aus. Zum Glück ist es nicht mehr weit. Humpelnd kommt sie am Kloster Pandelimónas an, zieht ihren Stiefel aus und stellt fest, dass der schmerzende Knöchel angeschwollen ist.

»Verflixt. Das haben die komischen Unkenrufe des Bäckers heute früh heraufbeschworen. Ich weiß nicht, wie ich den Weg zurückgehen soll. Das tut verdammt weh. Und kein Auto, kein Mensch, nichts zu sehen.«

»Dann nehmen wir eben ein Taxi.« Anna zieht ihren Fotoapparat aus der Gürteltasche und scrollt durch ihre Aufnahmen.

»Da«, sagt sie, während sie das gesuchte Bild vergrößert. Ich habe die Infotafel am Touristenbüro fotografiert. Die Telefonnummer haben wir also.«

Wirklich keine Menschenseele weit und breit. Welch herrliche Ruhe!

Die Mönchszellen sind verschlossen, doch die Kirchentür lässt sich öffnen. Sie treten in den kühlen Raum und betrachten Ikonen und Holzschnitzereien der Altarwand. Während Connie schon wieder nach draußen auf den Klosterhof humpelt und das Taxi ruft, wandert Annas Blick hinauf zur Kuppel.

Der Tambour ist mit Fenstern durchsetzt, Licht fällt auf sie herab. Umgeben von Engelsköpfen blickt der *Pandokrátor*, der Weltenherrscher, mit zum Segen erhobener Hand auf sie nieder. Die lichtvolle Gestalt weit oben über dem düsteren Kirchenraum beeindruckt sie so stark, dass sie, obgleich sie in ihrer deutschen Alltagsexistenz nicht gläubig ist, eine Mischung aus Dank- und Bittgebet zu ihr emporschickt: Ein herrlicher Tag – doch hoffentlich hat sich Connie nicht ernsthaft am Bein verletzt.

Mit den Worten »Was machst du, bist du im Stehen eingeschlafen?« reißt Connie sie aus ihrer Andacht. »Das Taxi kommt sicher gleich.«

Noch schnell am Quellwasser erfrischt, das im Hof in ein Becken an der Wand strömt, und schon ist das Taxi samt Fahrerin und zwei Schweizer Touristen da. Die steigen aus, und Anna und Connie kriechen an ihrer statt ins Wageninnere.

Als sie den Gebirgszug umfahren haben und zur breiten Bucht an der Nordseite der Insel kommen, macht das Taxi plötzlich eine Vollbremsung.

Connies Oberkörper knallt aufs Armaturenbrett. Als hätte es nicht gereicht, dass sie sich vorhin den Knöchel verletzt hat! Connie reibt sich das Brustbein.

»Ágios Andónios«, schreien ein Mann und eine Frau vom Straßenrand durch das geöffnete Beifahrerfenster direkt in Connies Ohr. Dann reißt der Mann die hintere Tür auf, und die zwei drängen herein.

Nun wird es eng, denn hinten, wo Anna sitzt, sind eigentlich nur zwei Plätze.

Vergeblich fingert die dicke alte Frau, die zwischen ihrem korpulenten Mann und der schlanken, von ihr ans Fenster gedrückten Anna eingeklemmt ist, nach einem Sicherheitsgurt. Sie fummelt an Annas Gurt herum und richtet auf Russisch eine Frage an sie, die Anna nicht versteht. Ihr Schweißgeruch macht Anna ganz benommen. Als sie an die Kreuzung kommen, an der sie heute Morgen der Bus abgesetzt hat, biegt das Taxi nach links ab.

»Livádia! Wir wollen nach Livádia!«, ruft Connie, die in Erinnerung hat, dass es hier nicht nach links, sondern nach rechts weitergeht.

Die Fahrerin lässt sich nicht beirren. Sie macht einen kleinen Umweg zu der Fischersiedlung, um die zugestiegenen Fahrgäste abzusetzen.

Komisch, denkt sich Anna. Wir waren doch zuerst da. Na ja, wenigstens haben die bezahlt. Dann wird es wohl etwas billiger.

»*Poh, poh, poh!*«, imitiert sie den morgendlichen Ruf des Bäckers, während sie die Fensterscheibe herunterkurbelt, um die Ausdünstungen der zwei Mitfahrer entweichen zu lassen.

»Hör bloß auf mit deinem *poh, poh, poh!*. Das bringt Unglück.« Connie wirft ihr einen missmutigen Blick zu.

»Apropos, wie geht es eigentlich deinem Fuß?«

»Ich bin froh, wenn ich das Bein endlich hochlegen kann«, seufzt Connie.

Gemächlich rollt das Taxi in den Ort und kommt vor Elénis Pension zum Stehen.

»Fünfundzwanzig Euro«, nennt ihr die Fahrerin den Fahrpreis.

Fünfundzwanzig Euro? Connie blickt zum Taxameter. Der ist ausgeschaltet.

»Wieso läuft das Ding nicht?« Sie klopft auf den kleinen Kasten zwischen ihr und der Fahrerin. »Außerdem haben Sie ja noch weitere Fahrgäste mitgenommen. Die haben doch schon für die halbe Strecke bezahlt!«

Die Fahrerin kritzelt etwas auf einen Block und reicht Connie stumm die auf fünfundzwanzig Euro lautende Quittung.

Was ist diesmal schiefgelaufen?

Zunächst kamen Anna die Ausrufe des Bäckers komisch vor. Was hieß denn da *poh, poh, poh!*? Wozu rief er die Muttergottes an? Und was sollte die Antwort *bah* auf ihre Frage, ob es wohl regnen werde? So *bah* war das Wetter doch überhaupt nicht. Strahlender Sonnenschein den ganzen Tag lang. Irgendwie hatte sie noch immer das Gefühl, der weißhaarige Mann mit den verschmitzten braunen Augen würde sich über sie lustig machen. Und Connie vermutete gar, sein Stöhnen zöge das Unglück an. Nichts dergleichen.

Tatsächlich sollte sein *poh, poh, poh!* nur ausdrücken, dass er einen solchen Fußmarsch für eine beträchtliche Leistung hält. Vielleicht floss auch ein Stöhnen über seine eigenen Füße ein, die ihm schon schmerzten, wenn er nur an die zurückzulegende Distanz dachte.

Ähnliches gilt für seinen Anruf der Muttergottes, der *Panajía.* Nichts Ungewöhnliches. Die Heiligen sind stets präsent, und man lässt ihre Namen oft in die Rede einfließen. Selbst in Flüche werden sie gern eingebunden.

Das langgezogene *bah* des Bäckers auf die Frage, ob Regen zu erwarten sei, war in diesem Fall nur ein anderes Wort für *óchi* (nein), etwa in der Bedeutung von »Ach was!«.

Seine Abschiedsworte *sto kaló* schließen Abschied und gute Wünsche ein. Es sind die Worte, die in Griechenland oft auch eine mündliche Wegweisung abschließen. Es schwingt darin also weder Ironie mit noch der Gedanke, der Angesprochene habe etwas besonders Großes vor, zu dem er beglückwünscht werden muss, wie Anna vermutet hatte. Man wünscht sich in Griechenland alle Naselang Gesundheit und alles Gute, beispielsweise montags eine gute Woche, am Ersten eines Monats einen guten Monat und im August oder etwas später einen guten Winter.

Griechische Ausrufe

ájde!

»Los!« Oft ertönt der Ruf beim Tanzen. Er wird aber auch im Alltag häufig benutzt, um zum Aufbruch zu mahnen oder – mehrmals wiederholt, also *ájde, ájde, ájde!*, ähnlich unserem »hop, hop, hop!« – um jemanden zur Eile anzutreiben.

amán!

In dieses Wort lassen sich ganz unterschiedliche Empfindungen hineinlegen – es kommt auf die Betonung an. In erster Linie ist es ein Seufzer. Als solcher kommt es oft in Liedern des *rembétiko*-Stils und vor allem in Liebesliedern vor, die *amanédes* (Plural von *amanés*) genannt werden. Das Wort ist eine Kombination des türkischen Klagerufs *amán!* und des Worts *manes* für Liedchen. Der Ruf *amán!* kann aber auch genervte Ungeduld ausdrücken, wie etwa in dem Ausruf: *Amán, re Jánni, jatí?* (Mein Gott, Jánnis, warum denn?).

ánde!

Unterschiedliche Bedeutung, etwa: »Los!«, »So was!«, »Das kann doch nicht sein!« oder »Von wegen!«. Beispielsweise gebraucht in *ánde, grigora!* (Los, schnell!) oder *ánde palí avtós!* (Der schon wieder!). *Ánde (b)re!* bedeutet so viel wie »Was soll der Blödsinn!«.

ás(e) (to/ta)!

»Lass (das)!« Der Ausruf wird gebraucht, um jemandem zu sagen, er solle die Finger von etwas lassen. Man verwendet ihn aber auch gern im übertragenen Sinn, um »Vergiss es!« im Sinne von »Reden wir lieber nicht davon« auszudrücken.

bah!

»Ach (was)!« oder »Überhaupt nicht!«. Oft gebraucht im Sinne von »nein«, »Nicht der Rede wert«, »Glaube ich nicht« oder um Erstaunen auszudrücken, z. B. in *bah, telíoses kiólas* – »Ach, bist du schon fertig?«.

bravo!

»Stimmt!« / »Richtig!« / »Gut gemacht!«.

re! / vre! / bre!

»He (du)!« oder »Mensch!«. Obwohl man diesen Ruf oft in Griechenland hört, sollte man als Fremder nie jemanden so rufen. Denn es schwingt Geringschätzung und/oder Ungeduld mit. Oft wird das Wort auch in Sätze eingeflochten, wie z. B. *Éla, re Jánni!* (Mensch, komm schon, Jánnis!) oder *Re tin María!* (Also so was/Schau sie an, diese Maria!).

éla! / eláte!

»Komm!« bzw. »Kommt!«/»Kommen Sie!« oder »Ach!«. In dem oft gehörten Ausruf *Éla, Panajía mou!* – Ach, du meine Güte! (wörtlich: Komm, meine Muttergottes!)

ópa!

Freudenruf, Anfeuerung, Aufforderung zum Aufmerken oder zur Vorsicht in der Bedeutung von »Packen wir's!«, »Achtung!«, »Vorsicht!« oder »Hoppla!«. Was gemeint ist, merkt man an der Betonung. Oft hört man diesen Ruf, wenn Griechen zusammen tanzen, wo er nicht nur Anfeuerung ist, sondern auch das Zeichen, in eine andere Richtung oder Schrittfolge zu wechseln.

Panajía (mou)! / Panajítsa (mou)!

»(Meine kleine) Muttergottes!«. Meist wohnt diesem Ausruf nichts Dramatisches inne. In manchen Gesprächen fließt er in jeden zweiten Satz ein. *Panajítsa* ist eine Koseform, die gern statt *Panajía* gebraucht wird.

poh, poh, poh!

Eine Kette von kürzeren oder längeren *poh*-Lauten ist ein griechischer Allerweltsausruf. In ihn kann alles Mögliche hineingelegt werden, von Stöhnen und Staunen über Zweifel und Ungläubigkeit bis hin zu Scheu, Furcht und Angst oder Missbilligung und Tadel.

Connie und Anna wunderten und ärgerten sich außerdem über Preis und Umstände der Taxifahrt. Es ist in Griechenland üblich, dass Taxis unterwegs anhalten und andere Fahrgäste, die (in etwa) in die gleiche Richtung wollen, mitnehmen. Auch dass in solchen Fällen von jeder Fahrgastgruppe separat kassiert wird, ist üblich.

Was können Sie besser machen?

Stellen Sie sich im Gespräch mit Griechen auf deren emphatische Sprechweise und ihr locker sitzendes Grinsen und Lachen ein. Sie gebrauchen ihre Gesichtsmuskeln deutlich lieber und extremer als wir, um Emotionen auszudrücken. Eine ausgeprägte Mimik gehört ebenso zu einem lebhaften Gespräch wie zahlreiche Ausrufe und Seufzer. Manches davon ist für den Fremden gewöhnungsbedürftig.

Zu Beginn jeder Taxifahrt sollte man darauf achten, dass der Taxameter richtig läuft, oder vorher einen Preis für die Strecke vereinbaren. Auch das Studium der mancherorts am Hafen oder Hauptplatz ausgehängten Richtwerte für die Taxikosten zu den wichtigsten Zielen kann hilfreich sein. In manchen Fällen handelt es sich dabei um verbindliche Pauschalen, so wie für die Fahrt vom Flughafen Elefthérios Venizélos nach Athen und umgekehrt.

Der recht hohe Fahrpreis mag in diesem konkreten Fall daran gelegen haben, dass Connie das Taxi telefonisch bestellt hatte. Dafür ist ein Aufschlag fällig, weil die Anfahrt in der Regel mitberechnet wird. Letzteres blieb hier im Unklaren, schließlich kam das Taxi nicht als Leerfahrt an, sondern mit Touristen aus der Schweiz. Das wäre bereits bei der Bestellung des Taxis zu klären gewesen, genauso hätten Anna und Connie nach dem ungefähren Preis für die Fahrt fragen können. Eine anschließende Diskussion darüber ist für alle Parteien unangenehm, besonders wenn auch noch Sprachschwierigkeiten dazu kommen. So zahlten die beiden und ärgerten sich anschließend. So etwas geht nicht nur zu Lasten des Geldbeutels, sondern auch auf Kosten der heiteren Urlaubsstimmung.

Angst davor, übervorteilt zu werden, ist in größeren Städten und Touristenzentren nicht ganz ungerechtfertigt. Auf kleinen Inseln wie Tílos gibt es meist nur wenige Taxis, oft sogar nur eines. Die Fahrer sind ortsbekannt und haben einen guten Ruf zu verlieren, wenn sie überhöhte Preise kassieren.

Falls sich Anna durch die zwei zusätzlichen Personen auf der Rückbank behindert oder gar gefährdet fühlte, hätte sie deren Mitnahme nicht dulden müssen. Wenn Komfort und Sicherheit nicht beeinträchtigt werden, tut man hingegen gut daran, die übliche Mitnahme weiterer Fahrgäste zu akzeptieren, um nicht als Prinzipienreiter dazustehen. Manchmal handelt es sich auch einfach um eine Gefälligkeit Einheimischen gegenüber, der man nicht im Wege stehen sollte. Schließlich entspricht es dem ausgeprägten Sinn der Griechen für das Praktische, vorhandenen Platz nicht ungenutzt zu lassen.

Steigt man als kostenbewusster Fahrgast selbst einem bereits besetzten Taxi zu, so sollte man auch dann nach dem Preis fragen oder sich den Zählerstand merken, bei dem man eingestiegen ist. Ab dieser Zahl wird üblicherweise abgerechnet.

17 Bernd versteht nur Bahnhof

Von fernen Stimmen

Náxos, 19. September

Bernd ist froh über den Halbtagsjob in Pétros' kleinem Computerladen. Die Bezahlung ist zwar bescheiden, doch dafür hat Bernd Verständnis, denn besonders gut läuft der Laden nicht, so emsig und einfallsreich sich der rührige Pétros auch abmüht. Aber die Arbeit bringt Bernd mit vielen Leuten der Insel in Kontakt. Es war Pétros' fünfzehnjähriger Neffe, der ihm die Stelle vermittelt hat. Er ist einer der Nachhilfeschüler des kleinen Paukstudios, in dem Bernd zwei Nachmittage in der Woche jobbt – ein aufgeweckter Junge, der selbst viele Stunden im Laden seines Onkels verbringt, da er ein ausgemachter Computerfreak ist und sich gut mit dem Onkel versteht. Bernds Hauptarbeit besteht in der Reparatur von Computern und im Installieren von Software. Für den Kundenkontakt sind seine Griechischkenntnisse noch zu rudimentär. Doch sie werden von Tag zu Tag besser.

Heute lässt Pétros Bernd zum ersten Mal allein im Laden. So viel sei verraten: Es wird kein langweiliger Tag.

Als das Telefon zum ersten Mal klingelt, nimmt Bernd den Hörer ab und meldet sich mit dem gleichen Wort, das Pétros stets benutzt, wenn er sich am Geschäftstelefon meldet: »*Embrós.*«

»Du hast doch gesagt, der *chtístis* hat schon alles gerichtet, was kaputt war«, redet eine Männerstimme auf ihn ein. Einen Namen nennt der Anrufer nicht.

»Wie bitte? Wer ist denn da am Telefon?« Bernd muss sich höllisch konzentrieren, um überhaupt zu verstehen, was der Anrufer will. Pétros hat ihm einen Zettel neben das Telefon gelegt, damit er alle Anrufe für ihn notieren kann. Wäre ja ärgerlich, wenn ihm wegen Bernd ein Auftrag durch die Lappen ginge.

»Kennst du mich nicht mehr?«, ruft der Anrufer. »Gestern hattest du es so eilig, und heute bin ich bei der Arbeit.«

Herrje, was will der Mann? »Sie wollen sicher Pétros sprechen. Der ist heute Nachmittag ab eins wieder da.«

»Pétros? Ist das der *chtístis*?«

»Pétros ist der Besitzer.«

»Gehört dir das Haus nicht selbst?«

»Nein, ich arbeite nur hier.«

»Also, ich klopf den Putz jetzt einfach etwas ab und streiche drüber. Ist nicht schlimm. Die Stelle ist hinter dem Schrank. Kannst du später ja mal in Ruhe ausbessern.«

Und schon hat sein Gesprächspartner aufgelegt. Putz? Darüberstreichen? Langsam dämmert es Bernd. Der Anruf galt gar nicht Pétros. Das war sein Maler, Jórgos! Jetzt kommt Bernd auch die Stimme bekannt vor. Und er erinnert sich, dass er gestern, als er auf Jórgos' Anrufbeantworter gesprochen hat, ihm neben seiner Privatnummer auch die seines Arbeitgebers für einen Rückruf genannt hat. Den Haustürschlüssel hat Jórgos ja auch schon. Als Bernd zurückrufen und Jórgos das Missverständnis erklären will, betritt der erste Kunde den Laden, um einen reparierten Computer abzuholen. Na ja, auch egal. Soll Jórgos ruhig darüberstreichen. So groß kann der Schaden nicht sein.

Kaum hat der junge Mann den Laden mit seinem Rechner verlassen, läutet wieder das Telefon.

»*Embrós.*«

»Kannst du heute Nachmittag kommen? Athiná hat angerufen. Ihre Mutter ist gestürzt. Sie kann deshalb heute wahrscheinlich nicht kommen.«

»Pétros kommt um ein Uhr wieder.«

»Gut, kannst du um drei Uhr bei uns sein?«

»Von wo rufen Sie an?« Bernd hält Stift und Zettel gezückt.

»Vom Nachhilfestudio.«

»Ach, Sie meinen mich?«

»Wen soll ich denn sonst meinen?« Die Anruferin stöhnt sichtlich angestrengt.

»Ich dachte, meinen Chef, Pétros.«

»Wieso den denn? – Du, Bernd, ich muss auflegen. Also dann bis um drei. Danke, dass du einspringst.«

Nachhilfestudios

Die privaten, *frondistírio* genannten Paukstätten sind weit verbreitet und gut besucht. Eltern und Verwandte aus allen Einkommensschichten geben allmonatlich hohe Beträge dafür aus, dass die Kinder die schulischen Anforderungen bewältigen und gut auf die Panhellenische Prüfung vorbereitet sind. Durch deren Bestehen erlangen sie die Hochschulreife. Dass das allgemeine Schulsystem und dessen Lehrer ihre Kinder ausreichend auf diese Prüfung vorbereiten könnten, daran glauben viele Eltern nicht.

Beim nächsten Anruf fährt Bernd unwillkürlich zusammen. Er fühlt sich griechischen Telefonaten immer weniger gewachsen. Dabei lagen seine Fauxpas ja nicht einmal an der Sprache. Nur das Wort *chtístis* für Maurer hatte er nicht gleich verstanden, sondern für was auch immer gehalten. Das geht ihm alles zu schnell. Die fallen alle mit der Tür ins Haus, statt sich erst einmal ordentlich mit ihrem Namen zu melden.

Ob das nun wohl Alékos ist? Pétros hat ihm aufgetragen, Alékos zu fragen, ob der Preis für die Festplatte mit 500 Gigabyte in seinem neuen Angebot tatsächlich der gleiche sei wie für 300 Gigabyte. Wenn ja, solle Bernd das Angebot annehmen und um sofortige Lieferung bitten. Es sei dringend.

»*Embrós.*«

»*Íne o Pétros ekí?*« (Ist Pétros da?)

»*Pios íste?*« (Wer sind Sie?)

»*Pou íne o Pétros?*« (Wo ist Pétros?)

»*O kýrios Alékos?*« (Herr Alékos?«)

»*Pétros! O Pétros then íne ekí?*« (Pétros! Ist Pétros nicht da?)«

»*Óchi, tha érthi stís mía.*« (Nein, er kommt um eins.)«

»*Efcharistó.*« (Danke.)

Und der Anrufer hat aufgelegt. Perplex starrt Bernd aufs Telefon. Ob das nun Alékos war? Wenn ja, dann hat er es vermasselt. Aber was hätte er anders machen sollen? Der Kerl wollte einfach nicht sagen, wer er ist! Um halb zwei wird Bernd langsam ungeduldig, denn Pétros ist immer noch nicht da. Um drei muss Bernd im Nachhilfestudio sein, doch zuvor will er unbedingt noch zu Hause vorbeischauen, was der Maler macht, und etwas Kleines essen. Bernd ruft seinen Chef auf dem Handy an.

»Bin schon unterwegs. In fünf Minuten bin ich im Laden. Kannst du so lange noch warten?«

Fünfzehn Minuten später kommt Pétros schließlich zur Tür herein.

Sofort will er wissen, ob Alékos angerufen hat und ob es mit der Lieferung morgen klappt. Bernd verneint, zögert dann und sagt schließlich, dass ein Gespräch eingegangen sei. Der Anrufer habe nach ihm, Pétros, gefragt, aber ob es Alékos gewesen sei, könne er nicht sagen. Er habe sich nicht mit Namen gemeldet.

»Du kennst Alékos doch! Du warst doch schon oft da, wenn er mit seiner Lieferung kam.«

»Aber seine Stimme kenne ich nicht.«

Für diese Äußerung erntet Bernd einen entgeisterten Blick seines Bosses.

»Jedenfalls habe ich ihn am Telefon nicht erkannt«, druckst er herum. »Vielleicht war er es ja auch gar nicht.«

»Seitdem du weißt, dass deine Frau bald kommt, ist nichts mehr mit dir anzufangen, *malάka*. Also wirklich! Hast du so einen Bammel vor ihr, dass du langsam durchdrehst?«

Maláka

Eine Anrede, die man häufig hört. Mal klingt sie vertraulich, freundlich, fast zärtlich, wenn jemand seinen Kumpel mit *Re maláka, ti kánis?* (Mensch, du Weichei, wie geht es dir?) begrüßt und ihm dabei auf die Schulter klopft. Mal wird das Wort wutentbrannt ausgestoßen. Was hat es also damit auf sich? Tatsächlich ist es ein übles Schimpfwort, das – es lässt sich nicht beschönigen – »Wichser« bedeutet. Durch exzessiven Gebrauch hat es sich jedoch abgeschliffen. Kleinen Jungen im Vorschulalter geht es locker von der Lippe, und auch aus dem Mund von Mädchen und Frauen hört man es zuweilen. Unter Freunden wird es in der ungefähren Bedeutung von »Na, du alter Gauner« oder »Du Blödmann« gebraucht. Der Ton macht also die Musik. Als Fremder sollte man es besser nicht in den Mund nehmen. Da man sicher nicht die richtige Nuance trifft, würde es beleidigend wirken. Davon abgeleitet bedeutet *malakía* »Mist« oder »Blödsinn«.

Bernd bekommt einen roten Kopf und schaut, dass er aus dem Laden kommt.

In dem Moment, als er nach draußen tritt, klingelt sein Handy. Als er es aus der Jackentasche zieht, fällt sein Schlüsselbund neben die Treppe. Er steigt die Stufen hinab, bückt sich und sieht sich suchend um, während er den Anruf annimmt. Als er sich wieder aufrichtet, blickt er an einem schwarzen Talar hoch. Der Pfarrer steht vor ihm.

»Guten Morgen Bernd, ist der Laptop bei dem Test gut gelaufen?«

Bernd gibt ihm ein kurzes Zeichen, dass alles bestens ist, während er seinen Satz am Handy zu Ende spricht. Dann beeilt er sich aufzulegen und den Pfarrer zu begrüßen. Da ist der Geistliche aber bereits die Stufen hinaufgestiegen und verschwindet mit wehendem Talar im Ladeninneren.

Was ist diesmal schiefgelaufen?

Was Bernd zum Verhängnis wurde, ist, dass sich weder die Anrufer noch er selbst durch ihren Namen zu erkennen gaben. In Griechenland ist das nichts Ungewöhnliches, obwohl Empfehlungen und Anweisungen in Unternehmen und Institutionen oft anders lauten und internationalen Gepflogenheiten entsprechen. Unwillkürlich hatte sich Bernd diesem stets bei seinem Chef beobachteten Verhalten angepasst und sich nur mit dem Wort *embrós* gemeldet. Das entspricht unserem »hallo«. Manchmal sagt sein Boss stattdessen auch *oríste* (bitte) oder einfach nur *ne* (ja). Nie aber nennt er den Namen seines Ladens oder den eigenen. Andererseits nennt auch kaum ein Anrufer seinen Namen, sondern legt gleich los mit dem, was er zu sagen hat. Dieses Verhalten ist den meisten so in Fleisch und Blut übergegangen, dass es für sie völlig unerwartet kommt, wenn plötzlich jemand nach ihrem Namen fragt oder den eigenen nennt. Folglich ignorieren sie die Frage oder beziehen sie auf etwas anderes.

So ignorierte in dem dritten der eingegangenen Anrufe der Anrufer die Frage »Wer sind Sie?«. Als Bernd ihn daraufhin fragte: »Herr Alékos?«, verstand der das nicht als Frage, ob er

Herr Alékos sei, sondern dachte, Bernd wolle wissen, ob er Alékos sprechen möchte. Auch falls der Anrufer selbst Alékos hieß, kam ihm die Frage, ob er einen anderen gleichen Namens sprechen wolle, natürlicher vor als die nach seinem eigenen Namen, zumal der Name Alékos als Kurzform für Aléxandros recht verbreitet ist.

Für Griechen scheint es selbstverständlich, sich neben Namen und Aussehen einer Person auch deren Stimme zu merken. Das Gleiche erwarten sie von ihrem Gesprächspartner. So war der Maler Jórgos baff erstaunt, dass Bernd ihn nicht am Telefon erkannte. Auch die Kollegin, die aus dem Nachhilfestudio anrief, erkannte natürlich gleich Bernds Stimme. Dass er im Gegenzug ihre nicht erkannte, war etwas, womit sie überhaupt nicht gerechnet hatte. Stimmen sind ein wesentlicher Teil der Persönlichkeit, man macht ja auch üppig von ihnen Gebrauch. Man genießt das Gespräch von Mensch zu Mensch und nimmt sich viel Zeit dafür. Ist notgedrungen die Technik zwischengeschaltet, spürt man das Defizit und ist oft merkwürdig kurz angebunden. So landeten die Telefonhörer von Bernds Gesprächspartnern ziemlich abrupt wieder auf der Gabel, bevor er die Chance zur Klärung bekam.

Was können Sie besser machen?

Es führt wohl kein Weg daran vorbei, sich selbst neben Namen und Aussehen auch die Stimmen seiner Kontakte einzuprägen, sodass man sie beim Telefonieren abrufbereit hat. Was nicht immer ganz einfach ist, da sich Stimmen in einer für uns fremden Sprache erst einmal ähnlicher anhören als Stimmen von Deutschsprechenden, insbesondere wenn wir parallel mit dem Verstehen des Inhalts beschäftigt sind. Doch kennt man sie nicht, so kann das nicht nur ein Gespräch verkomplizieren, sondern auch an einer Freundschaft kratzen. Denn das wird als so selbstverständlich vorausgesetzt, dass mancher beleidigt reagiert, wenn er nicht an der Stimme erkannt wird.

18 Die Finger im Spiel

Von Körpersprache und Kungelei

Náxos, 20. September

Am nächsten Morgen im Computerladen. Zaghaft öffnet Bernd die Ladentür. Er fürchtet, sein Boss habe noch ein Wörtchen mit ihm zu reden über seine gestrige Ungeschicklichkeit am Telefon. Ob deshalb tatsächlich der wichtige Liefertermin geplatzt ist? Stattdessen erwidert Pétros seinen kleinlauten Morgengruß prompt mit der Frage: »Was hast du eigentlich zum Pfarrer gesagt?«

Zum Pfarrer? Warum das denn? Bernd grübelt, während er sich bückt und den Computer einschaltet. Getroffen hat er ihn gestern vor dem Geschäft, allerdings ohne mit ihm geredet zu haben.

»Sag schon!«, insistiert Pétros. Sein runder, von kräftigem schwarzem Haar umgebener Kopf bebt – eine Art Zittern zuerst, dann ein Anflug von kleinen kreisenden Bewegungen.

»Gar nichts, warum?«, stößt Bernd schließlich kaum hörbar hervor.

»Weil er meinte, du seiest ein Lümmel.«

Bernd ist perplex. »Keine Ahnung. Er stand plötzlich in seinem schwarzen Talar vor mir, als ich mich nach meinem runtergefallenen Schlüsselbund gebückt habe.«

Mit stechendem Blick bohrt Pétros weiter: »Hast du ihn nicht gegrüßt?«

»Doch, doch, habe ich.« Bernd macht seinen oberen Hemdknopf auf. Er spürt, wie sein Chef ihn fixiert und wie gleichzeitig dessen Zeigefinger auf ihn zukommt. »Hätte ich ihm die Hand küssen müssen?«, schiebt Bernd verunsichert nach.

»Nein, das hat er wohl nicht erwartet. Hat er etwas zu dir gesagt?« Wieder hält Pétros Bernd die offene Hand mit ausgestrecktem Zeigefinger entgegen, so als wollte er mit dem Finger eine Antwort aus ihm herauskitzeln und seine Worte sodann im Hohl der Hand auffangen, damit auch ja keines davon verloren ginge.

»Er hat mich gefragt, ob sein Laptop wieder läuft.«

»Und du hast nichts gesagt? Du musst ihm doch etwas geantwortet haben.«

»Nein, also, doch. Ich hab ihm eigentlich nur zu verstehen geben, dass alles okay mit seinem Laptop ist. Ich war gerade am Handy im Gespräch.«

»Und wie hast du ihm das zu verstehen gegeben? Mein Gott, Bernd, lass dir doch nicht alles aus der Nase ziehen!« Immer näher rückt Pétros' bebender Kopf an sein Gesicht, bis seine Nase keine zwanzig Zentimeter mehr von Bernds entfernt ist.

»Herrje, lass mich mal überlegen. Ich hab ihm ein Zeichen gegeben. Okay halt, in Ordnung, ein O.«

»Mach mal!«

Bernd hebt die rechte Hand und formt mit Daumen und Zeigefinger einen Kreis.

Sein Chef sieht ihn entgeistert an. »*Okay* soll das heißen? Das steht für ganz was anderes!«

In diesem Moment tritt ein schlanker junger Mann im dunkelblauen Sakko und hellblauen Hemd durch die Tür. Pétros grüßt ihn ausnehmend höflich und sieht ihn erwartungsvoll an. Bernd erkennt den Besucher sofort: Es handelt sich um den Angestellten des vielversprechenden neuen Kunden. Pétros hat ihm ein Angebot für die Einrichtung einer umfangreichen Website gemacht. Da es sich um eine neue Sparte seines Geschäfts handelt, hat er sich besonders reingekniet und sämtliche Leistungen zu einem außerordentlich guten Preis angeboten.

»Wird leider nichts«, muss er gleich in einem Atemzug mit dem Morgengruß hören.

Pétros' Kinn sackt nach unten, sodass sein Mund aufklappt. Es dauert eine Weile, bis daraus die Frage kommt: »Hat das Angebot Ihren Chef nicht überzeugt?«

Verlegen nimmt der junge Mann eine der in Klarsichtfolie eingeschweißten Computermäuse aus dem Regal und dreht sie hin und her.

»Das Konzept hat ihm sehr gut gefallen, mir selbst übrigens auch. Aber er hat den Auftrag bereits anderweitig vergeben. Tut mir leid.«

»Liegt es an den Konditionen?«, will Pétros wissen und schiebt, ohne die Antwort abzuwarten, nach: »Darüber lässt sich reden.«

Der junge Mann legt die Maus zurück auf ihren Platz, während er die Augenbrauen so weit hochzieht, dass sich seine sonst glatte Stirn in Falten wie schwingende Möwenflügel legt. Dabei hebt er die Schultern bis zu den Ohren, richtet seine halb geöffneten Handflächen himmelwärts und dreht sie langsam hin und her, während er laut ein- und ausatmet. Himmel, denkt Bernd, was hat der denn? Nicht dass er gleich hyperventiliert!

Auch Pétros scheint sich Sorgen um seinen Besucher zu machen und bietet ihm einen Stuhl an. »Kann ich Ihnen etwas zu trinken anbieten? Einen Whisky?«

Mit wiederum leicht angehobenen Augenbrauen bei gleichzeitig hochschnellendem Kinn, während sich der Kopf in den Nacken legt, verneint der Gefragte. Das kennt Bernd schon, auch wenn er im ersten Augenblick immer noch denkt, dass der andere ein deutliches Ja nickt. Sein Nachbar Sotíris pflegt dabei meist noch mit der Zunge zu schnalzen.

»Ein Glas Orangensaft? Etwas Süßes, ein Glas Wasser?«

»Nein, vielen Dank«, begleitet von einer Wiederholung der gleichen Geste.

Pétros holt Luft und versucht es noch einmal. »Das Konzept kann ganz den Wünschen Ihrer Firma angepasst werden. Alles ist sehr flexibel. Beim Design sind ebenso jede Menge an Variationen möglich. Darf ich Ihrer Abteilung das vielleicht einmal in Ihrem Haus zeigen? Dann lässt sich sicher klären, was Ihre Firma gern anders hätte, was vielleicht noch fehlt.«

»Das hat schon alles gut gepasst so. Wirklich sehr schön. Aber die Entscheidung ist bereits gefallen. Da kann man nichts machen.«

Wieder hebt der junge Mann die Schultern und die nach oben geöffneten Handflächen. Dann kippt er die Handflächen nach unten, breitet die Hände vor sich aus und reibt mit betretener Miene seine Zeigefinger aneinander. Wenn Bernd ihn noch nicht hätte sprechen hören, würde er sich ernsthaft überlegen, ob er taubstumm ist. Vielleicht spricht er ja zu Hause regelmäßig mit einem gehörlosen Verwandten und hat sich eine etwas seltsame Mischform der Kommunikation angeeignet. Bernd versucht einen Blick von Pétros zu erhaschen. Der scheint allerdings ganz anderes im Kopf zu haben als die reibenden Zeigefinger seines Gegenübers.

Als der Überbringer der schlechten Nachricht gegangen ist, fragt Bernd seinen Chef, ob er einen Kaffee wolle. Wie erwartet bejaht Pétros. Denn wie Bernd schon oft beobachtet hat, spült sein Boss Kummer und Sorgen am liebsten mit Kaffee herunter.

Was ist diesmal schiefgelaufen?

Mit dem Kreis, zu dem Bernd Daumen und Zeigefinger seiner rechten Hand schloss, hat er eine sexuelle Anspielung gemacht, die natürlich nicht gut bei dem Pfarrer ankam. Sich keiner Schuld bewusst fragte sich Bernd, in welches Fettnäpfchen er wohl getreten sei. Hätte er dem Geistlichen die Hand küssen sollen, wie er es oft beobachtet hat? Nein, das ist eine Geste unter orthodoxen Gläubigen, die er nicht zu imitieren braucht. So etwas wirkt aufgesetzt und falsch, wenn es keinem natürlichen Impuls entspringt. Das Fettnäpfchen lauerte ganz klar bei seiner Geste. Die wird in Griechenland allenfalls von Tauchern und Piloten in dem von Bernd gedachten Sinn eines »Geht in Ordnung« gebraucht. Für ein griechisches Okay bildet man mit der rechten Hand eine Faust und streckt den Daumen in die Höhe, eine Geste, die auch in unseren Breiten nicht unbekannt ist: Daumen hoch! Freilich auch nicht gerade höflich einer Respektperson gegenüber, aber zumindest nicht anstößig.

Und der Kunde? Der hat nicht etwa hyperventiliert oder sich der Gehörlosensprache bedient. In Griechenland sind die Gesten einfach ausgeprägter, und Bernd ist sicherlich nicht der Einzige, der sich wundert. Die nach oben gerichteten, sich hin- und herdrehenden Handflächen haben je nach Situation eine etwas unterschiedliche Bedeutung. Sind es die Handflächen von Sotíris' Frau María, Bernds Nachbarin, so haben sie immer etwas Fragendes, Erstauntes. Manchmal fragt sie ihn auf diese Weise, wie es ihm geht, wie ihm etwas gelungen ist oder warum etwas nicht so geklappt hat wie vorgestellt. Bei dem Herrn im Computerladen schien eher Hilflosigkeit mitzuschwingen, vielleicht Befremden über die Entscheidung seines Chefs.

Die nebeneinandergelegten und aneinandergeriebenen Zeigefinger beider Hände signalisieren, dass Beziehungen im Spiel sind. Hier ging es um Beziehungen, die eine Rolle für die Auftragsvergabe spielten. Eine Kungelei, der man oft begegnet.

Vetternwirtschaft

Persönliche Beziehungen spielen oft eine große Rolle bei der Vergabe von Aufträgen und Positionen. Das ist zunächst einmal eine ganz natürliche Sache. Jemandem, den man kennt oder den zumindest jemand kennt, den man kennt, vertraut man eher als einem Fremden. Zudem sind die Menschen in Griechenland in ein enges Netzwerk aus Familie, Verwandten und Freunden eingebunden, für das der Einzelne Fürsorge in kleinen und großen Dingen walten lässt. Dazu gehört auch, dass man sich gegenseitig empfiehlt und bei Geschäften und der Vergabe von Arbeitsstellen berücksichtigt. Das alles gehört elementar zum Alltag, sodass man sich kaum daran stößt. Reibt man die Finger aneinander, will man sagen, dass man weiß, was da läuft.

Im privatwirtschaftlichen Sektor hat die Günstlings- und Vetternwirtschaft nicht den gleichen negativen Beigeschmack wie bei uns, obwohl sich allmählich das Bewusstsein durchsetzt, dass allein – oder doch zumindest vorrangig – die Leistung zählen sollte und nicht eine *rusféti* genannte Gefälligkeit. Stärker ins Visier der Kritik geraten zunehmend große Unternehmen, wenn es um wichtige Positionen oder gar um öffentliche Ämter geht.

Beziehungen können außerdem eine Rolle bei Entscheidungen wie der Erteilung von Genehmigungen und der Einräumung von Krediten spielen. Wer über *mésa* (Mittel), wie man Beziehungen nennt, verfügt, ist fein raus, wem sie fehlen, ein armer Hund.

Mit dem Schlagwort *kátharsis* (Läuterung) will die Politik der Kungelei den Garaus machen. Die Wirtschaftskrise hat das Land tief erschüttert, viele müssen sich mit Einschnitten abfinden,

Privilegien wurden abgeschafft, nichts scheint mehr sicher. Durch die Abhängigkeit von ausländischer Unterstützung gerät das Land verstärkt in den Blickpunkt der europäischen Öffentlichkeit. Man beginnt, die eigenen Praktiken kritisch unter die Lupe zu nehmen und mit den Verhältnissen in anderen Ländern abzugleichen. Ob das einen Einfluss auf die Kungelei hat, bleibt abzuwarten.

Was können Sie besser machen?

Obwohl die ausgeprägte Gestik und Mimik der Griechen anregend und ansteckend wirkt, sollte man als Fremder vorsichtig damit umgehen. Rechnen Sie immer damit, dass alle Zeichen, die Sie mit Ihren Fingern machen, eine völlig andere Bedeutung haben, als Sie meinen, und dass auch Ihre Mimik falsch verstanden werden kann. Hier lauern massenweise gut gefüllte Fettnäpfe, allein weil das Feld sehr komplex und Gesten zudem situationsgebunden sind. Vieles, was unter Freunden tolerierbar ist, kann von einem Außenstehenden gebraucht obszön oder beleidigend wirken, vor allem wenn er nicht die richtige Nuance trifft.

Das Gestenrepertoire ist unerschöpflich und wird fantasievoll ausgeschmückt, kombiniert und variiert. Es ist faszinierend zu beobachten. Ergründen und beherrschen werden wir es nie vollständig. Im Anhang dieses Buches findet sich im Kapitel »Griechische Körpersprache« der zaghafte Versuch eines Überblicks über gebräuchliche Gesten (ab S. 262).

19 Bernd macht sich unbeliebt

Von Debatten und wunden Punkten

Náxos, 21. September

Seit er vormittags im Computerladen arbeitet, hat Bernd die griechische Art zu frühstücken für sich entdeckt. Statt sich zu Hause einen Toast und Tee zu machen, bestellt er sich in einem kleinen Café auf dem Weg zur Arbeit einen Kaffee und lässt den Tag langsam anklingen. Essen wird er erst später im Laden etwas – eine *bugátsa* (Blätterteiggebäck mit Cremefüllung), die er sich vom Bäcker mitnimmt.

Mittlerweile kennt er die Stammgäste vom Sehen. Die zwei weißhaarigen Männer im Eck, die Zeitung lesen und über das Gelesene diskutieren. Drei junge Arbeiter, die im Stehen ihren Kaffee schlürfen. Eine Gruppe Albaner, die an einem der kleinen Tische auf dem Gehsteig wartet, bis sie ein Auto abholt. Eine junge Frau, die sich stets mit der Kellnerin unterhält. Und Márkos und Níkos, die Einzigen unter den Gästen, mit denen er ab und zu ins Gespräch kommt, wenn sie nicht gerade heftig debattieren, was sie meistens tun. Beide sprechen etwas Deutsch.

Heute sitzt Márkos noch allein am Stammtisch der beiden. Zum ersten Mal in all den Wochen winkt er Bernd heran und ruft fröhlich: »Setz dich!«, während er auf den freien Platz neben sich deutet.

Früher haben sie sich, wenn überhaupt, von Tisch zu Tisch unterhalten, doch heute hat Márkos offenbar gesehen, dass sich Bernd nach einem freien Platz umblickte, weil sein Stammplatz gleich links neben der Tür diesmal ganz überraschend von zwei englischen Touristinnen besetzt war.

»Schon wieder ein Generalstreik«, sagt Márkos und legt seine Zeitung beiseite. »Während der Touristensaison haben sie sich zurückgehalten, sonst bleiben die Touristen auch noch weg. Jetzt geht's wieder los mit den Streiks. Aber, recht haben die! So kann es nicht weitergehen in diesem Land. Mein Sohn hat immer noch keine Stelle gefunden!«

Bernd nickt. Er kennt die Geschichte. Márkos' 28-jähriger Sohn hat seit vier Jahren einen guten Abschluss als Maschinenbauingenieur in der Tasche, bei unzähligen Unternehmen hat er sich beworben. Ein halbes Jahr hat er zu einem Hungerlohn bei einem kleinen Start-up in Athen gearbeitet. Dann ging die Firma pleite. Wieder Stellensuche.

Bernd nimmt einen Schluck von dem Wasser, das ihm die Kellnerin stets zum Kaffee reicht, bevor er Márkos fragt: »Es gibt wohl viele Arbeitslose in Griechenland?«,

Márkos nippt an seinem Kaffee. »Ja, und die, die Arbeit haben, verdienen immer weniger und zahlen immer höhere Steuern. Schuld sind die Banken und die Politiker, klar. Die sind auch schuld an der Krise. Man kann sich abmühen, so viel man will. Es nützt alles nichts. Die Dinge sind schwierig.«

»Und was ist mit der Korruption?«, will Bernd wissen.

»Ja, auch das ist ein Übel. Alle wollen Geld sehen. Nur wie? Niemand hat mehr Geld.«

»Gut, dass die EU nicht nur mit Krediten, sondern auch mit Ratschlägen hilft.«

Márkos lacht auf. »Den Rat brauchen wir nicht. Glaubst du, eure Merkel weiß, was gut für Griechenland ist?«

Bernd rutscht ungemütlich auf seinem Stuhl hin und her. »Na ja, es wird doch Zeit, dass das mit der Korruption ein Ende nimmt.«

»Daran wird die EU-Kommission auch nichts ändern!«

Die beiden Touristinnen am Tisch neben der Tür drehen sich zu ihnen um, denn Márkos' Stimme schallt immer lauter durch den Raum. Dann richten sie ihre Aufmerksamkeit jedoch auf die zwei Weißhaarigen, die ganz hinten in der Ecke unter dem Verbotsschild mit der durchgestrichenen Zigarette sitzen und qualmen. Prompt rufen sie die Kellnerin herbei, ernten aber nicht mehr als ein Achselzucken. Die zwei alten Stammgäste rauchen unbehelligt weiter – wie jeden Tag.

Bernd beobachtet die Szene amüsiert. Das Verbotsschild ist ihm auch schon aufgefallen. Eine Rarität in griechischen Lokalen. Dabei gilt doch in letzter Zeit auch hier ein Rauchverbot in öffentlichen Gebäuden und Gaststätten. Ganz so schlimm wie früher ist der Qualm tatsächlich nicht mehr, aber von einer strikten Einhaltung des Verbots kann keine Rede sein. Doch das interessiert Bernd jetzt weniger als die allgemeine Lage und Stimmung im Land. Er knüpft an den Faden seines Gesprächs mit Márkos an: »Ist Griechenland nicht froh, in der EU zu sein?«

»Klar, wir gehören zu Europa. Aber wie unser Land regiert wird, bestimmen wir immer noch selbst!«

Als Márkos sich immer mehr in Rage redet, kommt Níkos zur Tür herein, grüßt und setzt sich zu den beiden an den Tisch. Ein griechischer Wortschwall, in den sich bald auch die beiden Zeitungsleser im Eck einmischen, setzt sich in Gang. Wütende Augen richten sich auf Bernd, dessen Griechisch nicht ausreicht, um zu verstehen, was gesagt wird, zumal sich nicht nur Lautstärke, sondern auch Geschwindigkeit der sich gegenseitig übertönenden Diskussionsbeiträge laufend steigern.

Níkos versucht es ihm zu erklären: »Deutsche denken, Griechen seien korrupt und faul. Das ist nicht wahr.«

Oje, wie kommt der denn jetzt auf so was? Na gut, korrupt sind einige, das ist richtig, aber faul? Was soll Bernd nun darauf sagen? Einige peinliche Artikel in deutschen Zeitungen und Zeitschriften, die man so deuten könnte, kommen ihm in den Sinn. Er hat sich selbst darüber geärgert, schließlich mag er ja die Griechen und Griechenland. Ganz offensichtlich. Was kann er denn dafür, was manche Medien schreiben?

»Nein, nein. Das ist nicht wahr. Das denke ich nicht und andere auch nicht«, beeilt er sich zu sagen.

Wieder geht ein griechischer Wortschwall los, der Bernd die Schamesröte ins Gesicht treibt. Er weiß einfach nichts mehr zu sagen. Mit einem Blick auf die Uhr wirft er ein: »Ich muss jetzt zur Arbeit«, und ruft die Kellnerin.

»Lass das! Geh! Ich spendier dir den Kaffee«, sagt Márkos.

Doch das will Bernd nicht annehmen. Er geht an die Theke und zahlt, bevor er mit rotem Kopf eilig das Lokal verlässt.

Was ist diesmal schiefgelaufen?

Politik ist ein Thema, das immer wieder hitzige Debatten auslöst. Nachrichten im Fernsehen, im Radio und in den Printmedien werden eifrig konsumiert und diskutiert. Begierig liest man die Schlagzeilen an den vielen Zeitungskiosken und spricht darüber im Café oder direkt mit dem Kioskbetreiber und anderen Passanten, die sich am *períptero* mit Nachrichten und handfesteren Gütern eindecken.

Períptero – der Kiosk

Der *períptero* genannte Kiosk ist eine typische Erscheinung im griechischen Straßenbild. »Ringsbeflügelt« bedeutet sein Name wörtlich, den er mit dem antiken Ringhallen- oder Peripteraltempel teilt. An der Rückseite der kleinen Holzhütte befindet sich eine Tür, durch die der Betreiber sein winziges Reich betritt. Meist hat der Kiosk ringsherum Fenster, durch die Ware und Geld gereicht werden – seine »Flügel«. Während der Grundriss der Bude winzig ist, sorgen auf dem angrenzenden öffentlichen Verkehrsraum aufgestellte Regale, Kühlschränke und -truhen sowie Markisen für beträchtliche Erweiterungen. Die Lizenzen zum Betrieb werden bevorzugt an Kriegsversehrte sowie an Behinderte und anderweitig Bedürftige vergeben.

Ein *períptero* ist zumeist auch außerhalb der üblichen Geschäftszeiten, manchmal (fast) rund um die Uhr, geöffnet. Zum Standardangebot gehören Zeitungen, Tabak, Zigaretten, Knabberzeug, Getränke und Telefonkarten. Was es darüber hinaus zu erstehen gibt, hängt ganz vom Inhaber und seinen Stammkunden ab. Das kann von Nylonstrümpfen über Kondome, Rasierzeug und Shampoo bis hin zu Lesebrillen, Spielzeug und kleinen Haushaltsartikeln reichen.

Jeglicher Autorität wird in Griechenland zunächst einmal mit Argwohn begegnet, ob sie nun in Form eines Polizisten oder eben der Regierung daherkommen mag. Die persönliche Freiheit steht über allem. Alles, was sie in irgendeiner Form einschränken will, ist äußerst suspekt. Vorschriften lässt man sich von niemandem gern machen. Entsprechend schwer bis unmöglich lassen sich im Land der Hellenen auch Verbote wie das Rauchverbot durchsetzen. Und nun wollen einem gar Nichtgriechen Vorschriften machen. Das schlägt doch dem Fass den Boden aus!

Dem stemmen sich nämlich gleich zwei Dinge entgegen. Die Widerborstigkeit gegenüber Autoritäten und Reglementierungen einerseits sowie der ausgeprägte Patriotismus andererseits. Da hat Bernd seinen Finger gleich in mehrere Wunden gelegt. Die zur Bewältigung der Wirtschaftskrise beschlossenen Sparprogramme der Regierung treffen viele hart in ihrer Existenz und geben Anlass zu Protesten und Streiks. Dabei trifft es die freiheitsliebenden Griechen besonders hart, dass damit vielfach Forderungen erfüllt werden, die von außen an das Land herangetragen werden, Bedingungen, die von der EU-Kommission, dem Internationalen Währungsfonds und der Europäischen Zentralbank an Hilfeleistungen für das krisengeschüttelte Land geknüpft sind.

Wenn man ohnehin schon dabei ist, sich über Einschnitte und Probleme zu erbosen, erbost man sich in hitziger Runde darüber ganz besonders. Und da fällt einem natürlich gleich alles ein, was einem am Umgang des Auslands mit der eigenen Krise als unrecht erscheint. So zum Beispiel Zeitungsartikel, in denen der Fehler für die gegenwärtige Lage nicht nur beim politisch-wirtschaftlichen System, sondern auch in der Mentalität der Griechen gesucht wird. Vieles davon kocht in einem solchen Gespräch unter Stammgästen eines Lokals hoch. Auch wenn Bernd nichts dafür kann, was die Zeitungen seines Landes schreiben, wird es ihm als Deutschen in einem solchen Moment vorgehalten. So sind Stammtischgespräche nun einmal. Sie sind nicht gerade von nüchterner Sachlichkeit geprägt – in Griechenland ebenso wenig wie in anderen Ländern.

Doch braucht man sich von solch hitzigen Diskussionen nicht einschüchtern zu lassen. Sie scheinen oft wütender und aggressiver, als sie wirklich sind. Meist lassen sich die Wogen leicht wieder glätten. Das zeigt auch Márkos' Angebot, Bernd, mit dem er gerade noch heftig debattiert hat, auf einen Kaffee einzuladen. Was hier schieflief, war, dass Bernd die Einladung nicht annahm. Solche spontanen Angebote, die Zeche zu zahlen, sind Bernd aus seiner Heimat nicht so vertraut, sodass er falsch reagierte, genau wie seine Frau auf ihrer Reise. Wahrscheinlich war es Bernd unangenehm, nach dem Motto: Erst ziehe ich den Ärger der Stammgäste auf mich, und dann sollen sie auch noch für mich zahlen.

Was können Sie besser machen?

Bernd hätte das heikle Thema lieber umschiffen sollen. Verständlich, dass er zu Themen wie der Korruption, mit der das Land zu kämpfen hat, gern eine persönliche Meinung von Betroffenen hören möchte. Verständlich auch, dass er ganz ungezwungen seine eigene Meinung darüber äußert, wie dem zu seiner Wahlheimat erkorenen Griechenland wohl am besten zu helfen sei. Aber gerade die Einmischung von außen ist ein wunder Punkt, an den man als Fremder lieber nicht rühren sollte, besonders wenn ersichtlich ist, dass der Gesprächspartner im Moment ohnehin auf dem besten Wege ist, sich in Rage zu reden.

Wie sich nun aber aus der Affäre ziehen, wenn man schon mal ins Fettnäpfchen getreten ist und etwas gesagt hat, das wohl kaum ein Grieche gern hört? Einfach das Gespräch möglichst abrupt abzubrechen, wie Bernd es tat, ist eine schlechte Wahl. Besser ist es, geduldig richtigzustellen, was vielleicht in ein schiefes Licht geraten sein mag, abzuwiegeln und die Unterhaltung wieder in unverfänglichere Bahnen zu lenken.

Ein Affront war schließlich, dass Bernd unbedingt seinen Kaffee selbst zahlen wollte. Er hätte die Einladung ruhig annehmen können, ja, sollen. Das nächste Mal zahlt eben Bernd. Solche kleinen Einladungen sind völlig üblich. Márkos hatte Bernd schließlich an seinen Tisch gerufen, und in den Augen vieler gilt das bereits als stilles Einvernehmen, dass Márkos auch die Zeche übernimmt. Bernd hätte sich darüber freuen und dankend annehmen sollen, war das Angebot von Márkos doch ein Zeichen dafür, dass sie trotz unterschiedlicher Meinung und hitziger Diskussion nicht im Streit auseinandergehen.

Was hätte noch schiefer laufen können?

Fast alle politischen Diskussionen eignen sich als Fettnäpfchen. Ein besonders aktuelles mag die Wirtschaftskrise und die Einflussnahme des Auslands auf die Maßnahmen zu deren Bewältigung sein. Ein besonders ergiebiges ist stets alles, was mit der Türkei zu tun hat.

Umso mehr sollte man sich hüten, für die Türkei das Wort zu ergreifen, wenn die Diskussion auf das Land, seine Politik oder seine Menschen kommt. Nicht dass gegenwärtig eine offene Feindschaft zwischen Griechenland und der Türkei bestünde. Es findet ein kultureller Austausch statt. (Im Bestreben um Völkerverständigung und -versöhnung treten beispielsweise große griechische Künstler wie Míkis Theodorákis mit türkischen Kollegen auf.) Dennoch bleiben die als hartes Joch empfundene jahrhundertelange türkische Herrschaft über griechisches Gebiet ebenso wie neuere Auseinandersetzungen wie der Zypernkonflikt im Bewusstsein vieler Griechen.

Freiheit oder Tod – der steinige Weg zu einem freien, demokratischen Staat

»Ich erhoffe nichts. Ich fürchte nichts. Ich bin frei.« So lautet die Inschrift auf dem Grab des bedeutenden griechischen Schriftstellers Níkos Kazantzákis (1883–1957), aus dessen Feder auch der Roman »Alexis Zorbas« stammt, der durch seine Verfilmung internationale Bekanntheit erreichte. »Freiheit oder Tod« ist der Titel seines Heldenepos über den Freiheitskampf der unterjochten Kreter gegen die Türken im 19. Jahrhundert. Mit dem Wunsch nach Freiheit geht ein starker Patriotismus der Griechen einher, der nicht zuletzt historische Gründe hat. Denn immer wieder hatte das Volk im Laufe seiner jüngeren Geschichte Fremdherrschaft und fremde Einflussnahme zu dulden und unter Diktaturen zu leiden:

1453–1821 (gebietsweise länger) – Fremdherrschaft der Türken (Osmanen): Nach und nach kommen Festland und Inseln (außer den Ionischen Inseln) unter osmanische Herrschaft, gegen die die Griechen immer wieder aufbegehren.

1821–1829 – griechischer Freiheitskampf gegen die Osmanen

1830–1913 – Entstehung der griechischen Nation: Von einem Rumpfstaat (im Wesentlichen Süd- und Zentralgriechenland mit Euböa und den Kykladen) ausgehend werden allmählich weitere Gebiete mit Griechenland vereint: 1863 die Ionischen Inseln, 1881 Thessalien und Teile des südlichen Epirus, 1913 Limnos, Lesbos, Chios, Samos und Kreta. An der Spitze des Landes stehen von den Schutzmächten England, Frankreich und Russland eingesetzte Monarchen.

1912–1923 – Kriegszeiten: zwei Balkankriege, der 1. Weltkrieg, in den Griechenland 1916 auf Druck der Alliierten eintritt, und der Griechisch-Türkische Krieg, der mit Flucht und Vertreibung von mehr als 1,5 Millionen Griechen aus ihrer kleinasiatischen Heimat endet.

1924–1935 – Griechenland ist Republik: 1925/26 diktatorisch von dem General Theódoros Pángalos regiert.

1935–1940 – restaurierte Monarchie und Metaxás-Diktatur: eine Zeit der Restriktionen, Verfolgungen und Verbote.

1941–1944 – italienische und deutsche Besetzung des Landes

1945–1949 – Bürgerkrieg zwischen Kommunisten und Royalisten

1950–1967 – Zeit des Aufbaus: Instabilität und ein von Militär, Polizei und Geheimbünden getragener »Staat im Staat« (griechisch *Parakrátos*) behindern anfänglich den gesellschaftlichen und kulturellen Aufschwung.

1967–1974 – Obristen-Diktatur (griechisch *Chúnta ton Sintagmatarchón*, kurz *Chúnta*)

Ab 1974 – parlamentarische Demokratie

20 Hunger!

Von Tavernen und Senioren

Tílos, 22. September

Die Schwellung an Connies Knöchel ist abgeklungen. Sie stabilisiert den Fuß mit einer Elastikbinde, die sie sich in der Apotheke gekauft hat, denn es gibt noch einiges auf der Insel zu erkunden, bevor sie und Anna übermorgen abreisen. Die beiden nehmen ein weiteres Mal den ersten Bus morgens um halb acht mit seinem betörenden Brotduft und seiner Handvoll Stammfahrgästen. Sie fahren zum größten Ort der Insel, Megálo Chorió, was schlicht »großes Dorf« bedeutet. Seine weißen Häuserquader kontrastieren reizvoll mit dem dunklen, schroffen Fels, an den sie sich klammern.

Connie und Anna schlagen den steilen, schweißtreibenden Pfad zur Kuppe des Festungsbergs mit den Resten einer antiken Akropolis und einer Johanniterburg ein. Sie streifen zwischen den alten Mauern umher und genießen den Blick auf die Bucht, in der sie eines Abends zu Beginn ihres Inselaufenthalts in fröhlicher Gesellschaft Fisch gegessen haben. Sie können sich einfach nicht sattsehen. Hungrig kehren sie ins Dorf zurück, schlendern durch die engen Gassen und besuchen das kleine Museum, das den Zwergelefanten gewidmet ist, die es hier früher einmal gab. Schließlich lassen sie sich auf der mit Strohmatten überdachten Terrasse einer Taverne nieder. Und wieder: ein herrlicher Blick über die Ebene unterhalb des Berges, an dessen Hang das Dorf gebaut ist, und hinaus aufs tiefblaue Meer in der Ferne.

Sie haben riesigen Durst. Es ist so heiß wie in Deutschland kaum einmal im Hochsommer, und das, wo es doch schon auf Ende September zugeht.

Der alte Mann, der vor der Tür zum Innenraum der Lokals sitzt, scheint der Wirt oder Keller zu sein. Er macht jedoch keinerlei Anstalten, die beiden zu bedienen, obwohl er gerade noch drei Griechen am anderen Ende der Terrasse Getränke und einen Teller voller Häppchen gebracht hat. Sein Blick ist ins Weite gerichtet, während er mit nachdenklicher Miene die großen bernsteinfarbenen Perlen einer kurzen, in einem langen Quastenknoten endenden Kette durch die faltigen Finger gleiten lässt.

»*Kaliméra!*«, ruft Anna.

Nichts passiert.

»*Good morning!* Hallo, *kaliméra!*«, ruft Connie.

Keine Antwort.

Schließlich räuspert sich der Alte, spuckt auf den Boden, räuspert sich noch einmal und erwidert mit rauer Stimme: »*Kaliméra*«, ohne dabei vom Spiel mit dem Perlenkettchen abzulassen. Ein heiseres Husten. Dann ruft er »*Dína!*« durch die offene Tür ins Taverneninnere. Während Connie und Anna auf Dínas Erscheinen hoffen, studieren sie das Informationsblatt, das sie im Museum erhalten haben. Als zehn Minuten vergangen sind und immer noch niemand kommt, um ihre Bestellung aufzunehmen, werden sie ungeduldig. So viel Zeit haben sie auch nicht.

»Hallo, hallo! *Íne anichtó?*« (Ist offen?), ruft Connie dem Alten zu.

Wieder keine Antwort. Er schreit nur noch einmal laut: »*Dína!*«, und spielt weiter mit seinem Kettchen. Nun lässt er die Perlen nicht mehr ruhig – eine nach der anderen – durch die Finger gleiten, sondern entlockt seinem Spielzeug einen rhythmischen, klickenden Ton, während er den Strang mit kunstvollem Fingerspiel in der Luft kreisen lässt.

Endlich kommt Dína. Anna und Connie bitten die Dame des Hauses um Wasser und um die Speisekarte. Statt jedoch eine Karte zu bringen, zählt Dína auf, was die Küche hergibt. Sie tut dies auf Englisch, und die beiden verstehen nicht alles, was sie sagt. Außerdem würden sie gern die Preise wissen.

»Don't you have a menu?«, fragt Connie erneut.

»No, low season, we do not have much.« (Nein, Nebensaison, wir haben nicht viel), ist Dínas verlegene Antwort.

Na gut, Anna entscheidet sich unter den aufgezählten Optionen für gegrillte Sardinen. Connie bestellt Lammkoteletts. Dazu wollen sich beide einen Bauernsalat teilen. Nicht sehr einfallsreich, aber immer lecker.

Nach dem schleppenden Anfang auf eine längere Wartezeit eingestellt holt Connie ihre Kamera heraus, prüft die gemachten Aufnahmen und zeigt Anna ihre Lieblingsbilder. Pittoresk, das Dorf, all die zauberhaften Details: die mit Bougainville verschiedener Rosa- und Orangetöne bewachsene Pergola, die die Hauptstraße überspannt, die in kräftigen Farben gestrichenen hölzernen Türen und Fensterrahmen, die handgearbeiteten Vorhänge und die fantasievoll geschmückten Stufen. Mal zieren sie weiße Ränder und Zeichnungen, mal Kieselmosaik.

Inzwischen sind der Salat aus Tomaten, Gurken, Zwiebeln, Schafskäse und Oliven, die Teller und ein Korb mit Brot, Besteck und Papierservietten gekommen, und Connie und Anna machen sich mit knurrenden Mägen ans Essen.

Die Taverne hat sich zwischenzeitlich gefüllt. Auf dem Nebentisch, an dem vier deutsche Wanderer sitzen, die nach ihnen kamen, treffen gerade kurz nacheinander Auberginensalat, gebackener Käse, Bauernsalat und vier Portionen *pastítsio*

(Nudelauflauf mit Hackfleisch) ein. Connies Magenknurren wird beim Anblick der appetitlichen Speisen immer heftiger. Verzweifelt ruft sie nach der flink zwischen den Tischen hin- und herhetzenden Dína und fragt, wo die Sardinen und Lammkoteletts bleiben. Anna und sie sitzen seit einer Dreiviertelstunde in dem Lokal, und wenn die Hauptspeisen nicht gleich kommen, werden sie nicht genug Zeit zum Essen haben. Um Viertel vor eins geht der Bus, den sie hinab zum Éristos-Strand nehmen wollen, um eine Weile zu schwimmen, bevor sie mit dem letzten Bus zu ihrem Quartier in Livádia zurückzukehren.

Hunger!

Tavernenknigge

Essenszeiten: Gegessen wird sowohl mittags als auch abends etwa ein bis zwei Stunden später als in Mitteleuropa. Abseits der Ballungs- und Touristenzentren bekommt man selten vor 13 Uhr Mittagessen. Dafür werden abends oft noch bis Mitternacht Hauptgerichte serviert.

Platzwahl: In einfachen Tavernen sucht man sich in der Regel einfach selbst einen Platz. Falls kein passender freier Tisch zu finden ist, wendet man sich an den Kellner. Denn andere Gäste zu fragen, ob an ihrem Tisch noch ein Platz frei ist, ist tabu.

Bestellung: Griechen lassen sich vom Kellner aufzählen, was es zu essen gibt. Speisekarten sind vorhanden, werden aber nur selten angeschaut.

Rechnung: Hat man gemeinsam einen Tisch belegt, so wird auch erwartet, dass man gemeinsam zahlt. Getrennte Einzelrechnungen sind unüblich, auch in einfachen Tavernen. Will man unbedingt getrennte Rechnung, so sollte man bereits bei der Bestellung darauf hinweisen. Auf der Rechnung findet sich ein kleiner Betrag für Gedeck und Brot, der sich meist auf ein bis zwei Euro pro Person beläuft. Manchmal steht er als *κουβέρ* (*kuvér* – Gedeckpreis) oder *ψωμί* (*psomí* – Brot) auf der Karte. Oft fehlt ein Hinweise darauf, berechnet wird es trotzdem.

Trinkgeld: Ein Trinkgeld von fünf bis zehn Prozent ist üblich, wenn man mit dem Service zufrieden war. Nicht immer geht der Kellner darauf ein, wenn man ihm einen aufgerundeten Rechnungsbetrag nennt oder mit der Wendung *(ímaste) endáxi* (in Ordnung/stimmt so/wir sind quitt) zu verstehen gibt, dass man kein Wechselgeld zurück will. Oft wird er es einem trotzdem auf Heller und Pfennig auszahlen. Man lässt das Trinkgeld dann einfach auf dem Tisch liegen. Je teurer das Lokal, desto mehr Trinkgeld wird erwartet. Da der Kellner in Tavernen oft mit Hilfskräften arbeitet, sollte man auch diese beim Trinkgeld nicht vergessen.

Was ist diesmal schiefgelaufen?

Weil der nächste Bus um Viertel vor eins fuhr, wollten Connie und Anna früh zu Mittag essen. Sie gingen deshalb bereits kurz vor halb zwölf in die Taverne. So frühe Essenszeiten sind in Griechenland ungewöhnlich. Während sich in manchen Touristenzentren viele Lokale den Essenszeiten der ausländischen Gäste anpassen oder sogar rund um die Uhr warme Küche haben – was auch in großen Städten zuweilen der Fall ist –, beginnt die übliche Mittagessenszeit nicht vor ein Uhr. Die beiden hatten Glück, dass der Wirt für sie eigens den Holzkohlengrill geheizt hat und seine Frau Dína ihnen schließlich kurz vor halb eins die bestellten Sardinen und Koteletts brachte. Viele Tavernen servieren mittags nur gekochte und gebratene Gerichte und heizen den Grill erst am Abend ein.

Verärgert waren die beiden darüber, dass der Seniorchef – wo er doch gerade dasaß – sie nicht bediente, sondern Dína rief, die nicht einmal sofort kam. Sie war gerade noch mit Vorbereitungen für die Mittagszeit beschäftigt. Tatsächlich ist es oft so, dass in Familientavernen der Seniorchef sich aus dem laufenden Betrieb zurückgezogen hat, was ihn nicht daran hindert, einen Großteil seiner Zeit mit dem *kombolói* in der Hand im Lokal zu verbringen. Ab und zu mag er dem Juniorchef und den Kellnern den einen oder anderen Hinweis geben. Vielleicht bewirtet er auch persönlich Freunde und alte Stammgäste, zu denen er sich auch schon mal an den Tisch setzt. Fremden Touristen will er sich jedoch nicht mehr widmen. Dafür sind jetzt die Jungen zuständig.

Kein Mann ohne sein *kombolói*

Als *kombolói* bezeichnet man in Griechenland eine kleine Kette aus Perlen, die auf Leder- oder Synthetikfäden oder Metallkettchen aufgereiht sind. Das *kombolói* gehört zur täglichen Herrenausstattung. Frauen finden keinen Geschmack daran. Es dient als Fingerspiel und Zeitvertreib, ist Begleiter von Männergesprächen, Wartezeiten und langen, meditativen Mußestunden. Für viele Männer ist das gute Stück auch ein ganz persönlicher Glücksbringer. Denn zusammengehalten wird das *kombolói* meist von irgendeiner Form von Knoten, der ein Glückssymbol darstellt. Seine Ähnlichkeit mit einem Rosenkranz oder islamischen Gebetskettchen ist rein äußerlich; eine religiöse Bedeutung kommt ihm nicht zu. Die orthodoxe Entsprechung des Rosenkranzes ist anders gestaltet. Sie besteht in ihrer klassischen Form nur aus Knoten statt Perlen und wird *komboskíni* genannt.

Der Grund, warum die anderen Gäste schneller ihr Essen bekamen, war, dass sie nichts vom Grill, sondern etwas aus dem Backofen bestellt hatten. Die Vorspeisen und der Nudelauflauf, die Dína servierte, hatte das Wirtsehepaar im Laufe des Vormittags vorbereitet. Gegrillt wird in traditionellen Tavernen normalerweise auf Holzkohlenglut. Bis sich die richtige Glut bildet, vergeht eine Weile.

Was können Sie besser machen?

Wenn Sie essen gehen, sollten Sie viel Zeit mitbringen. Denn in Griechenland geht es dabei nicht nur um Sättigung, sondern vor allem ums Genießen und um die Geselligkeit. Gut Ding will Weile haben. Man nimmt sich Zeit. So fällt es einem Kellner auch kaum ein, darauf hinzuweisen, dass das bestellte Gericht etwas länger dauert. Haben Sie es eilig oder müssen Sie gar zu einem bestimmten Termin fertig sein, so sollten Sie selbst ausdrücklich darauf hinweisen und sich gegebenenfalls ein fertiges Gericht empfehlen lassen.

Bestellen wie die Griechen

Während im *kafenío* und in der Ouzeri die Preise teils nur auf einer Tafel angeschlagen sind, sollte jedes Speiselokal eine Speisekarte haben. Nicht immer wird sie dem Gast jedoch gereicht, denn die meisten Griechen würdigen sie ohnehin keines Blicks. Traditionelle Tavernen halten fertig gekochte Gerichte oft in großen Kasserollen oder Töpfen warm; vor allem ausländische Gäste bittet der Kellner gern in die Küche. Dort lüftet er Topfdeckel, zieht Bleche und Bräter aus dem Ofen und öffnet die Kühlschranktür, um dem Gast zu zeigen, was es zu Essen gibt. Das vermeidet Sprachschwierigkeiten. Manche Tavernen verfügen auch über eine Vitrine, an der der Gast seine Speisen wählen kann.

Besteht man auf eine Speisekarte, so wird man sie normalerweise erhalten. Man bittet um sie mit den Worten *parakaló ton katálogo (fajitón)*. Sogar mehrsprachige Karten sind weit verbreitet. Oft handelt es sich dabei jedoch nur um Standardkarten – nicht alles, was darin steht, gibt es auch tatsächlich. Umgekehrt fehlt auf der Karte oft so manches, was aktuell im Angebot ist. So fehlen nahezu grundsätzlich preiswerte Fischsorten, obwohl es viele schmackhafte darunter gibt, die auf Entdeckung warten, etwa die dünnen, langen Hechte wie *zargána* und *lútsos* oder Makrelenarten wie *kolíos* und *skumbrí*. Da ihr Angebot von Jahreszeit, Wetter und Fischerglück abhängt, stehen sie nicht in der Karte. Diese enthält nur wesentlich teurere Edelfische der Kategorie A und Fischsteaks, die häufig aus der Tiefkühlung kommen. In fremdsprachige Speisekarten finden davon auch nur diejenigen Eingang, deren Namen der Wirt oder Kartenhersteller zu übersetzen weiß. Entscheidet man sich für einen der Edelfische, die nach Gewicht verkauft werden, so sollte man nach dem Endpreis fragen, um eine Überraschung, die ein tiefes Loch in den Geldbeutel reißen kann, zu vermeiden. Meist zeigt einem der Kellner dann einige Exemplare zur Auswahl, wiegt den gewählten Fisch und nennt seinen Preis. So sieht man auch gleich, ob die Ware frisch ist.

Auf typischen Speisekarten einfacher Lokale sind die meisten Gerichte ohne Beilagen angeboten. Ausnahmen sind beispielsweise Lammbraten, der traditionell mit Ofenkartoffeln serviert wird, und gebackene Fischfilets vom Hundshai *(galéos)* oder Schwertfisch *(xifías)*, die oft mit *skordaliá* (Knoblauchpüree mit unterschiedlichen Zusätzen, z. B. Walnüssen, Kartoffeln, Paprika) serviert werden. Ansonsten müssen Gemüse, Salate und Dips wie Zaziki und *skordaliá* extra bestellt werden. Dips und Soßen stehen übrigens in der Karte entweder unter Salaten oder unter Vorspeisen. Nur in ausgesprochenen Touristenlokalen werden gemischte Grillteller mitsamt Pommes frites, Reis, Salat und Zaziki unter klangvollen Namen wie Aphrodite-Teller oder Akropolis-Platte angeboten, so wie wir sie vom Griechen zu Hause gewohnt sind. Auch die bei den Auslandsgriechen oft auf der Karte stehende Metaxa-Soße wird man in Hellas vergeblich suchen.

21 Bernd mag's exakt

Vom Kopfschütteln über Pedanten

Náxos, 22. September

»*Jásu Bernd. Ti kánis?* Du kommst gerade richtig. Halt mal!«

»Das schaut schief aus. Hast du eine Wasserwaage dabei?«

»Wasserwaage?«

»Warte! Ich hol schnell meine.« Und Bernd läuft los.

»He!«, ruft Níkos ihm hinterher. »Halt einfach hier, damit ich den Balken festschrauben kann. Mehr brauchst du nicht zu tun.«

Bernd kommt wieder heran, macht einige Schritte rückwärts und begutachtet mit zusammengekniffenen Augen den Balken, den der Handwerker gerade festschrauben will.

»Also mir scheint das schief zu sein. Warte einen kleinen Moment. Bin gleich wieder da.« Und schon ist Bernd im Haus verschwunden. Er ist gerade von seinem Job im Computerladen heimgekommen, als er Níkos, den Bruder seiner Nachbarin, der ihm eine Pergola aufstellen will, bei der Arbeit vorgefunden hat. Als er mit der Wasserwaage zurück ist, schraubt Níkos gerade den Balken fest.

»Wart mal! Jetzt schauen wir mal.« Bernd legt die Wasserwaage auf den Balken. »Siehst du, das ist doch nicht gerade!«

»Und was macht das?« Níkos steckt sich eine Zigarette an.

Bernd versteht die Welt nicht mehr. »Was heißt da, was macht das? Eine Pergola muss doch gerade sein, oder? Also, komm, dreh die Schraube wieder raus.«

Níkos setzt sich auf eine Stufe, zieht an seiner Zigarette und sieht Bernd lange an. Dann sagt er: »Was bist du doch pingelig. So wird das nie was!«

Was ist diesmal schiefgelaufen?

Níkos versteht die Welt nicht mehr. Er ist zwar kein gelernter Zimmermann oder Schreiner, aber er hat schon einige Pergolen errichtet. Am eigenen Haus, an dem seiner Schwester und an denen einiger Kunden des Gemischtwarenladens, in dem er arbeitet und der auch allerhand Handwerkerbedarf verkauft – Wasserwaagen hat er allerdings keine in seinem Sortiment. Wofür auch? Bis jetzt haben alle seine Arbeit gelobt, was soll denn das nun? Seine Schwester hatte recht. Nett und hilfsbereit, aber ein komischer Kauz ist dieser Bernd, denkt er sich, während er missmutig und leise vor sich hin fluchend die Schraube wieder herausdreht.

Maßband, Winkel, Lot, Wasserwaage – alles Werkzeuge, ohne die Bernd beim Heimwerken nicht auskommt. Níkos, der ihm den Laubengang errichtet, sehr wohl. Ihm reicht sein Augenmaß. Mit seinem Beharren darauf, dass alles exakt im Winkel zu sein hat, macht sich Bernd in Níkos' Augen lächerlich. Man sieht eben vieles nicht so eng, legt Wert auf Funktionalität, nicht so sehr auf die Optik. Man liebt schlichte, einfache Lösungen. So werden Leitungen oft über Putz verlegt. Eine Lampe? Eine Fassung mit Glühbirne, die von der Decke baumelt, reicht doch auch. Die Abluft eines Wäschetrockners muss ins Freie geführt werden? Loch ins Fenster geschnitten – fertig.

Was können Sie besser machen?

Es kann keiner über seinen Schatten springen. Bernd ist eben exakte, gerade Linien und Kanten gewohnt und legt Wert auf Perfektion. Níkos macht sich darüber kein Kopfzerbrechen, sondern will ohne unnötiges Getue eine hübsche Pergola aufbauen. Wenn Bernd auf Präzision besteht, bleibt ihm wohl nichts anderes übrig, als seinen Handwerkern laufend über die Schulter zu schauen oder selbst Hand anzulegen. Bevor er sich den Stress jedoch antut, könnte er sich fragen, was ihm eigentlich an seiner neuen Wahlheimat so gut gefällt, welche Ansichten er besonders pittoresk und idyllisch findet. Sind es Häuser, Terrassen und Höfe, denen die Auszeichnung »gute Wertarbeit« für ihre solide, ordentliche Ausführung und Qualität gebührt? Oder sind es nicht oft gerade die Unebenheiten, Ungenauigkeiten und Zufälligkeiten, die für das kunterbunte und dennoch harmonische Gesamtbild von Dörfern und gewachsenen Stadtvierteln sorgen? Sie auch am eigenen Haus hier und da zuzulassen, spart so manche Aufregung.

Will man das partout nicht, so stellt sich die Frage: Wie sage ich es meinem Handwerker? Hier gilt wie so oft: Auf jeden Fall so, dass es seinen Stolz nicht verletzt, und möglichst in gleichem Atemzug mit einer Anerkennung seiner Leistung. So hätte Bernd sich nach einem freundlichen Gruß erst einmal erfreut zeigen können, dass die Arbeit schon so weit fortgeschritten ist, oder ausdrücken können, dass die Terrasse mit der Holzkonstruktion gleich viel schöner aussieht – irgendetwas Lobenswertes findet sich immer. Sobald eine gute Stimmung geschaffen ist, lassen sich ungewohnte Wünsche gleich um einiges besser vermitteln.

22 Anna bekommt einen Korb – und Schnecken

Von Einladungen und Gegeneinladungen

Tílos, 23. September

»Habt ihr heute Abend schon etwas vor?«, fragt Eléni, als Anna und Connie vom morgendlichen Bad im Meer zurückkehren.

»Nein, noch nicht. Aber wir haben gerade darüber gesprochen«, sagt Anna, während sie ihren Handtuchturban ordnet. »Wir würden dich und deine Familie gern zum Essen einladen. Habt ihr heute Zeit?«

Eléni legt die frisch geerntete Petersilie und die Schere auf einen Schemel und klopft sich die Hände ab, an denen noch die Erde vom Gemüsebeet klebt.

»Wir bekommen Besuch. Kóstas' Mutter kommt für einige Tage aus ihrem Dorf auf Kos. Da mache ich einen schönen Lammbraten und vorher gibt es noch eine Spezialität als Überraschung. Wir laden euch ein!«

»Aber, Eléni«, setzt Anna erneut an, »wir würden euch doch so gern noch einmal vor unserer Abreise einladen. Habt ihr vielleicht heute Mittag Zeit? Oder morgen? Das ist ja unser letzter Tag auf Tílos.«

»Nein, meine liebe Anna, Kóstas muss seine Mutter von der Fähre abholen und ich habe eine Menge vorzubereiten. Also, um neun essen wir hier.«

Sie deutet auf die Terrasse, von der Kóstas, der auf einer Leiter steht und an einer Lampe herumschraubt, herübergrüßt, bevor er Eléni zu sich ruft.

Anna fühlt sich überrumpelt. Und auch Connie ist verdutzt.

»Die wollen sich einfach nicht einladen lassen«, sagt sie. »Ich versteh das nicht.«

Das war jetzt der dritte Versuch, ihre Zimmervermieter zum Essen einzuladen, um sich für den schönen Abend in der Ágios-Andónios-Bucht am Tag nach ihrer Ankunft auf der Insel zu revanchieren. Vergeblich. Beim ersten Versuch gleich am nächsten Tag lehnte die Hausherrin mit der Begründung ab, sie habe tags zuvor zu viel gegessen. Vorgestern hatte sie mit ihrem Mann etwas anderes vor.

»Das können wir doch nicht annehmen. Jetzt laden uns Eléni und Kóstas schon zum zweiten Mal ein!«, sagt Anna zu ihrer Reisegefährtin auf dem Weg zu ihren Zimmern.

»Ablehnen wäre aber auch unhöflich. Und Lamm frisch aus dem Backofen … Allein beim Gedanken läuft mir schon das Wasser im Mund zusammen. Das ist doch *die* Gelegenheit, mal richtige griechische Hausmannskost zu probieren. Bin gespannt, was für eine Spezialität sich Eléni noch ausgedacht hat.«

Mal wieder ganz Connie, denkt sich Anna. Klar, dass die bei ihrer Leibspeise Lammbraten nicht Nein sagen kann. Aber sie hat recht, abzulehnen wäre auch nicht gut.

Nachdem sie geduscht und das Salzwasser von ihren Körpern gewaschen haben, spazieren die beiden also von Geschäft zu Geschäft, um wenigstens ein kleines Geschenk zu erstehen, wenn ihnen Eléni schon keine Gelegenheit für eine Gegeneinladung lässt. Auf einer winzigen Insel wie Tílos ist das allerdings nicht so leicht. Sie finden weder ein Blumengeschäft noch eine Konditorei, um einen hübschen Strauß und frische Pralinen zu kaufen. Anna fragt beim Bäcker nach Konfekt oder Torte. Da er nichts dergleichen anbieten kann, lässt sie sich eine große Papierschachtel mit verschiedenen Keksen füllen und mit einer Schleife verzieren. Dann suchen sie im Supermarkt noch ein Glas Sirupfrüchte aus. Connie schaut sich nach Wein um und wählt schließlich zwei griechische Weine, die im Preis knapp unter dem teuersten im Laden – einem französischen – liegen.

Mit diesen Gaben treten die beiden auf die Terrasse ihrer Vermieter, als Eléni zur vereinbarten Zeit nach ihnen ruft. Ohne ein Dankeswort bringen Eléni und ihre Tochter die Flaschen, das Glas Sirupfrüchte und das Gebäck in die Küche und tragen die Vorspeisen auf. Die Überraschung entpuppt sich als kleine Schnecken in Weinsud mit Zwiebeln und Kräutern. Anna schüttelt es beim Anblick der Kriechtiere und sie lehnt dankend ab.

Doch Eléni insistiert: »Probier doch wenigstens!«, während sie einige davon auf Annas Teller legt und auch ihre Schwiegermutter ihre Überredungskünste einsetzt.

»Metáfrase!« (Übersetz!), sagt sie zu Eléni am Ende ihres wie eine Maschinengewehrsalve knatternden griechischen Redeschwalls, zieht eines der kleinen Tierchen aus seinem Gehäuse und schiebt es sich genussvoll in den Mund.

Eléni ziert sich. Der Wortschwall betraf wohl ihre hoch gelobte Kochkunst. Jetzt muss Kóstas ran.

»Eléni good cook«, fasst dieser schließlich die lange Rede seiner Mutter zusammen.

Connie pflichtet ihm bei: *»Polí oréa! Polí nóstimo!«* (Sehr gut! Sehr schmackhaft!)

Anna weiß Connie ihre Begeisterungsstürme zu danken, denn endlich lässt man von ihr ab.

Und wieder sind Anna und Connie gleich Teil der fröhlichen Tischgesellschaft, die nach dem Essen noch lange zusammensitzt, da Kóstas auf Drängen seiner Mutter seine Gitarre geholt hat und alle ein Lied nach dem anderen anstimmen. Währenddessen räumen Eléni und ihre Tochter das Geschirr ab und spülen.

Musik – die Kunst der Musen

Wie tausende Wörter unseres deutschen Sprachschatzes so stammt auch das Wort »Musik« aus dem Griechischen. Einst als *musikí téchni* (Kunst der Musen) bezeichnet, hat die Musik im Lauf der Jahrtausende nichts an ihrem Stellenwert eingebüßt. Während klassische Musik in Griechenland ein Schattendasein fristet, ist griechisches Liedgut allgegenwärtig. Viele Griechen, darunter auch zahlreiche junge Menschen und keinesfalls nur Musiker, verfügen über einen reichen Liedschatz. Bei Anlässen wie Hochzeiten, Taufen, Namenstagen und Dorffesten ebenso wie beim geselligen Beisammensein auf der Terrasse beginnt einer, ein Lied zu singen, weitere stimmen ein, dann fällt dem Nächsten ein neues ein. So kann das stundenlang weitergehen.

Englischsprachige Popmusik ist hingegen weit weniger verbreitet, keinesfalls so allgegenwärtig wie in deutschsprachigen Ländern. Die griechische Sprache dominiert, schließlich will man die Texte verstehen. Die moderne Liedkultur ist stark von der Poesie geprägt; beliebt sind Vertonungen der Werke großer Lyriker. Musikalisch werden gern Elemente der Volksmusik und des beliebten *rembétiko* (siehe Infokasten S. 29) verwendet.

Typische Instrumente sind *buzúki* (ein aus Kleinasien stammendes Saiteninstrument mit bauchigem Korpus und langem Hals), *baglamás* (eine Miniaturausgabe des *buzúki*), Gitarre, *ud* (eine Kurzhalslaute), *sandúri* (ein mit Klöppeln angeschlagener, oft mit über hundert Saiten bespannter Klangkörper) und Tamburin. Bekannte Komponisten sind Míkis Theodorákis (s. Kapitel 29, S. 217) und Mános Chatzidákis; beliebte Interpreten María Farantoúri (sprich: Farandúri), Cháris (Háris) Alexíou, Giórgos (George) Daláras, Glykería, Elefthería Arvanitáki und Ánna Víssi.

Was ist diesmal schiefgelaufen?

Annas und Connies Ansatz war im Grunde genommen gut und richtig. Aber eben auch nur im Grunde genommen. Eine Gegeneinladung ist sicher eine nette Geste, unangebracht ist es aber, eine solche Zug um Zug gleich am nächsten Morgen und dann wiederholt in den nächsten Tagen auszusprechen und damit in direkten Bezug zu der ursprünglichen Einladung zu setzen. Man geht zusammen essen aus Freude an der Geselligkeit oder um etwas zu feiern. Geht es um die Geselligkeit, so spielt es dabei keine Rolle, wer schließlich die Rechnung zahlt. Das kann auch zum wiederholten Mal der Gleiche sein. Viele Griechen sehen es als Privileg an, die Tischrunde einzuladen, und es entsteht oft ein regelrechter Wettlauf darum, wer es schafft, die Rechnung zu begleichen. Hat jemand etwas zu feiern, so beansprucht er für sich die Ehre einzuladen.

Auch ein Gastgeschenk ist eine nette Geste und in Griechenland ebenso üblich. Wein gehört jedoch so stark zum griechischen Alltag, dass er als zu alltäglich für diesen Zweck angesehen wird. Ausgebliebene Dankesworte zeugen allerdings nicht von einer Geringschätzung der Geschenke. Im Trubel einer fröhlichen Runde vergisst man einfach schon mal, sich zu bedanken. Herzlichkeit hat vor Förmlichkeit den Vorrang.

Schlecht kam Annas Ablehnung der Schnecken an, zumal sie Eléni ja als ihre Spezialität angepriesen hat. Da kann man sie eigentlich kaum verschmähen.

Fastenspeisen – genüsslich darben

Obwohl in den September keine der griechisch-orthodoxen Fastenzeiten fällt, hat Eléni ihrer Familie und ihren Gästen Schnecken serviert. Tatsächlich gehören sie zu den beliebtesten Fastenspeisen und sie sind nur an einem Teil der Fastentage erlaubt. Die griechisch-orthodoxen Fastenregeln sind sehr komplex. An manchen Tagen herrscht streng veganes Fasten und Ölverbot. An anderen sind Öl, Milchprodukte und Weichtiere erlaubt, an manchen auch Fisch.

Nur noch wenige Gläubige halten heutzutage alle Fastenzeiten komplett ein. Weit verbreitet ist aber noch immer das Fasten am »Sauberen Montag«, der sieben Wochen vor Ostern den Auftakt der österlichen Fastenzeit bildet, und in der Karwoche. Dann macht man sich regelrecht ein Fest daraus, denn unter den *nistísima* genannten Fastenspeisen gibt es sehr leckere Gerichte. Zahlreiche Restaurants und Konditoreien spezialisieren sich in der Hauptfastenzeit darauf.

Die Einschränkung macht erfinderisch. Neben Schnecken und Meeresfrüchten sind vor allem Süßspeisen wie *chalvás* (eine Masse aus Sesam(paste), Honig und/oder Zucker, Öl (oder Pflanzenfett bzw. Butter) und weiteren variierenden Zutaten wie Grieß oder Mehl, Nüsse, Kakao und Zimt) beliebt. Außerdem bestimmte Backwaren, aber auch zahlreiche Gemüsegerichte. Der »Saubere Montag« ist ein gesetzlicher Feiertag, und viele nutzen den arbeitsfreien Tag zu einem Picknick im Freien mit Drachensteigen – und Schlemmerfasten.

Was können Sie besser machen?

Wurde man eingeladen und will sich dafür revanchieren, so sollte man das nicht allzu prompt tun. Handelt es sich um Personen, die wenig Kontakt nach außen und zu Touristen haben, so sollte man gut beobachten, ob solche Gegeneinladungen willkommen sind oder nicht. Denn traditionell ist es immer das Vorrecht des Einheimischen, den Fremden zu bewirten. Da es üblich ist einzuladen, wenn man etwas zu feiern hat, könnte es im Zweifelsfall eine gute Idee sein, sich einen solchen Vorwand zu suchen.

Connie und Anna hatten schon fast den richtigen Instinkt. Tatsächlich sind Blumen, Pralinen, Feingebäck und Konfekt ebenso wie alkoholische Getränke übliche Gastgeschenke. Da Wein, wie gesagt, als zu alltäglich angesehen wird, bieten sich eher Spirituosen an. Mit ihrer Scheu, zu einem ausländischen Produkt zu greifen, lag Connie falsch. So gilt ähnlich dem Wein beispielsweise auch Ouzo als zu gewöhnlich. Mehr geschätzt wird ein ausländischer Whisky. Ein Geschenk sollte möglichst luxuriös wirken, und viele Griechen sind Markenfetischisten. Das gilt für Spirituosen ebenso wie für persönliche Geschenke, wie beispielsweise Parfums oder Accessoires. Man wird am ehesten das Richtige treffen, wenn man zu einer bekannten Luxusmarke greift. Hat man bereits vor der Reise geahnt, dass man in Griechenland jemandem etwas schenken will, so ist es eine gute Idee, ein typisches Präsent aus der eigenen Heimat mitzubringen.

Anna hätte sich besser mit den Worten »*líga móno*« (nur wenige) etwas von den Schecken geben lassen sollen. Vieles, was man zu Hause verschmäht, schmeckt ganz anders in Griechenland. Der reiche Gebrauch von Kräutern, Gewürzen und Zwiebeln und der Geschmack des Olivenöls verleihen vielen Gerichten eine Würze, die auch etwas ungewohnte Kost munden lässt. Und schließlich stand ja das Ouzoglas zum Runterspülen parat. Die Höflichkeit gebietet, dass man eine derart als Spezialität der Hausfrau gepriesene Speise probiert. Peinlich natürlich, wenn sich Anna so stark vor den Schnecken ekelt, dass sie keinen Bissen davon herunterbekommt. Vielleicht wäre es gar nicht aufgefallen, wenn sie die Schnecken einfach hätte auf dem Teller liegen lassen. Es ist keineswegs Pflicht, alles restlos aufzuessen, was auf den Teller kommt. Je mehr sich Anna ziert, desto mehr Augen richten sich natürlich auf sie und sind gespannt, wie es ihr schmeckt. Notfalls hätte Anna auch gleich eine Notlüge gebrauchen können: *Écho allergía* (Ich habe eine Allergie).

Wenn man so familiär aufgenommen wird wie Connie und Anna, kann man nach einem Essen am Familientisch ruhig seine Hilfe beim Abräumen und in der Küche anbieten. Man sollte sie nicht aufdrängen, denn nicht jede Hausfrau will sich helfen lassen. Es gilt zu beobachten, ob Hilfe willkommen ist. In Griechenland ist die Küchenarbeit mehr als in Mittel- und Nordeuropa noch immer eine reine Frauendomäne, sodass mangels helfender Männer einige zusätzliche Frauenhände nützlich sein können, um so rasch wie möglich fertig zu werden und zur Tischrunde zurückkehren zu können.

23 Bernd und der Olivenbauer

Vom Verhandeln und Verzweifeln

Náxos, 24. September

Bernd hat den Vertragsentwurf, den ihm sein Bruder geschickt hat, in der Sakkotasche, als er Pános besucht. Die Mutter eines Nachhilfeschülers hat Bernd mit dem Oliven- und Weinbauern bekannt gemacht. Denn Bernds Bruder Thomas, der in Deutschland einen auf mediterrane Feinkost spezialisierten Laden betreibt, sucht noch einen Lieferanten für gutes natives Olivenöl. Seit Bernd auf Náxos lebt, hat er ihn gedrängt, sich zu diesem Zweck einmal umzusehen und Kontakte vor Ort zu knüpfen. Gern würde Bernd ihm den Gefallen tun, zumal sein Bruder und er planen, das Geschäft auf einen Vertrieb übers Internet auszudehnen, jetzt wo Bernd doch an der Quelle sitzt. Doch der Olivenbauer Pános mag einfach nicht die Zusagen machen, die Bernds Bruder erwartet.

Zum dritten Mal reden die beiden nun miteinander. Beim ersten Mal fiel kaum das Wort »Oliven« im Gespräch. Es ging vor allem um Jugenderinnerungen des Bauern, von denen auch einige mit Bernds Heimat Deutschland verbunden sind, und um Pános' und Bernds Familien. Das zweite Mal war mehr ein Zufallstreffen. Pános saß auf der Terrasse einer Ouzeri an der Hafenpromenade und erkannte Bernd, der vorbeischlenderte, und bat ihn zu sich an den Tisch. Da kam man natürlich auch nicht zur Sache, weil zwei Freunde von Pános dabei waren und man andere Gesprächsthemen hatte.

Heute hat Pános Bernd endlich zu sich auf den Hof eingeladen. Sie sitzen mit einem *tsípuro* vor einem Teller mit Tomaten- und Gurkenscheiben, Schafskäse und Oliven, alles mit Oregano bestreut und großzügig mit Olivenöl begossen.

Es muss nicht immer Ouzo sein

Tresterschnaps – *tsípuro, tsikudiá, rakí* – wird meist von Weinbauern aus den Rückständen der Weinmaische gebrannt und erfreut sich vor allem in den Bergregionen der gleichen Beliebtheit wie Ouzo. Er ist die griechische Entsprechung des italienischen Grappa, spanischen Aguardiente und französischen Marc (de Champagne). Es gibt ihn mit und ohne Anis. Die Bezeichnung *tsípuro* ist die am weitesten verbreitete. Auf Kreta nennt man den Tresterschnaps *tsikudiá* oder *rakí*. Die auf *tsípuro* und *mezédes* spezialisierte Entsprechung der Ouzeri heißt *tsipurádiko*.

Metaxá: Hergestellt wird die Spirituose mit Cognac ähnlichem Aussehen und mildem Geschmack seit 1888 aus jahrelang gelagerten Weindestillaten, die mit Kräutern und Rosenblättern kombiniert werden. Sie kommt in verschiedenen Qualitätsstufen auf den Markt, wobei fünf Sterne für eine mindestens fünfjährige Lagerung, sieben für eine siebenjährige stehen und Metaxá Grande Fine mindestens fünfzehn Jahre in Limousin-Eichenfässern verbracht haben muss.

»*Jámas!*« (Auf unsere Gesundheit!), sagt Pános und hebt sein *tsípuro*-Glas. »Greif zu! – Und, wie schmeckt dir unser Öl?«

Bernd tupft mit Brot etwas Oregano-Öl vom Teller auf und degustiert es mit Kennermiene.

»Hervorragend! Wie viel davon könntest du liefern und was kostet der Liter?«

Statt einer Antwort steht Pános auf und holt die Ölflasche aus der Küche.

»Probier mal pur einige Tropfen auf Brot. Es hat ganz wenig Säure, unter einem halben Prozent. Da, und schau dir die

Farbe an. *Korovíki* heißt die Olivensorte. Probier auch mal die Früchte. Sind auch gute Tafeloliven.«

»Wie viel …«, setzt Bernd abermals an, doch Pános fällt ihm ins Wort und erzählt stattdessen von der Ernte und Pressung. Dann versinkt er für eine Weile in Schweigen und lässt die Perlen seines *kombolói* langsam und regelmäßig durch die Finger gleiten, so als wolle er sie zählen.

Eine stattliche, sympathische Erscheinung, dieser Panajótis, den alle Pános nennen. Er war Bernd von der ersten Begegnung an sympathisch. Trotz seiner meist nach unten weisenden Mundwinkel liegt nie etwas Missmutiges in seinem Ausdruck. Sein grauer Schnurrbart und die zwei Backenfalten unterstreichen die Biegung seiner schmalen Lippen. Gegenpol zu den nach unten weisenden Linien seiner unteren Gesichtshälfte sind die tiefen, hellen Falten, die von seinen klaren Augen wie die Strahlen von der Sonne ausgehen. Auf seiner Stirn stehen drei flügelartige Linien über den dichten Augenbrauen. Eingerahmt ist dieses einprägsame Gesicht von gewelltem Haar, dessen Dunkelgrau von Weiß durchsetzt ist. So ruhig wie Pános' Gesichtszüge sind auch seine Bewegungen. Stetig gleiten die Perlen des *kombolói* durch seine Finger. Als er es schließlich auf den Tisch legt und Bernd ruhig und nachdenklich in die Augen sieht, nimmt dieser nochmals Anlauf: »Wie viel erntest du jährlich?«

»Das ist sehr unterschiedlich. Ich habe knapp über 300 Bäume. Aber die meisten davon werden nicht jedes Jahr abgeerntet. Letztes Jahr waren es über fünftausend Kilo. Das war ein gutes Jahr. Wir kamen gar nicht mit der Ernte nach. Meine Frau kann nicht mehr helfen. Sie hat Probleme mit den Knien. Und ich bin auch nicht mehr der Jüngste. Meine Schulter macht mir zu schaffen. Ach ja, was ist eigentlich mit deiner Schulter? Hast du noch Schmerzen?«

Schon wieder sind sie weg vom Thema. Das ist doch langsam zum Verzweifeln! Eine weitere Viertelstunde gleiten sie von einem Gesprächsgegenstand zum nächsten. Von den eigenen gesundheitlichen Problemen zu denen der Kinder und Enkelkinder, weiter zu Ärzten, dem Gesundheitssystem und schließlich zur Politik. Als Bernd sich gerade wieder ein Stückchen Schafskäse mit Olivenöl genommen hat, lobt er abermals den Geschmack des Öls und meint, damit eine Brücke gefunden zu haben, über die er sich zurück zum Anlass seines Besuchs hangeln kann.

»Rund fünftausend Kilo Oliven erntest du also im Jahr?«

»Nein, nicht immer. Das war ein Ausnahmejahr. In schlechten Jahren können es auch nur drei- oder viertausend sein.«

»Und wie viel Öl gewinnst du daraus?«

»Rund fünf Kilo Oliven ergeben einen Liter Öl. Das Problem ist, alles rechtzeitig geerntet und gepresst zu bekommen. Die Oliven müssen sofort nach der Ernte gepresst werden. Liegen sie mehrere Tage herum, so leidet die Qualität. Der Säuregehalt ist dann höher, und ich kann es nicht mehr als ›extra nativ‹ oder ›extra virgin‹ verkaufen. Vor allem aber hat es nicht mehr die gesundheitlichen und geschmacklichen Qualitäten, auf die wir Wert legen.«

Bernd wird langsam ungeduldig. »Wie viel Liter pro Jahr könntest du liefern?«

Pános nippt an seinem *tsípuro*. Dann nimmt er einen Schluck aus dem hohen Wasserglas, pumpt ihn in seine eingefallenen Wangen, sodass sie sich aufplustern, und schiebt die Flüssigkeit mit der Zunge durch den Mund, als wolle er ihn spülen, damit seine Worte gewaschen und geklärt werden, bevor ihm etwas Unbedachtes herausrutscht. Er greift wieder zu seinem *kombolói* und zieht zwei der Perlen weit auseinander. Gleichzeitig zieht er die Lippen ein und hebt die herabhängenden

Mundwinkel an, bis sie eine Waagerechte formen. Und dann: nichts.

Aus diesem Mund kommt heute keine klare Aussage mehr, denkt sich Bernd, womit er recht behalten soll. Stattdessen kommt er noch in den Genuss eines Spaziergangs durch den Olivenhain und einer Einladung zum Essen für den nächsten Sonntag.

Oliven allüberall

Der Olivenbaum

Seit rund 4000 Jahren wird der Ölbaum, wie man den Olivenbaum auch nennt, da seine Früchte vorwiegend der Ölgewinnung dienen, in Griechenland kultiviert. Er kommt hervorragend mit dem griechischen Klima zurecht, mit seinen heißen, trockenen Sommern und milden, feuchteren Wintern. Er ist genügsam, gedeiht selbst an kargen Steinhängen, wo das wenige Erdreich oft mit einem Steinmäuerchen um den Stamm herum geschützt wird. Mit ihren bis zu sechs Metern in den Boden reichenden Wurzeln krallen sich die Olivenbäume fest und versorgen sich während der niederschlagsarmen Sommermonate mit Wasser. Einige hundert Jahre können diese Bäume alt werden. Neu gepflanzte Ölbäume lassen sich je nach Baumart vier bis zehn Jahre Zeit, bevor sie die ersten Früchte tragen.

Das Olivenöl

Olivenöl ist die zentrale Komponente der griechischen Küche und gibt ihr mit seinem charakteristischen Aroma eine eigene Note. Positiv auf die Gesundheit wirkt sich vor allem sein hoher Anteil an ungesättigten Fettsäuren aus, die für eine gute Cholesterinbilanz im Körper sorgen und Herz-Kreislauf-Erkrankungen vorbeugen können. Und auch die enthaltenen sekundären Pflanzenstoffe spielen eine Rolle. Je behutsamer die Früchte geerntet und je unverzüglicher sie gepresst werden, desto besser bleiben sie erhalten und desto niedriger ist der Säuregehalt des Öls.

Der Wert des Ölbaums beschränkt sich aber nicht nur auf Oliven und Öl. Die Blätter werden als Tee mit beruhigender und gesundheitsfördernder Wirkung geschätzt. Die Pressabfälle dienen als Dünger und Brennstoff, der Astschnitt findet als Viehfutter, Stallstreu und Brennmaterial Verwendung. Aus dem harten Holz wurden schon zu Homers Zeiten Axtstiele gefertigt. Auch heute noch ist es wegen seiner schönen Maserung bei Kunsttischlern und Schnitzern beliebt, welche die als Souvenir beliebten Schüsseln und Figuren daraus fertigen.

Was ist diesmal schiefgelaufen?

War Bernd zu direkt? Drängte er sein Gegenüber zu sehr, endlich zur Sache zu kommen? Uns würde das nicht so vorkommen. Im Gegenteil, uns scheint seine Gesprächsführung geduldig und taktvoll. Pános dürfte das anders sehen. Ihm kam sein Gesprächspartner ziemlich fokussiert vor. Er kennt diesen Bernd doch gar nicht. Wie soll er denn mit jemandem Geschäfte machen, mit dem er nicht persönlich vertraut ist. Das hat er Zeit seines Lebens nie getan! Die Freundin seiner Tochter, die sie bekannt gemacht hat, konnte ihm auch nicht viel sagen. Seit knapp einem Jahr wohnt der Mann auf der Insel – allein! Seine Familie kommt ihn nur ab und zu mal besuchen. Suspekt. Also, erst einmal geht es darum, etwas mehr über diesen Bernd und seine Familie zu erfahren. Wenn man sich nähergekommen ist, dann wird man vielleicht auch miteinander ins Geschäft kommen. Das hofft Pános sehr, denn er könnte dringend einen weiteren Abnehmer seines Öls gebrauchen. Davon spürt Bernd hingegen nichts. Ihm scheint es fast, als wolle Pános gar nichts verkaufen. Er möchte endlich Klarheit haben.

Was können Sie besser machen?

Noch etwas mehr Geduld üben, als es Bernd ohnehin schon tat – für seine eigenen Begriffe zumindest –, und sich über die Gelegenheit freuen, auch sein Gegenüber in ausgiebigen Gesprächen besser kennenzulernen und vielleicht am Rande die eine oder andere nützliche Information über Lebensumstände und Gepflogenheit der Gegend zu bekommen. Nur keine Eile! Denken Sie daran, dass die meisten Geschäftsverbindungen in Griechenland über mehr oder weniger direkte persönliche Kontakte zustande kommen. Und bis so ein persönlicher Kontakt geschaffen ist, aus dem Nichts zumal, kann durchaus etwas Zeit ins Land der Götter gehen.

24 Wach ich oder träum ich?

Von Zeiten und Unzeiten

Astypálea, 25. September

Helles Tageslicht dringt durch die weiße Gardine mit ihrem ornamentalen Lochschmuck und wirft Schattenmuster in den langgezogenen Raum und auf die eleganten Möbel aus dunklem Holz. Hinter dem durchscheinenden Vorhang schimmert Anna ein großes märchenhaftes Gebilde entgegen, das aus reinem Licht zu sein scheint und den ganzen Fensterraum füllt.

Sie steht auf und schiebt die Gardine beiseite. Geblendet blinzelt sie auf eine Anhäufung weißer Quader, gepunktet mit kleinen blauen Edelsteinen. Darauf sitzt eine schlichte kantige Krone aus dunklem, glänzendem Stein, die als einziger Schmuck in der Mitte ein hellblauer Edelstein ziert. Das intensive Licht schmerzt in Annas verschlafenen Augen. Ungläubig schließt sie die Lider und öffnet sie wieder. Ist sie wach oder träumt sie noch?

»Hast du das gesehen? Der Ort ist zauberhaft! Und wir dachten schon, wir sind am Ende der Welt gelandet!« Connie steht plötzlich neben ihr.

Ja, so hatten sie sich gestern Nacht tatsächlich gefühlt, wie gestrandet im Nirgendwo. Sonst waren sie immer mitten in einem quirligen Ort angekommen, doch gestern hier auf Astypálea war alles dunkel. Nur der Anlegeplatz war von großen Scheinwerfern erleuchtet. Nun kommt Anna das Ganze wie ein Traum vor. Die Ankunft in düsterer Nacht, die Fahrt durch lichtloses Ödland und das heutige Erwachen, dieser erste Blick auf eine Traumkulisse.

Astypálea hatte gar nicht auf ihrem Reiseplan gestanden. Grund für diesen ungeplanten Stopp waren die schlechten Fährverbindungen zwischen der Inselgruppe der Dodekanes, die sie zu verlassen im Begriff sind, und der Kykladen, zu der ihre Ziele Amorgós und Náxos gehören. Sie mussten auf Astypálea umsteigen und das mit einer Wartezeit von mehreren Stunden. Deshalb hatte ihnen ihre Zimmerwirtin Eléni vor der Abreise von Tílos geraten, auf Astypálea ein oder zwei Nächte zu verbringen, zumal ihre Tante María auf dieser Insel wohnt und eine schöne Wohnung vermietet. Und gestern stand um ein Uhr nachts Tante María mit ihrem Auto am seltsam einsamen Hafen und wartete auf sie, um sie durch die Dunkelheit zu ihrem Haus zu fahren.

»Seit wann stehst du denn vor mir auf? Das ist ja ganz neu! Aber so richtig wach bist du noch nicht, oder?«, fragt Connie, die sich in der Küche zu schaffen gemacht hat und nun gefolgt von Kaffeeduft mit zwei dampfenden Tassen wieder zu Anna auf die Terrasse tritt.

»Ich dachte, ich träume. Jetzt weiß ich, was es bedeutet, wenn jemand sagt, etwas ist traumhaft schön. Es ist einfach unglaublich! Danke für den Kaffee. Den hab ich gebraucht.«

»Eléni hatte recht«, bestätigt Connie. »Wirklich ein Juwel, dieses Astypálea. Dabei hab ich noch nie etwas davon gehört, du?«

»Nee.« Anna reibt sich die Augen. Allmählich wirkt der von weißen Häusern mit blauen Fensterläden überzogene Burghügel, den eine steinerne Burganlage mit einer Kirche krönt, realer. Als Anna einige Schritte nach vorn tritt, sieht sie, dass eine von Windmühlen mit spitzen roten Dächern gesäumte Straße den Hügel hinaufführt.

Gleich nach dem Frühstück schlagen sie diese Straße ein. Alte hölzerne Türen, Blumen und handgearbeitete Vorhänge vor den Fenstern, enge Gassen, die weiße Zeichnungen schmücken, eine Aneinanderreihung weißer Kapellen und schließlich die alte Festung. Gern würden die beiden einen Blick in eine der Kirchen werfen, doch sie sind alle verschlossen. Als sie den klosterartigen Hof der unterhalb der Festung gelegenen Kirche Panajía Portaïtissa betreten, entdecken sie ein kleines Büro, in dem eine junge Frau inmitten von Porträts Geistlicher sitzt. Auf ihre Frage nach den Öffnungszeiten erhalten sie eine Telefonnummer, die sie nachmittags anrufen sollen.

Muttergottes in Variationen

Zahlreich sind die der *Panajía* (Muttergottes) geweihten Kirchen und Klöster. Um sie voneinander zu unterscheiden, hängt man dem Namen *Panajía* eine Spezifizierung an. So heißt das Marienkloster auf der Insel Nísyros, das Connie und Anna besuchten, Panajía Spilianí (Höhlen-Muttergottes), denn seine Kirche ist in eine Höhle gebaut.

Meist enden die Anhängsel an den Muttergottesnamen aber auf *-issa*. Die Kirche Panajía Portaïtissa beherbergt eine Reproduktion der gleichnamigen Ikone des Klosters Ivíron auf dem Heiligen Berg Athos. *Portaïtissa* bedeutet »Torhüterin« oder »Pförtnerin«, denn im Ivíron-Kloster befindet sich die Ikone oberhalb der Klosterpforte. Auf wundertätige Weise fand sie selbst ihren Weg dorthin …

Die Bezeichnungen können sich auf die Lage beziehen oder auf Legenden, die sich um die Muttergottes-Ikonen ranken, wie es etwa bei dem berühmten Kloster Panajía Chozoviótissa auf der Insel Amorgós der Fall ist. Im Alltag verwendet man für das jeweilige Gotteshaus oft einfach seinen Zusatznamen, sagt also schlicht Portaïtissa oder Chozoviótissa.

Also schlendern sie zunächst hinab zum Meer, zur *Skála*, wie ihre Vermieterin María den unteren Ortsteil im Gegensatz zum Burghügel, der *Chóra*, genannt hat, um in der Taverne zu Mittag zu essen.

Chóra und *Skála*

Chóra (χώρα) ist ein umgangssprachlicher Begriff für den Hauptort einer bestimmten Region, vor allem einer Insel. Er wird häufig statt des amtlichen Ortsnamens gebraucht. Die lexikalische Bedeutung des Wortes ist »Land, Ort, Territorium«. Archäologen und Historiker bezeichnen mit *Chóra* dagegen das wirtschaftlich genutzte Umland von antiken Stadtstaaten, den *Poleis* (Singular: *Polis*).

Insel und Hauptort werden oft mit ein und demselben Namen bezeichnet, z. B. Náxos und Náxos(-Stadt), während weitere Dörfer eigene Ortsnamen tragen. So kann man durch die Bezeichnung *Chóra* auch klar machen, dass man nicht die Insel meint, sondern deren Hauptort.

Skála (σκάλα) bedeutet »Treppe, Anlegeplatz« (vom lateinischen *scala*). So werden die Siedlungen am Meer bezeichnet, die einen Bezug zu einer meist wesentlich höher gelegenen Ortschaft gleichen Namens haben. Traditionell wurden in den Bergen versteckte Rückzugsorte zum Schutz vor Eindringlingen und Seeräubern gebaut. Heute dient eine *Skála* am Meer neben der Fischerei oft in erster Linie dem Tourismus und besteht größtenteils aus Hotels, privaten Gästezimmern und Ferienwohnungen, Geschäften, Tavernen und Cafés. Da es sich dabei um ein Saisongeschäft handelt, kann es geschehen, dass sie in den Wintermonaten mehr oder weniger menschenleer ist, weil sich die Betreiber in das Mutterdorf des Küstenablegers oder gar nach Athen zurückziehen. Manchmal ist es aber auch umgekehrt, dass die Bergdörfer allmählich aussterben, weil sie zugunsten der Orte am Meer verlassen werden.

Um kurz nach drei rufen Anna und Connie bei der Telefonnummer an, um sich zu erkundigen, wann sie die Kirche besichtigen können. Doch es meldet sich niemand. Anna will es später noch einmal probieren und vorher weiter durch die Gassen der *Chóra* streifen, die sie wie ein Magnet anzieht, während Connie den Nachmittag am Strand verbringt. Zu gern würde Anna länger auf dieser zauberhaften Insel verweilen. Doch sie haben die Tickets für die Weiterfahrt schon gekauft, und schließlich ist Anna auch auf Amorgós und auf Connies Haus und die von ihr gerühmten Sehenswürdigkeiten auf Náxos gespannt. Sie wird wohl irgendwann einmal wieder nach Astypálea reisen und sich dann viel Zeit nehmen. Dazu bräuchte sie allerdings eine billigere Unterkunft. So schön die luxuriöse Wohnung ist, sie ist ihr zu groß und zu teuer. Anna kommt an einigen Häusern vorbei, die Schilder mit der Aufschrift *»Rooms«* oder *»Studios«* tragen. Doch nirgends ist jemand zu sehen. An einem besonders schönen Haus läutet sie – keine Antwort. Auch an einem weiteren drückt sie auf die Klingel, wartet eine Weile und geht schließlich nach hinten in den Hof, wo sie ein Geräusch gehört hat. Dort hat eine alte Frau im Nachthemd ein Fenster geöffnet, sie sieht Anna und ruft: *»Ti thélis tétia óra?«* (Was willst du zu dieser Stunde?), und knallt schließlich das Fenster zu, als die junge Frau nicht sofort antwortet.

Seltsame Insel! Dieser gottverlassene Hafen heute Nacht, jetzt wieder nirgends eine Seele, überall gähnende Leere. Heute Morgen wirkte der Ort ja ganz lebhaft. Aber jetzt – wie ausgestorben. Während Anna sich weiter nach einer möglichen Unterkunft für einen zukünftigen Urlaub umsieht, versucht sie, erneut ohne Erfolg, unter der Telefonnummer auf ihrem Zettelchen jemanden zu erreichen. Deshalb steht sie jetzt wieder im Büro neben der Kirche.

»Nachmittags habe ich gesagt, sollen Sie anrufen! Nicht zur Mittagszeit!«, antwortet ihr die Dame in ärgerlichem Ton. »Probieren Sie es nach 17 Uhr. Frühestens.«

Was ist diesmal schiefgelaufen?

Anna hat sich zwischen 15 und 16 Uhr auf Zimmersuche begeben und zeitgleich versucht, jemanden anzurufen. Damit wurde sie zur Ruhestörerin. Denn *mesiméri*, wie die Zeit nach dem Mittagessen bis ungefähr 17 Uhr heißt, ist die Zeit der Mittagsruhe. Da gibt es keine Diskussion.

Was können Sie besser machen?

Zwischen 14 und 17 Uhr (unter Umständen sogar schon ab 13 Uhr und bis 18 Uhr) sollte man von Anrufen und Besuchen absehen, da sich so gut wie jeder, der es sich leisten kann, während der Zeit der größten Hitze zur Ruhe zurückzieht und nicht gestört werden will. Dafür darf es abends ruhig etwas später werden. Anrufe bis 22 Uhr sind in der Regel kein Problem.

Mesiméri – Mittagsruhe und Gliederung des Tages

Mesiméri bedeutet »Mittag«. Der Begriff dehnt sich jedoch weiter aus auf die tägliche Ruhezeit von zwei bis drei Stunden, die man sich, wenn möglich, gönnt. In dieser Zeit flieht man vor der großen Hitze in den Schatten, viele nutzen sie zu einem Mittagsschläfchen. Es ist die Zeit der *xekúrasi*, der Erholung oder Siesta, wie man sie in anderen Mittelmeerländern und teils auch in Griechenland nennt.

Wann genau der Einzelne sich zur Mittagsruhe zurückzieht, liegt am berufsbedingten Tagesablauf. Wer am frühen Nachmittag zwischen 14 und 16 Uhr bereits mit der Arbeit aufhören kann, wird zu Mittag essen und dann seine Mittagsruhe antreten. Wer danach weiterarbeiten muss, nutzt die Pause ebenfalls zur Ruhe und rappelt sich danach wieder auf.

Mesiméri gliedert den Tag in zwei Hälften. Vor diesem Einschnitt grüßt man sich mit *kaliméra* (Guten Morgen). Danach mit *kalispéra* (Guten Tag/Nachmittag/Abend).

25 Anna allein im *kafenío*

Von Bieren und Mythen

Amorgós, 26. September

Endlich wieder an Land! Heute herrschte ganz schöner Seegang. Als Anna im Hafenort Katápola ihr Zimmer bezog, musste sie sich erst einmal übergeben. Nicht der beste Start ihrer Reisezeit ohne Connie. Denn heute Morgen haben sich ihre Wege getrennt. Connie ist an Bord geblieben, sie kennt Amorgós schon und fuhr gleich weiter nach Náxos zu Bernd. Anna wird ihr in einigen Tagen folgen.

Inzwischen geht es Anna besser, auch wenn sie sich noch ein wenig benommen fühlt. Jetzt braucht sie erst einmal etwas zu trinken. Ob sie auch schon wieder etwas essen kann, weiß sie noch nicht, die *typrópita* (Blätterteiggebäck mit Schafskäsefüllung) und der Cappuccino an Bord sind ihr nicht bekommen. Lieber etwas Bitteres. Ein Bier vielleicht. Wie spät ist es eigentlich?

Sie kommt an einer Snackbar vorbei, die zwar offen ist, in der aber noch kein Betrieb herrscht. Deutlich interessanter sieht das Lokal nebenan aus. Unter seiner Arkade sitzen bereits einige Männer auf winzigen, mit Geflecht bespannten Stühlen und nippen an kleinen Kaffeetassen. Ein Stück weiter befindet sich ein hölzerner Anbau mit einem Fensterchen. Ein Schalter? Es ist aber niemand darin zu sehen. An der Holzwand des Anbaus erspäht Anna verschiedene Anschläge, ach, und da sind ja auch Fahrpläne für den Bus und die Fähre. Prima, morgen früh geht ein Bus zur *Chóra*, dem alten Hauptort am Berg. Sie wird sich nachher um Fahrkarten kümmern, jetzt erst einmal ein Bier.

Anna tritt unter die Arkade und geht zwischen dem Holzanbau und den besetzten Tischen im Freien vorbei auf den Eingang des Lokals zu. Zögernd lugt sie durch die hohe verglaste Holztür, deren einer Flügel offensteht. Der Raum wirkt düster. Seine grün gestrichenen Wände tragen einige Regale voller Flaschen und Gläser, dazwischen eine Vielzahl von Bildern – größtenteils alte Fotografien von Menschen und Schiffen. In einer breiten Nische am Kopfende befinden sich eine Spüle mit Vitrinenschränken darüber und eine Art Tresen, auf den Vitrinen drei Fernseher. Auf einem davon – einem alten Röhrengerät – steht ein Schiffsmodell. Schüchtern geht sie auf einen der Tische zu und setzt sich. Nur Männer befinden sich in dem Lokal, jeder ein Kaffeetässchen und ein Glas Wasser vor sich. Einer liest Zeitung, drei unterhalten sich und haben dabei Perlenkettchen in der Hand, mit denen sie spielen. Ein Alter mit Sonnenhut auf dem Kopf zieht seinen Gehstock zu sich heran, lehnt sich darauf etwas nach vorn und beäugt Anna neugierig. Ein mulmiges Gefühl überkommt sie, und sie will fast wieder aufstehen und gehen, als ein Mann hinter dem Tresen hervorkommt und an ihren Tisch tritt. Anna fasst sich ein Herz und bestellt ein Bier.

»*Mýthos?*«, bekommt sie zur Antwort.

Verdutzt schaut sie ihn an. Wieso Mythos? Ist es ein Mythos, dass ausländische Frauen Bier trinken. Na, was soll's, dann bediene ich eben dieses Klischee. Ich brauche jetzt ein Bier.

»*One beer*«, wiederholt sie, dann versucht sie es noch einmal auf Deutsch.

Der Alte mit dem Stock starrt immer beharrlicher in ihre Richtung und er ist nicht mehr der Einzige. Bald ruhen alle

Blicke auf ihr. Die drei mit den Perlenkettchen lachen und machen den Zeitungsleser am nächsten Tisch auf sie aufmerksam, bis auch er in Gelächter ausbricht. Der Wirt, der ihre Bestellung aufnehmen will, hingegen bleibt ganz nach Kellnermanier ernst, obwohl ihm der Mann mit der Zeitung, die nun unbeachtet neben ihm liegt, ebenfalls lachend etwas zugerufen hat. Der Kellner geht ohne ein Wort zum hohen Kühlschrank und kommt mit zwei Bierflaschen zurück, die er Anna unter die Nase hält. Die eine ist braun und trägt ein Etikett mit der Aufschrift »Amstel«. Auf der anderen, grünen, steht »Mythos«.

Was ist diesmal schiefgelaufen?

Nichts Schlimmes. Anna ist in ein *kafenío* geraten, einen der Kaffeetempel der Männer, die kaum jemals von Frauen besucht werden. Dort hat sie den Stammgästen Anlass zum Lachen und Lästern gegeben. Denn Sie bestellte um neun Uhr in der Früh ein Bier und wusste offensichtlich nicht einmal, was für eine Sorte sie will. Da die meisten Lokale nicht nur eine Biermarke, sondern mehrere führen, wird auf die Bestellung eines Biers meist zurückgefragt: welche Marke. *Mythos* ist eine der bekannten griechischen Biersorten, daneben *Alfa* und neuerdings wieder *Fix*. Beliebt sind auch die niederländischen Marken *Amstel* und *Heineken*.

Was können Sie besser machen?

Durst auf Bier oder gar Ouzo zur Morgenstunde sollte man in der Öffentlichkeit lieber unterdrücken. Man gönnt sich das erste Gläschen »erst« gegen Mittag zum Aperitif. Ansonsten freilich kann man ohne Weiteres auch alkoholische Getränke in einem *kafenío* bestellen. Obwohl *kafenía* (wie der Plural von *kafenío* lautet) Kaffeetempeln gleichen, ist der Genuss anderer Getränke kein Sakrileg.

Ob man sich als Frau von den *kafenía* fernhalten sollte? Nein. Keiner wird an weiblichen Gästen Anstoß nehmen, es sei denn der Ehemann, dessen eigene Frau kommt, um zu sehen, wo er denn so lang abbleibt, und ihn nach Hause zu holen. Doch ansonsten – überhaupt kein Problem. Es gibt keine strikte Regel, dass *kafenía* Männern vorbehalten sind, wenn es auch den Anschein hat. Zuweilen, wenn auch selten, sieht man darin auch Frauen, besonders wenn es sich um multifunktionale *kafenía* handelt, die gleichzeitig als Bushaltestelle oder Einkaufsladen dienen. Ähnliches war auch hier der Fall. Das *kafenío* des Hafenorts Katápola auf Amorgós fungiert auch als Fährbüro.

Man mag als Frau im *kafenío* vielleicht neugierige Blicke ernten. Vielleicht spricht einen auch jemand mit den üblichen Fragen an, die damit beginnen, von woher man kommt. Aufdringlichkeit oder Feindseligkeit sind nicht zu befürchten. *Kafenía* sind ein Stück griechischer Lebensart – man sollte sie sich, ob Mann oder Frau, nicht entgehen lassen.

Das *kafenío*

Ein traditionelles griechisches *kafenío* (oder *kafeníon*, wie es oft über seiner Tür steht) ist eine Welt für sich, ein Ort zur Befriedigung mannigfaltiger Bedürfnisse. Allen voran dem nach Geselligkeit, traditionell jener der Männer. Vor allem die älteren Semester verbringen hier Stunden vor einem Kaffee und einem Glas Wasser in stiller Kontemplation, Zeitung lesend, miteinander im Gespräch oder *távli* spielend. Doch auch Jüngere schauen gern auf einen Kaffee herein, schließlich wird hier nicht nur palavert, es werden Ratschläge ausgetauscht, gemeinsame Pläne geschmiedet und Geschäfte angebahnt.

Das *kafenío* ist Nachrichtenumschlagplatz Nummer eins. Damit erweist es auch manchem Fremden gute Dienste, wenn er beispielsweise nach einem Zimmer sucht oder auch nur nach dem Schlüssel für die kleine Kirche, die er versperrt vorgefunden hat. Auch wenn man nach einem Taxifahrer oder Handwerker fahndet und ihn nicht an seinem Fahrzeug oder in seiner Werkstatt antrifft, wird man oft im *kafenío* fündig. In kleinen Dörfern findet man im *kafenío* vieles von dem, wofür es ansonsten keine Einrichtung gibt. So werden teils auch Waren angeboten – *kafepandopolío* nennt sich diese Kombination aus Café und Tante-Emma-Laden dann.

Im *kafenío* herrscht oft ein lauter rauer Ton. Man kennt sich, neckt sich, führt hitzige Diskussionen, ruft der Bedienung Bestellungen zu, schaut den *távli*-Spielern über die Schulter und kommentiert. Wenn eintretende Gäste nicht zielstrebig einen Tisch ansteuern, sondern erst herumschlendern, hier und dort grüßen, warten sie offensichtlich auf die Aufforderungen *éla, kátse!* (komm, setz dich!). Wer sich erst einmal niedergelassen hat, wird kaum noch umziehen und vielleicht weitere Gäste an seinen Tisch einladen oder vom Platz aus an Gesprächen im Raum teilnehmen und auf diese Weise zu der lauten Geräuschkulisse beitragen.

Zu vorgerückter Stunde werden außer Kaffee auch alkoholische Getränke, vorzugsweise Bier oder Ouzo bestellt. Das Speisenangebot geht meist nicht über kleine *mézédes* genannte Häppchen als Beilage zu den alkoholischen Getränken hinaus. Kuchen zum Kaffee gibt es in der Regel keinen. (Für den ist die *zacharoplastío* genannte Konditorei zuständig, die meist auch Kaffee serviert und vor allem von Frauen gern besucht wird.)

Das echte *kafenío* ist zweckmäßig und spartanisch eingerichtet, typisch sind kleine Holz- oder runde Blechtische und mit Stricken oder Stroh bespannte Holzstühle. Ab und zu hängen alte Bilder an den Wänden, zuweilen auch Bekanntmachungen, Zeitungsausschnitte und alte Kalenderblätter. Manchmal ist ein Fernseher vorhanden, der mehr oder weniger beachtet wird. Große Mühe verwendet man nicht auf die Ausstattung – die Akteure sind wichtig, nicht die Bühne.

26 Zur Hölle!

Von zu viel Essen und schlimmen Gesten

Náxos, 26. September

Auch Connie setzt der Seegang zu. Auch ihr ist flau im Magen von dem Geschaukel, dem Cappuccino und der *tyrópita*, die alt und eine Spur ranzig geschmeckt hat. Vor allem aber plagen sie Kopfschmerzen. Nachdem Anna das Schiff auf Amorgós verlassen hat, kramt sie in ihrem Rucksack nach ihrem Schminktäschchen und dem Apothekenbeutel mit den Schmerztabletten. So etwas Dummes. Sie hat sich so sehr gewünscht, ihrem Mann erholt zu begegnen. Doch momentan fühlt sie sich wie durch die Mangel gedreht. Nachdem sie eine Tablette geschluckt hat, zieht sie sich in den Waschraum vor den Toiletten zurück, um vor dem Spiegel ihr Möglichstes zu tun, aus dem trotz Urlaubsbräune matten Gesicht wieder die frische, strahlende Connie zu machen, von der es so viele Urlaubsfotos aus den letzten vierzehn Tagen gibt. Mit etwas Rouge auf den Wangen und etwas Tusche auf den Wimpern fühlt sie sich ein wenig besser. Sie geht hinauf aufs Deck und beobachtet das Meer und die vorüberziehenden Inseln, bis die Fähre endlich an der Küste von Náxos entlangfährt und schließlich, vorbei an dem gigantischen Tor des antiken Apollotempels, in den Hafen einschwenkt.

Die frische Luft hat ihr gut getan. Als sie ihrem Mann in die Arme fällt, freut sie sich auf die Zeit mit ihm in ihrer beider Haus. Bernds Ankündigung, dass sie zu Mittag bei ihren Nachbarn María und Sotíris eingeladen seien, behagt ihr nicht besonders. So ganz stabil ist ihr Magen immer noch nicht, und sie fühlt sich müde.

Der Anblick des frisch renovierten Hauses und des blühenden Gartens lassen schließlich auch sie wieder aufblühen. Bernd hat eine Menge geleistet in den Monaten, seit sie das Haus gekauft haben. Welch gemütliches Zuhause er aus der alten Bruchbude gemacht hat. Als sie den Koffer ausgepackt und geduscht hat, machen sie sich auf zum Nachbarhaus.

María und ihr Mann Sotíris umarmen Connie und Bernd und heißen sie mit den Worten *»Kalós írthate!«* herzlich willkommen, worauf Connie *»Kalós sas vríkame!«* zu antworten weiß.

María stellt die Blumen, die ihr Bernd mitgebracht hat, in eine Vase und stellt Connie ihrer alten Patin vor, die zwei Straßen weiter wohnt und mit am gedeckten Tisch sitzt. Teller mit Oliven, einer scharfen Käsecreme, einem milden, frischen Molkenkäse, würzig angemachtem Erbsenpüree, mariniertem Thunfisch und gegrillten Paprika und Auberginen werden herumgereicht. Der Hausherr füllt die hohen, schmalen Gläser zu einem Drittel mit Ouzo und reicht Eiswürfel und Wasser zum Auffüllen dazu. Dann erhebt er sein Glas und sagt: *»Stin ijá sas!«* (Auf eure Gesundheit!).

»Stin ijá su!« (Auf deine Gesundheit!) und *»Stin ijá mas!«* (Auf unsere Gesundheit!) tönt es ihm entgegen.

Connie verzichtet lieber auf Eis. Als sie sieht, wie ihre Tischgenossen mit den Fingern in den Eisbehälter greifen, schieben sich unwillkürlich ihre rot geschminkten Lippen vor. Ein bisschen eklig ist das schon. Als sie fast eine Stunde ausgiebig gespeist und sich angeregt unterhalten haben und Connie schon lange satt ist, verschwinden María und ihre Tochter kurz in der Küche, um mit dem Hauptgericht zurückzukommen. Eine große Platte *stifádo*.

»*Móno lígo*« (Nur wenig), sagt Connie, als María beginnt, ihr von dem Rinderragout mit seinem würzigen Geruch nach Zwiebeln und Kräutern aufzutun.

Sotíris schenkt Wein aus. Connie hat von dem lauten Stimmengewirr und der im Hintergrund laufenden Musik wieder Kopfweh bekommen. Sie will deshalb lieber keinen Wein und lehnt mit *»óchi, efcharistó«* dankend ab. Ihre Worte scheinen jedoch im Lärm untergegangen zu sein. Jedenfalls sieht sie Sotíris' Arm mit der Weinflasche auf ihr Glas zukommen und streckt ihre Hand in Richtung Flasche vor, um abzuwinken. Abrupt stellt Sotíris die Flasche ab und starrt sie an.

Connie ist heute nicht in Form. Sie ist froh, als sie ihre Portion *stifádo* geschafft hat. Die pikanten Vorspeisen haben ihr besser geschmeckt, während irgendetwas am Geruch dieses Rinderragouts in ihr wieder die Übelkeit, die sie auf der Reise empfunden hat, hochsteigen lässt. Da kommt María zum zweiten Mal mit der Platte aus der Küche.

»Hat es dir geschmeckt, Connie?«, fragt die Dame des Hauses.

»Sehr gut, danke«, antwortet Connie.

Das sollte aber doch keine Aufforderung sein, ihr eine zweite Portion auf den Teller zu häufen! Als der Servierlöffel naht, breitet sie deshalb zuerst beide Hände über ihren Teller. Dann schiebt sie sie in einer Abwehrhaltung in Richtung Servierbesteck. Diese Geste lässt María dermaßen zusammenfahren, dass etwas von dem Ragout auf dem Tisch landet. Connie entschuldigt sich, weil sie sich irgendwie als Verursacherin dieses Unfalls fühlt, und denkt sich: Doch gut, dass nur ein abwaschbares Wachstuch und keine Tischdecke auf dem Tisch ist.

Was ist diesmal schiefgelaufen?

Etwas zu ruhig und einen Anflug griesgrämig hat Connie auf ihre Gastgeber gewirkt. Sie war einfach nicht in Form. Das ist etwas, was auch Griechen einmal passieren kann, wenngleich nicht sehr oft. Die Grundeinstellung zum Leben ist eine positivere. Man lässt sich nicht so leicht von etwas aus der Bahn werfen, und ein gemeinsames Essen mit Freunden hat – ungeachtet der körperlich-seelischen Verfassung – einen hohen Stellenwert. Man gibt sich in dem Moment ganz dem Genuss hin und freut sich an der Geselligkeit. Das wirkt entspannend, sodass leichte Unpässlichkeiten schnell vergessen sind.

Niemand hätte aber Connie ihren mangelnden Beitrag zum allgemeinen Frohsinn der Tafelrunde ernsthaft übel genommen, wäre da nicht ihre ausgestreckte Hand hinzugekommen. Zweimal diese Geste! Einmal mit einer Hand dem Gastgeber gegenüber und dann noch einmal mit beiden gegenüber der Gastgeberin. Dadurch hat es sich Connie nun wirklich mit den freundlichen Nachbarn verscherzt. Doch sie spürte nur vage, dass irgendetwas schiefgelaufen war, ohne zu ahnen, was María und Sotíris so entsetzte. Das war eine *múndza*, die beleidigendste aller Gebärden, die die griechische Körpersprache kennt.

Múndza – Verfluchung per Hand

Dem Gegenüber entgegengestreckte Handinnenflächen mit mehr oder weniger gespreizten Fingern sind harsch abweisend und beleidigend. So beschimpft man jemanden, schickt ihn zur Hölle. Je deutlicher man dabei die Finger spreizt und je kräftiger man die Hand in Richtung des derart Verfluchten schiebt, desto mehr Nachdruck erhält diese *múndza* genannte Geste. Und je näher die ausgestreckte Hand dabei dem Gesicht des

Gegenübers kommt, desto bedrohlicher wirkt sie. Zusätzlich akzentuieren lässt sie sich, indem man beide Hände verwendet und mit der Innenfläche der einen zur Bekräftigung auf den Rücken der anderen schlägt. Auch findet zuweilen eine akustische Untermalung mit *na!*, *órse!* oder *par'ta!* statt, was so viel wie »Da!«, »Nimm das!« bedeutet.

Mit der *múndza* ist nicht zu spaßen. Nur in sehr vertrauter Umgebung mag sie zuweilen karikiert oder in einer intimen, abgewandelten Bedeutung verwendet werden.

Ihren Ursprung hat sie wahrscheinlich in der zur byzantinischen Zeit üblichen Bestrafung von Kriminellen, denen man mit in Asche getauchter, offener Hand das Gesicht schwärzte, bevor man sie in Ketten rückwärts auf einem Esel sitzend durch die Straßen führte.

Was können Sie besser machen?

Einer Griechin oder einem Griechen nie die Handinnenfläche entgegenstrecken! Vorsicht ist diesbezüglich auch beim Winken und der Darstellung der Zahl fünf geboten.

Bei Einladungen im Freundes- und Bekanntenkreis sollten Sie nicht allzu viel Schnickschnack erwarten wie Tischdecken, Servietten und Vorlegebesteck, sondern sich stattdessen freuen, dass man Sie offenbar als zur Familie gehörig ansieht und genauso zwanglos behandelt. In Griechenland wird ganz allgemein weniger Wert auf elegant gedeckte Tische gelegt als bei uns. Viele Familien besitzen edles Geschirr, das sie im Büffet ihrer guten Stube präsentieren. Auf den Tisch kommt es aber kaum.

Die Tischsitten beim Essen mit Freunden sind lockerer als bei uns. Das gilt für einfache Tavernen ebenso wie zu Hause. In der gehobenen Gastronomie hingegen gelten die international gebräuchlichen Regeln. Inwieweit man sich damit abfinden kann, dass fremde Finger in den gemeinsamen Eiskübel gegriffen oder Speisen berührt haben, bleibt jedem selbst überlassen. Die Hauptsache ist, man meckert nicht daran herum, dass andere Sitten herrschen, und versucht nicht zu belehren. Insofern hat sich Connie richtig verhalten: Sie hat den Mund gehalten. Nur ihre Mimik sollte sie vielleicht noch etwas besser unter Kontrolle haben.

Wenn irgend möglich sollte man beim geselligen Beisammensein gute Laune zeigen. Klar, wenn einem unwohl ist, fällt das schwer. Vielleicht hätte Connie besser daran getan, das gleich zu erwähnen, zumal es nach der Fährreise ja kein Wunder gewesen wäre. Freilich hätte sie sich damit eine Menge guter Ratschläge und angebotener Pillen eingehandelt. Es gilt also abzuwägen, wie man in solch misslicher Lage selbst am besten über die Runden kommt. Wie gesagt, ein wenig Abgeschlagenheit ist kein Beinbruch, und die gute Laune einer griechischen Tafelrunde wirkt so ansteckend, dass man oft doch noch in Schwung kommt.

Nur keine Umstände!

Die in Deutschland oft gebrauchte Floskel »Machen Sie sich aber bitte keine Umstände!« kann man sich in Griechenland getrost sparen. Dort ist man selten umständlich, liebt das Praktische und Schlichte. Es kann sein, dass die Frauen des Hauses stundenlang in der Küche stehen, um eine Fülle verschiedener Speisen zuzubereiten, wenn ein Gast erwartet wird. Aber das wird nicht als »Umstände« verstanden. Man tut es mit Freude und genießt die Vielfalt, wenn man Gesellschaft hat. Hingegen fällt es kaum jemandem ein, für einen Abend mit Freunden den Tisch festlich zu dekorieren.

Auch in der Gastronomie sind Stofftischdecken nur in der gehobenen Klasse anzutreffen. In einfachen Tavernen mag man es praktisch, z. B. in Form eines abwischbaren Wachstuchs. Am weitesten verbreitet ist es, eine schnöde Papiertischdecke auf den Tisch zu spannen. Der Wirt spart sich die Wäsche; die Gäste wiederum müssen nicht sorgsam bemüht sein, die Tischdecke nicht zu beschmutzen. Im Gegenteil, sie legen Abfälle wie Olivenkerne, Gräten und Knochen einfach auf der Papiertischdecke ab. Diese wird am Ende des Mahls mit allen diesen Hinterlassenschaften zusammengeknüllt und weggeworfen. Und noch etwas Praktisches: Auf den Inseln ziert die Tischdecke oft eine aufgedruckte einfache Karte der Insel. So kann man seine Reiseplanung gleich beim Essen machen.

27 Anna hat die Hosen an

Von Mönchen und Rausschmissen

Amorgós, 27. September

Nun ist Anna also auf den Kykladen. Bezaubernd, denkt sie, die *Chóra* Amorgós' mit ihren schneeweißen Häusern und dem unvermittelt dazwischen aufragenden schroffen, dunklen Fels. Und auf einem Kamm am Rande die obligatorischen alten Windmühlen. Die Kykladen scheinen ganz Annas Griechenlandbild zu entsprechen. Ein Kollege im Büro hat einen Monatskalender mit Bildern dieser Inseln über seinem Schreibtisch hängen.

Monat für Monat ist sie entzückt von den Fotos gewesen und konnte sich partout nicht vorstellen, dass die Wirklichkeit diese Abbilder noch weit übertreffen würde. Was die Fotos nicht hatten vermitteln können, waren das magische, alles durchdringende Licht, die klare Luft, das warme Strahlen der weichen Formen weiß getünchter Häuser und die Fülle an Eindrücken, die hinter jeder Ecke nur darauf warten, von ihr entdeckt zu werden.

Auch das Kloster Panajía Chozoviótissa war auf einem der Kalenderblätter abgebildet, und seit sie zum ersten Mal das Foto gesehen hat, will sie dorthin. Nun liegt nur noch ein Fußweg von etwas mehr als einer halben Stunde zwischen ihr und dem Kloster ihrer Träume.

Anna schlägt einen Pfad ein, der vom oberen Ende des Dorfes über einen Hügel führt und kurz vor dem Kloster auf die Asphaltstraße trifft. Noch ein kleines Stück auf der Straße oberhalb der Küste, an die weiße Gischt schlägt, dann liegt das Marienkloster vor ihr. Schneeweiß klebt es weit oben in einer Höhe von 300 Metern über dem Meer mitten an einer steilen Bergflanke. Auch dieser Anblick ist großartiger als ihn irgendein Kalenderbild einfangen kann. Anna erklimmt die Treppen, die zu dem Kloster hinaufführen und auf denen bereits zwei andere Besucher unterwegs sind. Atemberaubend der Blick auf das unterhalb der Felswand gelegene Meer.

Die Wanderung von der *Chóra* über die Kuppe und das Treppensteigen haben Anna ganz schön ins Schwitzen gebracht. Als sie durch die schmale, niedrige Pforte ins Innere des Klosters tritt, müssen sich ihre Augen erst an die Dunkelheit gewöhnen.

Ein Mönch heißt die beiden Männer, die vor ihr eintreten, herzlich willkommen, lächelt ihnen einladend zu, sieht jedoch Anna mit unverhohlener Missbilligung an. Anna wird ganz klein unter seinem Blick, versucht jedoch ein gewinnendes Lächeln. Doch dagegen scheint der Geistliche immun. Es geht um ihre Hose, versteht sie schließlich, sie entspricht nicht der Kleiderordnung des Klosters. Dabei ist sie doch lang! Genau wie die der beiden Herren vor ihr. Doch der Mönch bittet sie freundlich, aber bestimmt, das Kloster sofort zu verlassen. Bevor Anna das tut, zückt sie noch schnell ihre Kamera, drückt ab und hockt sich anschließend ratlos auf eine der Treppenstufen.

Was ist diesmal schiefgelaufen?

Obwohl Anna schon an den Klöstern auf Tílos einen Anschlag gesehen hatte, dass sie nur in angemessener Kleidung betreten werden dürfen, war ihr nicht klar, dass dazu auch gehört, dass Hosen bei Frauen beim Klosterbesuch tabu sind.

Sie trug eine lange weiße Leinenhose zum T-Shirt, fühlte sich also nicht unschicklich gekleidet. Streng genommen werden beim Kloster- und Kirchenbesuch Hosen bei Frauen überhaupt nicht geduldet, und bei solch bedeutenden Klöstern wie dem der Panajía Chozoviótissa nimmt man es streng, während man in einfachen Kirchen als Frau mit langen Hosen meist durchkommt. Nur Shorts sind überall tabu, an Männern ebenso wie an Frauen. Manchmal halten Klöster für Vergessliche oder Unwissende wie Anna einfache Leihröcke bereit. Verlassen kann man sich darauf jedoch nicht.

Außerdem hätte Anna nicht ungefragt zur Kamera greifen sollen. Auch das Fotoverbot ist umso strikter, je heiliger der Ort und je wertvoller seine Ikonen.

Was können Sie besser machen?

Ist man als Frau gern in Hosen unterwegs, so ist es eine nützliche Sache, stets für alle Fälle einen mindestens knielangen Rock in der Tasche oder im Rucksack zu haben. Er leistet nicht nur beim Klosterbesuch gute Dienste, sondern auch am Strand zum Umkleiden, denn man sollte sich nicht vor den Augen anderer entblößen. Am praktischsten ist dafür ein einfacher Rock mit Gummizug aus dünnem, schnell trocknendem Gewebe, der unkompliziert über die Hose oder am Meer über den Badeanzug gestülpt werden kann. Eine andere praktische Alternative sowohl für den Kloster- als auch den Strandbesuch sind dünne, große Baumwolltücher, die man sich um die Hüfte binden kann. Außer als Rockersatz und zum Umziehen leisten sie auch als Sonnenschutz gute Dienste, sowohl beim Wandern über Schultern, Nacken oder Kopf gelegt als auch am Strand. Beim Klosterbesuch sollten außerdem die Schultern bedeckt sein.

Mit dem Fotografieren sollten Sie zurückhaltend sein, denn obwohl man zuweilen auch Griechen in Kirchen fotografieren sieht, halten es doch die meisten für eine Respektlosigkeit. Jedenfalls sollten Sie unter keinen Umständen Blitzlicht benutzen. Achten Sie auf Verbotsschilder!

Eine kleine Spende, dies am Rande, kommt Unterhalt und Instandhaltung von Kirchen und Klöstern zugute und ist umso mehr angebracht, wenn Klöster, wie normalerweise der Fall, keinen Eintritt verlangen und den Gästen kleine Erfrischungen reichen.

Zu Gast bei Nonnen und Mönchen

Klöster sind lohnende Ziele nicht nur für den geschichtlich und kulturell Interessierten und den Frommen, sondern auch für Wanderer. Sie befinden sich oft in landschaftlich schöner Lage einsam auf steilen Felsen hoch über dem Meer, auf den Gipfeln der Berge oder umgeben von alten Bäumen, Obst- und Weingärten. Stets fügen sie sich bezaubernd in die umliegende Natur ein. Oft führen alte, mehr oder weniger gut erhaltene Pilgerpfade zu ihnen. Sind sie bewirtschaftet, so erwartet einen dort meist eine kleine Erfrischung; die gastfreundlichen Mönche und Nonnen begrüßen den Besucher mit Wasser und Süßigkeiten. Manchmal bieten sie auch einen Kaffee oder ein Gläschen Likör an.

Jedes Kloster bestimmt seine Öffnungszeiten selbst, und es kann geschehen, dass ansonsten zugängliche Klöster tagelang geschlossen bleiben, weil die oft nur noch wenigen Nonnen oder Mönche anderweitig beschäftigt, krank oder verreist sind. Außerdem gibt es Mönchsklöster, die nur von Männern besucht werden dürfen.

Eine besondere Stellung nimmt der Heilige Berg Athos ein, dessen Gebirgsmassiv sich auf dem östlichen der drei Finger, die die Halbinsel Chalkidikí ins Ägäische Meer streckt, erhebt. Er kann nur von Männern und nur mit einer Sondergenehmigung besucht werden. Vergehen werden vom griechischen Staat geahndet. Die neben zahlreichen Einsiedeleien auf diesem Berg errichteten zwanzig Klöster, von denen viele über tausend Jahre alt sind, bilden eine halbautonome Mönchsrepublik, eine byzantinische Enklave im modernen Europa. Dort leben zurzeit etwa 3000 Mönche verschiedener Nationen.

28 Vorsicht vor Poseidons Dreizack!

Von Männern namens Tákis und Sákis

Náxos, 28. September

Connie, die Anna am Hafen von Náxos abholt, staunt nicht schlecht, als sie das junge Mädchen in galanter Begleitung von Bord gehen sieht. Ein wahrer Kavalier, der Annas Tasche trägt und ihr beim Schritt von der Schiffsrampe auf den Asphalt fürsorglich den Arm reicht.

Wie alt mag er sein? Die schlanke Figur in den schicken, engen Jeans und dem auffällig in Orange-, Braun- und Grüntönen gemusterten Hemd wirkt jugendlich, wenn auch seinem Schritt der frische Elan zu fehlen scheint. Der schwarze Pferdeschwanz ist schütter. Sicher ist er gefärbt. Goldketten um Hals und Handgelenk wirken ebenso protzig wie die Armbanduhr mit dem Krokolederband und die dunkle, goldgefasste Sonnenbrille, die wohl einen Teil der Falten des sonnenverbrannten Gesichts verdecken soll.

»Das ist Tákis. Wir haben uns auf der Fähre getroffen. Er hat mir angeboten, mir ein wenig von der Insel zu zeigen«, stellt Anna ihren Begleiter der verdutzten Connie vor und macht gleich weiter: »Meine Freundin Connie, bei der ich wohne.«

»Freut mich, Connie«, sagt Tákis mit einem gewinnenden Lächeln. Zu Anna gewandt sodann: »Ich rufe dich an«.

Nach dem Mittagessen fragt Connie Anna: »Willst du dich erst mal ein bisschen ausruhen? Oder soll ich dir gleich die Altstadt und die Burg zeigen? Heute Abend gibt es auf jeden Fall Livemusik.«

»Ich bin total fit. Auf der Fähre bin ich gar nicht dazu gekommen, etwas über die Insel zu lesen, weil ich mich die ganze Zeit mit Tákis unterhalten habe.«

»Brauchst du auch nicht. Dafür hast du ja mich!«

Die beiden Frauen spazieren zu dem riesigen Tor des antiken Poseidon-Tempels, vor dem sie sich gegenseitig fotografieren. Dann laufen sie weiter durch enge Gassen, über Treppen und unter Steinbögen hindurch den Burghügel hinauf. Sie haben sich mit Bernd in einem kleinen Café unterhalb des Kastells verabredet. Als der endlich kommt, ist es höchste Zeit für das *buzúki*-Konzert auf der Terrasse des Della Rocca-Barozzi-Turms.

Buzúki* und *baglamás

Das *buzúki* (Busuki) ist das Hauptinstrument der *rembétiko*- und Tavernenmusik. Diese Laute hat einen bauchigen Korpus und einen langen Hals mit drei oder vier Doppelsaiten (teils auch zwei Einzel- und zwei Doppelsaiten). Ihre heutige Gestalt und ihre weite Verbreitung gehen auf den Einfluss der aus Kleinasien stammenden Griechen ab 1922/23 zurück. Sein kleines Brüderchen heißt *baglamás*.

Mit Blick auf die Uhr ruft Connie gleich nach der Rechnung. Zu ihrem Erstaunen erfährt sie, dass diese bereits beglichen wurde. Tákis habe ihre Kaffees gezahlt, verrät der Kellner mit einem Augenzwinkern.

Als Anna nach ihm Ausschau hält und sich beinahe den Kopf verrenkt, fügt er hinzu: »Er hat das Lokal schon wieder mit seinen Freunden verlassen.«

Erstaunt und neugierig, wer denn dieser Tákis ist, der ein Auge auf Anna geworfen zu haben scheint, fragen Connie und ihr Mann am nächsten Morgen ihre Nachbarin aus. María kennt auf dieser Insel fast jeden! Sie hat den Prahlhans zwar nicht von Bord kommen sehen, doch nach Connies Beschreibung hat sie so einen Verdacht, wer es sein könne.

»Auf welchen Namen ist er denn getauft? Dimítrios oder Panajótis?«, hakt María nach.

Das weiß Connie natürlich nicht. María überlegt: Dimítrios und Panajótis sind die einzigen Männer jenseits der vierzig mit Pferdeschwanz, die sie kennt. Beide werden Tákis gerufen. Allerdings färbt Dimítrios seine Haare nicht, so viel sie weiß.

Der Frauenheld Panajótis hat seinen Pferdeschwanz tatsächlich schwarz gefärbt. Er trägt diese Frisur erst seit zwei oder drei Jahren, seitdem seine vorher kräftig gelockte Haarpracht sich ausgedünnt hat. Der wird es wohl sein.

Ja heißen denn hier alle Tákis?

Wie wird aus Panajótis und Dimítrios ein Tákis? Auf Umwegen. Tákis leitet sich von den Verkleinerungsformen der beiden Namen ab. Zu ihrer Bildung werden die letzten Silben durch *-ákis* ersetzt. So entstehen die Kosenamen Panajotákis und Dimitrákis. Beide kürzt man gern mit Tákis ab. Da der Name Panajótis und mehr noch der Name Dimítrios sehr häufig sind, werden sich Ihnen stets eine Menge Köpfe zudrehen, wenn Sie Táki (die Rufform von Tákis) in ein *kafenío* hineinrufen. Doch vielleicht sitzen auch einige Männer namens Panajótis und Dimítrios in dem Lokal, die sich nicht angesprochen fühlen, weil ihre Freunde, Kollegen und Verwandten sie nicht Tákis, sondern Pános, Jótis oder Dímis nennen. Auch das sind beliebte Kurzformen – diesmal nicht auf dem Umweg über die Verkleinerungsform.

Fast genauso viele Köpfe werden sich Ihnen zuwenden, wenn Sie Sáki rufen. Diesmal sind es Männer, die auf die zwei beliebten Namen Anastásios und Athanásios getauft wurden. Sie bilden beide die Kurzform Sákis via Anastasákis und Athanasákis. Doch könnte man statt *-ákis* auch die weniger geläufige Verkleinerungsendung *-úlis* anhängen und käme dann auf den

Kurznamen Súlis, mit dem man gern auch diejenigen ruft, die auf den Namen Odysséas getauft sind. In beiden Fällen ist das »s« alles, was von dem ursprünglichen Namen übrig bleibt.

Weitere beliebte männliche Vornamen mit ihren Kurzformen:
Thomás, Gerásimos, Adám und Efthýmios ▸ Mákis
Evángelos, Menélaos und Apóstolos ▸ Lákis
Die Damen sind in Kapitel 29, S. 224 an der Reihe.

Warum heißen so viele gleich und wie kann man sie unterscheiden?

Zwei der häufigsten männlichen Vornamen sind Jórgos und Konstandínos (kurz Kóstas, Kostákis, Kóstis, Kóstos, Konstándis oder Dínos). Tatsächlich herrscht unter den griechischen Namen keine große Vielfalt. Denn nach altem Brauch werden Kinder auf die Namen ihrer Vorfahren getauft, die Erstgeborenen auf die der Großeltern und Eltern, weitere auf die von anderen Verwandten. Im Ausweis und auf fast allen Formularen sind deshalb nicht nur Vor- und Familienname, sondern zusätzlich der Vorname des Vaters anzugeben. Im Privatgebrauch sind es die verschiedenen Kurz- und Koseformen, derer man sich bedient, um vor allem innerhalb der Verwandtschaft unter den Gleichnamigen zu unterscheiden. So hört einer von den drei Jungen, die wie ihr Opa Athanásios heißen, auf Sákis, einer auf Násos und der dritte auf Thános.

»Hütet euch vor dem!«, warnt María Connie. »Das ist ein ortsbekannter *kamáki*.«

»*Kamáki?* Was ist denn das?«, will Bernd wissen, als er in das entsetzte Gesicht seiner Nachbarin sieht.

»Einer, der Touristinnen nachstellt.«

»So eine Art Gigolo also? Dafür scheint er aber etwas alt zu sein, oder?«, wirft Connie ein.

»Ja, klar. Seine besten Jahre sind vorbei. Er arbeitet jetzt seit einiger Zeit als Tanzlehrer und Animateur in einem Hotel am Strand. Doch vor mehr als dreißig Jahren, als immer mehr Touristen auf die Insel kamen und er ein junger Bursche war, war er dafür bekannt, sich an Ausländerinnen ranzumachen. Er und seine Clique hatten so eine Art Wette laufen, wer die meisten Touristinnen abschleppt. Er war der schlimmste von allen!

Danach war er einige Jahre im Ausland, bevor er nach Náxos zurückgekehrt ist und den Minimarkt von seinem alten Vater übernommen hat. Doch den hat er zwischenzeitlich wohl verkauft. Nein, der hält nicht viel von Arbeit, Connie«, sagt María und fügt eindringlich hinzu: »Du musst das Mädchen warnen!«

Die Warnung wäre nicht nötig gewesen. Tage ziehen ins Land, und Tákis hat sein Versprechen, Anna anzurufen, nicht gehalten.

Kamáki – Poseidons Dreizack

Touristinnen-Anmache und die darauf spezialisierten Aufreißer werden mit dem Wort *kamáki* bezeichnet, was »Harpune« bedeutet. Man kann sich darunter auch einen Dreizack vorstellen, das Attribut des Poseidon, ein bestens zum Aufgabeln von weiblicher Beute geeignetes Gerät. Seit neben Kulturreisenden in den Siebziger- und Achtzigerjahren auch immer größere Scharen leger und aufreizend bekleideter Badetouristinnen vieler Nationen Griechenland zu entdecken begannen, schwingen die selbsternannten jungen Götter ihre imaginären Gabeln. Heute geht es wohl vor allem um das Angeben in einschlägig spezialisierten Freundeskreisen, einer *paréa*, die prahlend strandbasiertes Seemannsgarn spinnt.

Zu den Anfangszeiten des *kamáki* mag es noch ein Ventil gewesen sein, eine der raren Gelegenheiten für junge Burschen, erste romantische und erotische Abenteuer zu finden. Denn die Sitten für griechische Mädchen waren damals noch streng und ließen ihnen kaum Bewegungsraum außerhalb des Familienclans. An voreheliche Beziehungen war nicht zu denken. Seit einerseits die Vorstellungen von Anstand, Tugend und Moral europaweit immer weniger auseinanderklaffen und andererseits Aids zur Vorsicht mahnt, ist dieser Sommersport rückläufig. Man muss heutzutage nicht hinter jeder Anrede und Annäherung eine Anmache vermuten, sondern kann ruhig erst einmal entspannt abwarten, in welche Richtung sich ein Gespräch bewegt, bevor man gleich *kamáki* dahinter vermutet.

Was ist diesmal schiefgelaufen?

Anna war der alternde, charmante Tákis sympathisch, ohne dass sie vorhatte, sich weiter mit ihm einzulassen. Ein Urlaubsfoto mit ihm zusammen wäre ganz nett gewesen, einfach weil ihr blonder neben seinem schwarzen Pferdeschwanz so witzig ausgesehen hätte. Mehr nicht.

Trotzdem war sie ein wenig enttäuscht, dass er gar nicht angerufen hat. Bernd hingegen war es sofort suspekt, dass ein fremder Mann die Getränke für seine Frau und deren Freundin gezahlt hatte. Beides ist nicht weiter verwunderlich. Versprechen wie »Ich rufe an« oder »Ich zeige dir mal die Insel« haben keinen verbindlichen Charakter. Sie sind einfach eine weniger deklamatorische Form für »Du bist mir sympathisch«.

Auch das Zahlen der Zeche eines anderen kann in diese Kategorie der dezenten Sympathiebotschaft fallen. Es kann aber auch einfach einem plötzlichen Impuls entspringen, dem anderen etwas Gutes tun zu wollen. Jedenfalls ist nichts Suspektes oder Anrüchiges daran. Es ist eine häufig anzutreffende Geste.

Von stillen Gaben

Oft wird es dem Fremden, der nur auf der Durchreise ist, nicht gelingen, seinen »Wohltäter« ausfindig zu machen. Es ist eine weit verbreitete Sitte, sich gegenseitig, auch ohne ein Wort, Getränke zu spendieren oder anderweitige kleine Geschenke zu machen. Dies geschieht weit weniger als in Mittel- und Nordeuropa aus irgendeinem Kalkül heraus. Denn in Griechenland dominiert das *kéfi* – die richtige Stimmung, die gute Laune. Man tut, worauf man gerade Lust hat. Man genießt es zu geben, ohne einen Hintergedanken. Also legt der »Spender« oft keinen Wert darauf, als solcher erkannt zu werden. Begleicht er in einem Lokal überraschend die Rechnung, so ist der Kellner eine gute Informationsquelle, wenn man wissen will, wem man die Wohltat zu danken hat.

Weniger Möglichkeit nachzufragen hatte übrigens Bernd, als er mühsam sein Haus renovierte. Fast allabendlich fand er auf seiner verfallenen Veranda irgendwelche Gaben ohne Absender. Bei wem sollte er sich dafür bedanken? Erst eine ganze Weile später erfuhr er, dass Súla und Vúla die einzigen zwei Frauen in der Nachbarschaft waren, die selbst frischen Molkenkäse machten, was den möglichen Spenderkreis für den köstlichen *mithítra* auf diese beiden einengte. Als er den Klempner Mákis, der eines Tages mit einer Flasche selbstgekeltertem Wein zur Arbeit anrückte, fragte, ob er zweimal zuvor schon eine solche Flasche in den Gang gestellt habe, sagte der nur, der Wein sei nicht von ihm, sondern von seinem Onkel. Die einzige Weise, sich erkenntlich zu zeigen, schien Bernd, einfach auf ähnliche Art der ganzen Nachbarschaft stets hilfsbereit und großzügig gegenüberzutreten.

Was können Sie besser machen?

Hätte Anna wirklich Wert darauf gelegt, in Kontakt zu bleiben, so hätte sie sich besser auch Tákis' Telefonnummer geben lassen oder einen Termin ausgemacht. Letzteres wäre freilich auch noch keine Garantie dafür gewesen, dass er zur vereinbarten Zeit tatsächlich auftaucht. Man hat eben viel um die Ohren, steckt voller Ideen, die es zu verwirklichen gilt – oder auch nicht – und ist in einen festen Freundeskreis eingebunden, der gemeinsam einen Großteil der Freizeit verbringt. Nicht immer bleibt Zeit, ein leichthin gegebenes Versprechen, das man selbst gar nicht als solches wahrnimmt, dann auch wirklich einzulösen. Man sieht das nicht so eng, lässt auch schon mal was dazwischenkommen. Das Leben steckt voller Überraschungen.

29 Alles halb so wild

Von Schrammen und anderen Nichtigkeiten

Náxos, 29. Oktober

»Macht nichts, dann gibt es heute Abend eben Lammbraten«, witzelt Bernd, als Connie »Pass auf!« schreit.

Vor ihnen jede Menge Wolle auf Beinen. Eine Schafsherde überquert die Straße.

»Meine Kollegin Athiná hat mir eine CD mit Liedern von Míkis Theodorákis gebrannt«, sagt Bernd, der die Wartezeit überbrückt, indem er im Handschuhfach kramt.

Míkis Theodorákis – Komponist und Kämpfer

Der 1925 geborene Komponist ist mit Leib und Seele Musiker und Grieche. Sein Werk und seine Biografie bilden eine Einheit, die zu seiner Wahrnehmung nicht nur als großer Künstler, sondern als Vorbild und Idol geführt hat. Zeitlebens war er nicht nur Komponist, sondern auch Widerstandskämpfer, später Politiker. Wiederholt wurde er verfolgt, eingekerkert und grausam gefoltert. 1967 wurden seine Lieder unter der Militärchunta verboten. Im Untergrund fand in ihnen der Widerstand gegen die Diktatur Ausdruck, während Theodorákis sich in Haft und Verbannung befand. Auch heute noch im hohen Alter erhebt er immer wieder seine Stimme, geht für seine Überzeugungen auf die Straße und richtet bei Kundgebungen das Wort an Demonstranten.

Im Ausland am bekanntesten sind seine Chansons und Filmmusiken, allen voran die für den Film »Alexis Sorbas«. Seine Musik greift Elemente byzantinischer und griechischer Volksmusik verschiedener Epochen auf und führt sie im Kunstlied mit der Lyrik des Landes zusammen.

Zahlreiche große Interpreten singen seine Lieder. Untrennbar mit seinem Namen verbunden ist die Sängerin María Farandúri (oft transkribiert als Farantouri), die es wie keine andere versteht, seinem Werk eine Stimme zu verleihen.

»*Sto perijáli to krifó*« (Am versteckten Strand), klingt María Farandúris kräftige Stimme aus den Boxen, während Bernd den Wagen weiter vorbei an Schilf, Kakteen und Agaven durch die fruchtbare Livádi-Ebene steuert. Weideflächen wechseln sich mit Gemüsefeldern und Obsthainen ab, Weinterrassen ziehen sich die Hänge hoch, immer wieder Olivenbäume und kleine Häuseransammlungen mit blühenden Gärten. Bernd und Connie wollen Anna einige der Sehenswürdigkeiten der Insel zeigen und dann bei Freunden in dem Bergdorf Apíranthos zu Mittag essen.

Erneuter Zwangsstopp im Dorf Galanádo. Der Wagen vor ihnen hat angehalten, weil sein Fahrer etwas mit dem Fahrer eines entgegenkommenden Autos zu besprechen hat. Das dauert ein Weilchen, und Bernd hupt ungeduldig, während Connie den Stopp nutzt, um einen Passanten nach dem Belónia-Turm zu fragen. Der hat ihre Frage nicht ganz verstanden und zieht deshalb die beiden gerade noch ins Gespräch vertieften Autofahrer auf Fahrbahn und Gegenfahrbahn zu Rate. Ein weiteres Auto kommt hinter Bernd durch den Auflauf zum Stehen. Auch sein Fahrer steigt aus und beteiligt sich an der Wegweisung. Bernd stöhnt.

Von dem venezianischen Wohnturm aus, den sie bald nachdem sich der Knoten wieder aufgelöst hat, erreichen, überblicken die drei Deutschen die ganze Ebene bis hinunter zur *Chóra* und den Stränden.

Die Wohntürme von Náxos

Über die gesamte Insel verteilt finden sich zahlreiche in einem interessanten Mix aus kykladischer Architektur und westlichen Einflüssen errichtete Türme, die *pírgi* (Singular *pírgos* – der Turm). Größtenteils stammen sie aus dem späten Mittelalter und dienten zu jener Zeit dem Adel als Wohnsitz und zugleich als Festungen gegen Angriffe auf die Insel. Manche Neubauten imitieren ihren Stil.

Von Galanádo aus führt die Straße in das bergige Inselinnere. In Serpentinen schlängelt sie sich durch eine beeindruckende Landschaft, die zunächst unwirtlich und schroff ist, bevor sie sich zur Hochebene Tragéa weitet. Olivenbäume, so weit das Auge reicht. Zwischen zwei Tälern mit Wein- und Obstgärten liegt das Dorf Apíranthos an den Abhängen der östlichen Ausläufer des Bergzugs Fanári. Ein Uhr haben Connie und Bernd mit ihren Freunden ausgemacht, und es ist bereits nach eins.

Als Bernd den Wagen am Straßenrand vor dem Haus von Víktor und Vúla parkt, hört er ein kratzendes Geräusch. Er stöhnt, denn er ahnt Böses, steigt aus und sieht nach. Tatsächlich, unten an der Tür seines Autos erstreckt sich ein langer Kratzer.

Doch damit nicht genug. Der hinter ihm geparkte Wagen, an dem er offenbar vorbeigeschrammt ist, trägt Dellen an beiden Kotflügeln. Verflixt, die kleine am rechten könnte er verursacht zu haben! Der Autobesitzer ist nicht in Sicht, aber der Schlüssel steckt. Weit kann er wohl nicht sein.

Bernd betätigt den alten Türklopfer am Haus seiner Gastgeber, vielleicht kennen die den Fahrer des Wagens. Keine Antwort. Noch einmal. Wieder nichts. Dann drückt er die Klingel, die zur oberen Wohnung zu gehören scheint, in der die Tochter der Familie mit ihrem Mann wohnt. Auch darauf keine Reaktion.

»Oh Gott, nicht dass wir uns auch noch im Tag geirrt haben!«, entfährt es Bernd.

Connie geht inzwischen dem Geräusch nach, das sie im Hof gehört hat, und findet Víktor auf der Leiter beim Quittenpflücken.

»Jásu Connie, ti kánis?« Er steigt von der Leiter und stellt den Obstkorb ab. Dann schenkt er Connie ein breites Grinsen und ein weiteres Anna und Bernd, die ebenfalls auf den Hof treten.

»Kathíste! Na piúme éna uzáki.« (Setzt euch! Trinken wir ein Ouzochen.) Er deutet auf die Holzstühle hinter dem Haus, die sich um einen Steintisch gruppieren.

»Vúla ist beim Einkaufen. Aber das Essen ist schon im Rohr – *arnáki me patatúles* (Lammbraten mit Kartoffeln).« Mit diesen Worten steht Víktor auf und bringt Wasser, Ouzo und Oliven. *»Jámas!«*, prostet er seinen Gästen zu.

»Weißt du«, setzt Bernd an, nachdem er einen großen Schluck Ouzo getrunken hat, »weißt du, wem das rote Auto vor eurem Haus gehört? Ich glaube, ich habe es beim Einparken beschädigt.«

»Trink erst einmal, dann schauen wir nach.«

Doch Bernd kann hier nicht in aller Seelenruhe sitzen und einen kleinen Schwips bekommen. »Wenn ich den Besitzer nicht finde, muss ich mindestens einen Zettel hinterlassen. Nicht dass ich Probleme bekomme!«

»Bah!«, sagt Víktor nur, während er aufsteht und von einem Hocker unter dem Küchenfenster ein rundes Blech voller getrockneter Feigen mit Sesam holt. Bernd kennt dieses *Bah!*, mit dem Víktor offenbar seine Sorge als unbegründet abtun will. Zu beruhigen mag er ihn freilich nicht. Nervös rutscht

Bernd auf dem wackeligen, für seine Statur wesentlich zu klein geratenen Holzstuhl hin und her.

»*Na dokimásete!*« (Probiert!), ruft Víktor und stellt die Trockenfrüchte auf den Tisch. Dann trinkt er genüsslich seinen Ouzo und lächelt entspannt in die Runde. Begierig greifen Connie und Anna zu und geben sich ganz dem Genuss hin.

»Köstlich!« ruft Connie aus. »Warum haben wir eigentlich keinen Feigenbaum im Garten?«

Doch Bernd, an den die Frage gerichtet ist, hat jetzt keinen Sinn für Gartenthemen und blickt düster an Connie vorbei auf die drei in der trockenen Erde zwischen Quitten- und Granatapfelbaum scharrenden Hühner.

In dem Moment kommt Víktors Frau Vúla vom Einkaufen zurück. Sie begrüßt die Gäste und nimmt sich ein Glas Wasser und eine Feige.

»Schau mal, wem das rote Auto vor dem Haus gehört«, sagt Víktor, als sie sich in die Küche zurückziehen will.

Kurz darauf kommt Vúla wieder und stellt einen Teller mit Wurstscheiben und einen mit Schafskäsewürfeln und Tomatenvierteln sowie einen Brotkorb auf den Tisch.

»Das Auto gehört Theófilos, dem Neffen des Metzgers. Warum fragst du?«

»Bernd meint, er hätte es beim Einparken beschädigt«, erklärt Víktor und deutet mit einem Nicken auf die Leckereien.

»Ich habe nichts gesehen. Theófilos müsste aber jeden Moment kommen. Der Laden schließt um eins. Er ist wohl noch beim Aufräumen.«

»Sag ihm, er soll sich kurz melden, wenn du ihn siehst.« Víktor steckt sich eine Wurstscheibe in den Mund.

»Sollte ich nicht doch …«, zaudert Bernd.

»*Bah!*« Víktor trinkt noch einen Schluck Ouzo. Diesmal klingt sein *Bah!* noch mehr wie ein deutsches Igitt.

»*Chérete*«, grüßt kurze Zeit später ein junger Mann höflich in die Runde. Es ist Theófilos, den Vúla zu den Gästen in den Hof geschickt hat.

»*Jásu, kátse! Ti kánis? Éna uzáki? Mía birítsa?*« (Hallo, setz dich! Wie geht's dir? Ein Ouzochen? Ein Bierchen?), erwidert Víktor.

Als Bernd auf die Delle im Kotflügel zu sprechen kommt, interessiert das den jungen Theófilos nicht weiter. Er lässt sich von Víktor einen Ouzo einschenken und erzählt in zu schnellem Griechisch eine offenbar lustige Geschichte aus seiner Metzgerei. Kurz nach zwei bittet Vúla die Gäste zu Tisch. Theófilos wirft im Vorbeigehen – weil Bernd ihn wieder und wieder bittet – einen Blick auf sein Auto.

»Ich sehe nichts«, sagt er schlicht. Dann folgt er Vúlas Einladung, mit ihnen allen gemeinsam zu essen.

Was ist diesmal schiefgelaufen?

Ganz schön gestresst war Bernd heute. Autofahren in Griechenland ist nicht so recht seine Sache. Plötzlich Schafe auf der Straße, dann macht sein Vordermann aus heiterem Himmel eine Vollbremsung, nur weil er ein Schwätzchen halten will. Die engen Gassen von Apíranthos und schließlich der Unfall beim Einparken. Víktor und Vúla haben vielleicht Nerven! Sollte er sich etwa einen Schwips antrinken, noch bevor der Schaden geklärt war? Ja und wo haben die zwei denn gesteckt, als er und Connie Sturm geklingelt haben? Ein Uhr war doch ausgemacht. Er hat sich extra gesputet, und dann macht keiner die Tür auf.

Tatsächlich hatte Vúla sie einfach zum Mittagessen eingeladen, ohne irgendeine Urzeit zu nennen. Auf Bernds Nachfrage hatte sie gesagt: »Wann es euch passt.« Ein Uhr war daraufhin Bernds Vorschlag gewesen, den Vúla akzeptierte. Passt schon. In ihrer Familie isst man normalerweise gegen zwei Uhr zu Mittag. Vorher kann man ja noch etwas trinken und dazu *mezédes* essen. Genaue Terminabsprachen sind in Vúlas Heimatdorf selten. Man verabredet sich für »vormittags«, »mittags oder »nachmittags«. Damit, dass die Gäste Punkt eins vor der Tür stehen, hat Vúla nicht gerechnet. Was spricht also dagegen, noch schnell eine Besorgung zu machen? Víktor ist ja zu Hause. Die Freunde werden ihn schon im Garten finden, und der Braten ist ohnehin schon im Rohr.

Was können Sie besser machen?

Ja, Vúla und Víktor haben die Ruhe weg. Die Fahrer im Dorf Galanádo, die sich mitten auf der Fahrbahn unterhielten, auch und der junge Theófilos ebenso. Beneidenswert, oder? Warum nicht selbst auch ein wenig entspannter an die Sache herangehen? Schließlich hat Bernd ja Urlaub, und die Fahrt sollte ein Vergnügungsausflug sein.

Sein Gehupe wegen der kurzen Wartezeit in Galanádo hätte er sich sparen können. Die Einheimischen sind in solchen Fällen geduldiger. Es ist ja offensichtlich, dass da nur zwei etwas zu bereden haben, warum also hupen? Dafür hupen sie sonst alle Naselang, beispielsweise um sich gegenseitig zu grüßen, auf sich oder irgendetwas anderes aufmerksam zu machen oder einfach nur so. Das bisschen Gehupe von Bernd stört also nicht weiter und bringt keinen aus der Ruhe. Aber Sinn hat es auch keinen.

Dass jederzeit mit kreuzenden Tieren und anderen Hindernissen auf der Straße zu rechnen ist, weiß Bernd inzwischen. Lang genug ist er schon auf der Insel. Tatsächlich hat er sich bereits eine vorsichtige Fahrweise angewöhnt, seit er auf Náxos lebt. Nur regt er sich eben jedes Mal aufs Neue über solche »Ungeheuerlichkeiten« auf.

Wegen der Pünktlichkeit hätte sich Bernd auch keinen Stress machen brauchen. Die Gastgeber hätten wohl eher eine halbe Stunde nach der vereinbarten Zeit mit ihm und den beiden Frauen gerechnet. Jedenfalls hätten sie ihm eine Verspätung nicht übel genommen bzw. sie gar nicht als solche aufgefasst. Die Gäste sollten zum Mittagessen kommen. Da kommt es doch nicht auf ein paar Minuten oder ein halbes Stündchen an.

Dabei war Bernd doch heute ein ausgemachter Glückspilz. Keinerlei Scherereien wegen der Kollision beim Einparken. Sein Glück, dass kleine Kratzer und Dellen in Griechenland meist nicht ganz so ernst genommen werden wie in seiner Heimat. Man kann Bernd also nur raten, etwas mehr Gelassenheit zu üben. Er wird spüren, wie gut das tut.

»Kleine« Speisen, Getränke – und Frauen

Lauter feine Sachen bieten Víktor und Vúla ihren Gästen an: *uzáki*, *birítsa* und *arnáki me patatúles* zum Beispiel. Weil das alles so lecker ist, spricht Víktor nicht von *úzo* (Ouzo), *bíra* (Bier), *arní* (Lammfleisch) und *patátes* (Kartoffeln), sondern benutzt eine Koseform. Dazu hängt er an die Bezeichnungen für Getränke und Speisen eine Verkleinerungsendung an:

-ákis oder *-úlis* für männliche Substantive

-áki für sächliche Substantive

-úla oder *-ítsa* für weibliche Substantive

So wird aus *úzo* ▸*uzáki*, aus *bíra* ▸*birítsa*, aus *arní* ▸*arnáki* und aus *patáta* ▸*patatúla* (im Plural *patatúles*). Wie gesagt, es handelt sich dabei um eine Koseform, denn die Liebe geht durch den Magen – besonders klein brauchen die Bierchen und Kartöffelchen deshalb nicht zu sein.

Eine solche Koseform liegt auch Vúlas Rufnamen zugrunde. Getauft wurde sie auf Paraskeví. Hängt man die Verkleinerungsendung an, so wird daraus Paraskevúla – ein bisschen lang, also kurz Vúla. Da es sonst keine gängigen Frauennamen mit einem »v« in der letzten Silbe gibt, lässt sich – weiß man nur den Kurznamen Vúla – ganz gut davon auf Paraskevúla ►Paraskeví schließen. Schwieriger ist das bei den vielen Frauen namens Súla. Zwei häufige Vornamen werden so via ihrer Verkleinerungsform abgekürzt: Anastasía und Athanasía.

Und auch die Vúla und Súla brauchen keineswegs klein zu sein. Sie werden so gerufen, egal ob sie acht oder achtzig sind. Sogar die Muttergottes, die *Panajía*, wird oft mit ihrer Koseform *Panajítsa* angerufen. Eine weitere Bezeichnung für die Muttergottes ist übrigens *Déspina* (Herrin, Gebieterin) – auch das ein beliebter Frauenname. Via Despinúla wird daraus die Kurzform Núla. Ob Núla aber wirklich auf Déspina getauft wurde und somit am 15. August, dem Fest Mariä Himmelfahrt (in der orthodoxen Kirche: Mariä Entschlafung), Namenstag hat, kann man allerdings nicht ohne Weiteres wissen: Ebenso gut könnte sich diese Núla von Ánna, Fotiní, Evjenía oder Lambriní ableiten. Denn alle Mädchennamen, die ein »n« in der letzten Silbe haben, können zur Núla werden.

30 Vorsicht ist die Mutter der Porzellankiste – oder?

Von Gaunern, Gas und Geld

Náxos, 29. September

Víktor führt die Gäste durch die rückwärtige Tür ins Haus. Durch sie gelangen sie zunächst in die Kellerräume, den Stolz des Hausherrn. Im Vorratskeller lässt er etwas selbst gekelterten *retsína* (geharzten Weißwein) aus einem der drei Fässer in einen Krug fließen. In der Ecke stehen Amphoren und Kanister mit Olivenöl, an der Wand hängen Zwiebel- und Knoblauchzöpfe und aufgefädelte getrocknete Paprika. Auf dem Boden reihen sich Körbe voller Äpfel, Birnen und Granatäpfel und in den Regalen stapeln sich verschiedene Tüten, Säckchen, Flaschen und Gläser mit Konfitüre und Sirupfrüchten. Von hier steigen sie die Treppe hinauf zum Flur, von dem eine dunkle Holztür ins Wohn- und Esszimmer führt.

Der Raum wirkt kühl und dunkel – eine Wohltat nach der brütenden Hitze draußen im Garten. Die Mitte des Raums beherrscht ein langer, massiver Holztisch. Während Víktor die Gläser der Gäste mit *retsína* füllt, betritt seine Frau, gefolgt von Bratenduft, den Raum und stellt eine Kasserolle mit Lammbraten und Kartoffeln auf den Tisch, auf dem bereits Teller und eine Schale mit Zaziki stehen. Connie läuft das Wasser im Mund zusammen. Da fällt ihr ein, dass ja an Theófilos' Auto der Schlüssel steckte. Ob er ihn abgezogen hat, nachdem er mit Bernd die Kratzer und Dellen inspiziert hat? Sie glaubt nicht.

»Haben Sie das Auto abgeschlossen?«, fragt sie ihn deshalb. Sicher ist sicher.

»Nein. Ihr Mann hätte ruhig auch ein Stückchen mit meinem Wagen zurückfahren können, bevor er eingeparkt hat, statt sich in die enge Lücke zu zwängen. Der Arme, da kam er ja wirklich schlecht rein.«

Connie ist verblüfft. Man kann sich doch nicht einfach in einen fremden Wagen setzen, Sitz und Spiegel einstellen, am besten noch fremde CDs hören und ein bisschen hin und her rangieren. Hat ja keiner ahnen können, dass das Auto, wie der Zufall es will, einem Bekannten ihrer Freunde gehört. Was hätte wohl ein Fremder dazu gesagt, wenn er ihren Mann nonchalant hinter seinem Steuer gesehen hätte? Der hätte doch gedacht, Bernd wolle den Wagen stehlen!

»Ist doch manchmal ganz praktisch«, unterbricht Theófilos ihre Gedanken, »wenn es zu eng zum Einparken ist. Da kann man das Auto etwas verrücken, schon hat man Platz.«

Connie weiß nicht, ob er sie auf den Arm nehmen will. Sie wirft Víktor einen schnellen Blick zu, doch der steckt sich in aller Ruhe ein Stück Lammbraten in den Mund.

Nach dem Essen zeigt Vúla den Frauen die beiden Gästeapartments, die sie im Obergeschoss neben der Wohnung ihrer Tochter eingerichtet hat. Sie sind mit hellen Nadelholzmöbeln zweckmäßig ausgestattet und haben beide ein kleines Duschbad neben dem Wandschrank und eine Kochnische. Währenddessen genehmigen sich Víktor und Bernd am Tisch hinter dem Haus ein Glas *kítron* und rauchen eine Zigarette.

Likörspezialitäten

Jede Region hat eigene Likörspezialitäten. Meist liegen ihnen alte Familienrezepte zugrunde, die Kräuter und Früchte der jeweiligen Gegend beinhalten. Die Spezialität der Insel Náxos heißt *kítro(n)* und wird schon seit 1896 aus Zitrusblättern hergestellt.

Auf Chíos, wo traditionell Mastixbäume zur Gewinnung ihres Harzes gepflanzt werden, stellt man neben vielen anderen Produkten daraus auch einen *mastícha*-Likör her.

Extrakte von Zimt, Nelken, Muskatnuss und Zitrusfrüchten geben dem seit dem 15. Jahrhundert in Pátras produzierten *tentúra* sein Aroma.

Vúla ist stolz auf ihre Apartments, besonders auf die kleinen, komplett ausgestatteten Kochnischen.

»Warum sind denn hier Gasflaschen?«, wundert sich Connie. »Es gibt doch elektrischen Strom, oder?« Klar, sie kocht auch gerne mit Gas, zumal man dann die Hitze viel genauer regulieren kann, aber diese Flaschen, die sehen wirklich bedrohlich aus.

»Natürlich«, antwortet Vúla, während sie die Tischdecke glattzieht. »Wir haben überall elektrischen Strom. Aber der Anschluss hier oben ist zu schwach für einen Elektroherd. Außerdem kann ja auch mal der Strom ausfallen. Dann haben wir hier oben wenigstens noch eine Kochgelegenheit.«

»Ja, aber mit der Gasflasche – ist das denn nicht zu gefährlich? Besonders, wenn die Apartments an Feriengäste vermietet werden?!« Connie ist regelrecht schockiert und versucht Annas Blick einzufangen, die jedoch aus dem Fenster schaut.

»Wieso denn?«, wundert sich Vúla. »Man muss das Gas eben zudrehen, wenn man die Feuerstellen nicht mehr braucht.«

»Ja eben! Du weißt doch nicht, was das für Leute sind, die deine Apartments mieten. Vielleicht sind die unvorsichtig. Schau mal – und die Haushaltspapierrolle direkt über dem Herd. Wenn das Papier runterhängt, kann es Feuer fangen.«

»Da muss man halt aufpassen.« Vúla geht schnellen Schrittes vor zur Treppe.

Kurz darauf brechen sie zu fünft ins Dorf auf. Connie, die noch ihren Lippenstift nachgezogen hat, eilt hinterher. Im Vorbeilaufen sieht sie Víktors Portemonnaie, sein Handy und seinen Schlüssel auf dem Steintisch im Hof – im Freien! – liegen und ruft ihm hinterher.

»Ah ja«, sagt er grinsend und verstaut die drei Gegenstände in seinen Taschen. »Vielleicht wollen wir ja am Abend noch in der Ouzeri vorbeischauen. Dann habe ich Geld dabei, um euch einzuladen.«

»Wir laden euch ein!«, beeilt sich Connie zu sagen. Um Gottes Willen, nicht dass er dachte, sie wolle ihn zu einer Einladung nötigen!

Was ist diesmal schiefgelaufen?

Connie und Bernd sind von zu Hause mehr Vorsicht, Vorkehrungen und Akkuratesse gewohnt. Connie wunderte sich, dass jemand den ganzen Tag lang den Schlüssel an seinem auf der Straße abgestellten Auto stecken lässt und ihr Gastgeber gar Handy, Schlüssel und Geldbörse im Freien auf dem Tisch liegen lässt, wenn er zu einem Bummel durchs Dorf aufbricht.

Víktor, der schließlich die liegengebliebenen Gegenstände einsteckte, dachte dabei weniger an die Möglichkeit eines Diebstahls als daran, dass er ja mit seinen Gästen vielleicht noch einkehren will und deshalb seinen Geldbeutel braucht. Und er wird es sich nicht nehmen lassen, seinen Gästen auch in der Ouzeri das eine oder andere Getränk oder ein Abendessen zu spendieren, denn schließlich ist das hier sein Dorf. Connie und Bernd können ihn ruhig einladen, wenn er in die *Chóra* kommt, wo sie wohnen. Hier ist er der Gastgeber.

Dieses Prinzip hat Connie noch nicht durchschaut, obwohl sie ihm schon mehrmals auf der Reise begegnet ist. Man kann es ihr auch nicht verübeln, denn ein striktes Prinzip ist es heute nicht mehr. Nicht jeder verhält sich so.

Noch etwas, das Connies vorsichtigem Gemüt widerstrebte: eine Gasflasche im geschlossenen Raum! Ein Papierspender direkt über dem Herd – einem Gasherd mit offener Flamme! Sie konnte es sich nicht verkneifen, Vúla darauf aufmerksam zu machen, die das für einen kurzen Moment als unangebrachte Einmischung empfand.

Was können Sie besser machen?

Mögen Bernd und Connie ruhig so bleiben, wie sie sind. Es bleibt ihnen wahrscheinlich sowieso nichts anderes übrig. Keiner kann aus seiner Haut.

In Griechenland sieht man vieles lockerer und macht sich damit das Leben leichter. Und auch wenn die Mutter der Porzellankiste niemals zum Elefanten im Porzellanladen wird – was selbstverständlich auch die Griechen nicht sind –, könnte sie sich von der Unverkrampftheit ihrer Gastgeber doch ein winziges Scheibchen abschneiden.

Im Gegenzug könnte den Hellenen manchmal etwas mehr Vorsicht nicht schaden. Freilich ist man als Fremder nicht im Land, um seine Bewohner zu belehren, zumal man oft auch nicht einschätzen kann, was wirklich sinnvoll ist und was unter den gegebenen Umständen überflüssig oder unrealisierbar sein mag. Mit dem eigenen Beispiel in puncto Sicherheit voranzugehen, kann aber nicht schaden. Mag es vielleicht belächelt werden, so ist der Respekt der Griechen vor der freien Persönlichkeit des Fremden zu groß, um ihm dessen Entscheidungen übel zu nehmen.

Mit ihrer Vorsicht bezüglich der Kücheneinrichtung hatte Connie objektiv recht. Warum also nicht die Gastgeberin auf Sicherheitsmängel aufmerksam machen, wenn es sich um eine gute Freundin handelt und man nicht besserwisserisch auftritt? Doch wahrscheinlich wird diese den guten Rat in den Wind schlagen, denn Griechen ist ein allumfassendes Gottvertrauen zu eigen. Kaum einer trägt beim Motorradfahren oder gar beim Fahrradfahren einen Helm. Man sieht Kinder im fahrenden Auto herumtollen, statt sicher angeschnallt auf ihren Plätzen zu sitzen. Alljährlich wüten Waldbrände, so mancher davon wohl als Resultat von Unachtsamkeit.

Und der unbesorgte Umgang mit Schlüsseln, Handy und Geldbeutel? Der ist normal auf kleinen Inseln und in Dörfern. Viele lassen ihr Haus stets unverriegelt und kämen sich komisch vor, wenn sie abschlössen. Unter den Dorfbewohnern kennt man sich ja und traut sich keinen Diebstahl zu. Und doch, je mehr Touristen und Fremdarbeiter in den letzten Jahrzehnten auch in die Dörfer strömen, desto mehr überdenkt man diese Praxis. Denn nicht alle von ihnen haben die gleiche Achtung vor fremdem Eigentum wie die Einheimischen, die sich untereinander kennen. Haben die Ersten schlechte Erfahrungen gemacht, so spricht sich das schnell herum, wenngleich alte Gewohnheit noch zuweilen die neuerlich notwendig gewordenen Vorkehrungen vergessen lässt.

31 Vertrau mir!

Von Absprachen und Verträgen

Náxos, 30. September

»Das wäre doch ein guter Anfang. Zweihundert Liter Olivenöl im nächsten März. Können wir das so festhalten? Vielleicht können wir das im darauffolgenden Jahr steigern.« Jetzt kommen wir der Sache langsam näher, denkt sich Bernd.

»Zweihundert Liter kann ich leicht liefern. Gar kein Problem. Über den Preis sind wir uns einig. Um den Transport kümmert sich mein Neffe.«

»Können wir das dann so festhalten?«

»Ja, geht klar.«

Bernd zieht den Vertragsentwurf, den sein Bruder für seine Lieferanten aufgesetzt hat, zusammen mit einem Kugelschreiber aus seiner Sakkotasche. Er trägt an einer freigelassenen Stelle die Zahl 200 und an einer anderen den abgesprochenen Literpreis ein, setzt das Datum darunter und legt das Papier dem Olivenbauern Pános vor.

»Was ist denn das?« Pános faltet kurz die schwieligen Hände, bevor er sie eine Weile über die Augen legt und sich dann die Schläfen reibt. Dann zieht er eine Brille aus der Tasche und setzt sie auf.

»Der Vertrag«, antwortet Bernd. Er ist stolz, dass er so gut präpariert ist.

Pános' Sohn Áris, der über das Wochenende aus Athen zu Besuch ist, rückt seinen Stuhl näher und wirft von der Seite einen Blick auf das Papier. Pános schiebt es mit einer abrupten Geste von sich weg und zu Áris hinüber, ohne den Text selbst gelesen zu haben. Dann räuspert er sich, nimmt einen Schluck Wasser, stellt das Glas ab und greift stattdessen zu seiner Kaffeetasse, nippt daran, stellt sie wieder auf den Unterteller und blickt nachdenklich in die schwarze Flüssigkeit. Die drei Männer sitzen zusammen an einem kleinen runden Tisch am Rande der Terrasse und schweigen.

Als Pános seinen Sohn und Bernd aufgefordert hat, mit ihm abseits der Familientafel, an der die Frauen zurückblieben, Platz zu nehmen, hat sich Bernd gefreut. Nun würden sie endlich ins Geschäft kommen, dachte er. Pános hatte ihn und seine Frau zu sich nach Hause zum familiären sonntäglichen Mittagessen eingeladen. Fast zwei Stunden aßen sie an einer großen Auswahl an Vorspeisen, gefolgt von Schweinefleisch mit Sellerie und probierten dazu von Pános' eigenem Wein. Während es nun an dem Tischlein der Männer ganz ruhig geworden ist, dringen von der großen Tafel Stimmen und Gelächter zu ihnen herüber. Schließlich schiebt der junge Áris das Papier zu seinem Vater zurück, hebt kurz die Schultern und blickt den alten Bauern an.

»Wir brauchen doch keinen Vertrag«, sagt Pános zu Bernd. »Du musst mir vertrauen. Wenn ich dir sage, ich liefere die zweihundert Liter im März zu den vereinbarten Konditionen, dann tue ich das auch.«

Der alte Bauer steht auf und schlurft gemächlich zum Haus zurück.

Was ist diesmal schiefgelaufen?

Das ist Bernds viertes Treffen mit dem Olivenbauern Pános, der seinem Bruder Olivenöl liefern soll. Bernd würde die Sache gern endlich unter Dach und Fach bringen. Ein wenig hat Bernd schon begriffen, dass sich Geschäftspartner hier wohl erst einmal etwas beschnuppern wollen, bevor sie zur Sache kommen. Das haben sie aber doch inzwischen ausreichend getan. Und sicher wollte Pános seinen Sohn zu Rate ziehen, bevor er eine Verpflichtung einging. Darum hat er sich doch mit ihm in diese Dreierrunde zurückgezogen. Also, Zeit, sich an den Vertrag zu machen, oder?

Das Papier, das ihm sein Bruder geschickt hat, war allerdings etwas zu detailliert. Tatsächlich macht man Geschäfte wie diese zwischen Einzelpersonen meist ohne vertragliche Regelung. Mündliche Absprachen sind üblich. Setzt man doch einen Vertrag auf, so ist er meist knapp gehalten und enthält nur Eckpunkte. Einzelheiten klärt man im direkten Gespräch. Wie Bernd bereits bei den Vorbesprechungen gemerkt hat, legt man sich nicht gern fest. Was weiß man schon über die Zukunft? Die Ernte der letzten Jahre war gut. Doch nur der Herr im Himmel weiß, ob das alle Jahre so sein wird.

Ähnliches gilt in vielen Bereichen. »Bis auf Weiteres« ist eine häufig anzutreffende Zeitangaben, auch dann, wenn beispielsweise ein Museum wegen Renovierungsarbeiten geschlossen oder eine Bahnstrecke eingestellt wird.

Was können Sie besser machen?

Geduld, Geduld und noch mal Geduld. Vor allem wenn es um neue Geschäftskontakte geht. Das hat Bernd inzwischen begriffen: Man will seine Geschäfte mit einer Person, die man kennt und der man vertraut, machen. Ist man an einem solchen Punkt des Vertrauens angelangt, so verzichtet man auf schriftliche Abmachungen oder reduziert solche – wenn sie denn sein müssen – auf ein Minimum. Inwieweit man sich mit mündlichen Vereinbarungen abfinden will, liegt natürlich an der Art der Geschäfte, die es abzuschließen gilt. Jedenfalls sollten Verträge so knapp, einfach und verständlich wie möglich gehalten werden. Damit tun Sie jeder Seite einen Gefallen.

32 Kaffeesatz und böse Blicke

Von Orakeln und »Kakomaten«

Náxos, 1. Oktober

»Ich habe ja gar nicht geahnt, welche verborgenen Talente in dir schlummern«, bewundert Connie ihren Mann, als sie zusammen in der milden Morgensonne auf der Terrasse beim Frühstück sitzen und auf den blühenden Garten blicken. Sie greift nach einem Stück Kuchen.

»Meinst du den Kuchen?«, hakt Bernd nach. »Den hab ich nicht gebacken. Der ist von Fotiní.«

»Ich meine all das hier! Den schönen Garten, das renovierte Haus, das geschmackvoll eingerichtete Gästezimmer. Deine zwei Jobs.« Connie macht eine Geste, mit der sie das neue Zuhause, das Bernd für sie beide geschaffen hat, umfassen will. Dann schiebt sie sich ein Stück Kuchen in den Mund.

»Mmh, der ist lecker. Ist er von *der* Fotiní, für die mir Franziska die Geschenke mitgegeben hat?«

»Von ihrer Großmutter. Sie heißt genau wie ihre Enkelin.« Und mit der Enkelin hat sich Connies und Bernds Töchterchen Franziska, die mittlerweile auch schon dreißig ist, bei ihrem letzten Besuch ein wenig angefreundet, das weiß Connie.

»Von der alten Hexe?«, fragt sie nach.

»Hexe?« Bernd verschluckt sich an seinem Kaffee und trinkt schnell noch einen Schluck hinterher. Connie klopft ihm liebevoll auf den Rücken.

»Franziska hat von einer alten Frau erzählt, die unsere kleine Enkelin dauernd zum Weinen brachte. Sie hat sie in die

Wange gekniffen und dabei seltsame Töne von sich gegeben. Sie fand wohl ihre hellen Locken und blauen Augen seltsam und hat versucht, sie anzuspucken! Die Kleine hatte riesige Angst vor ihr.«

»Tja, das wird sie wohl sein. Franziska hat sich schwer getan mit dem Baby, als sie die drei Wochen im August hier waren. Es war sehr heiß. Die Kleine hatte einen schlimmen Durchfall. Die Alte hat gemeint, sie sei zu hübsch, sie sei vom bösen Blick getroffen worden. Sie wollte deshalb irgendeinen Firlefanz veranstalten und hat ihr einen kleinen blauen Anhänger geschenkt, der den bösen Blick von ihr abwenden soll.«

Der böse Blick

Er kann einen jederzeit treffen und Unwohlsein oder Unglück über einen bringen. Blauäugige stehen besonders in Verdacht, ihn zu werfen, den bösen Blick. Und mit Blau versucht man zugleich, ihn abzuwehren: mit einem blauen Glasauge oder blauen Perlen, um Hals oder Handgelenk getragen oder auch irgendwo versteckt. Die orthodoxe Kirche empfiehlt stattdessen ein Kreuz, gleich welcher Farbe.

Der Glaube an die Macht des *kakó máti*, des bösen Blicks, ist uralt, mindestens bis ins antike Griechenland reicht er zurück. Heute noch ist er in Griechenland ebenso wie in der Türkei und einigen anderen Mittelmeerstaaten weit verbreitet. Spucken soll helfen, am besten dreimal. Man tut es zuweilen vorsorglich, wenn man ein Kompliment macht oder eines bekommt. Denn obwohl man nie ganz gegen diesen Blick gefeit ist und das Unheil plötzlich über einen hereinbrechen kann, scheinen doch Bewunderung oder Neid anderer ebenso wie eigene Eitelkeit oft der Auslöser zu sein.

Kaum jemand tut solche Furcht und die damit einhergehenden Vorsichtsmaßnahmen als Aberglauben ab. Selbst die orthodoxe Kirche hält spezielle Gebete gegen die *vaskanía*, wie der böse Blick auch bezeichnet wird, bereit.

»Ja, Franziska hat gesagt …«, will Connie weiter über das berichten, was ihr ihre Tochter erzählt hat, während schleppende Schritte und das Aufsetzen eines Gehstocks hinter der Rosenhecke zu hören sind.

Bernd legt den Finger auf den Mund: »Pst! Wenn man von der Sonne spricht, dann scheint sie. Ich glaube, das ist die Alte.«

In dem Moment klickt das Gartentor und eine tief gebeugte Gestalt mit Stock tritt ein. Bernd steht auf, um ihr den Arm zu reichen und sie zum Tisch zu führen. Ein wenig ähnelt Großmutter Fotiní tatsächlich dem Bild, das sich Kinder von einer alten Märchenhexe machen. Ganz in Schwarz kommt sie daher. Die grauen Haare fallen ihr in unordentlichen Strähnen auf die Schultern. Sie hat lebhafte schwarze Augen und eine faltige dunkle Haut und zu allem Überfluss einen kleinen Buckel.

»Du bist also Connie? Wie geht es dir? Schmeckt dir mein Kuchen?«, fragt sie mit dunkler Stimme.

Connie ist ein wenig eingeschüchtert ob der direkten Art der alten Fotiní. Sie kann nur allzu gut verstehen, warum sich ihre Enkelin vor ihr gefürchtet hat. Schnell holt sie aus der Küche einen weiteren Teller und eine Tasse. Fotiní verzieht das Gesicht, als sie vom Filterkaffee probiert.

»Gib mir ein Glas Wasser und mach einen richtigen griechischen Kaffee«, sagt sie. »Mach uns allen eine Tasse.«

Connie gehorcht. Dieser Ton lässt einem einfach keine Wahl.

Kaum hat sie ihre Tasse geleert, sagt die alte Fotiní, sie solle den Kaffeesatz auf die Untertasse kippen, damit sie ihr »die Tasse sagen« könne. Wieder tut Connie prompt wie ihr geheißen.

Lang blickt die Alte auf die schwarzen Schlieren, die sich auf der Untertasse abzeichnen. Schließlich bringt sie es fertig, die faltige Stirn in noch mehr Runzeln zu legen, kneift die Augen zusammen, öffnet sie wieder, nur um sie kurz darauf wieder zu schließen. Bevor sie sie abermals öffnet und endlich auch den Mund aufmacht, atmet sie begleitet von einem Pfeifen ihrer alten Lungen tief ein und lässt einen lauten, rauen Seufzer heraus. Dann blickt sie Connie lange und sorgenvoll in die goldbraunen Augen. Bernd, der etwas besser Griechisch versteht als seine Frau, fasst die zwei langen Sätze, die sie sagt, als knappe Übersetzung mit »Du sollst auf deine Gesundheit aufpassen« zusammen. Es folgt ein weiterer Wortschwall, von dem Bernd nur Bruchstücke versteht. Dennoch fährt er mit seinem Übersetzungsversuch fort: »… und mich nicht so viel allein lassen«, worauf er und Connie lachen müssen.

Missmutig verzieht die Alte den Mund. Dann stützt sie sich auf den Tisch, greift nach ihrem Stock, schiebt Bernds helfend entgegengestreckten Arm beiseite und geht eiligen Schrittes die Terrassenstufe hinab und zum Gartentor hinaus. Das »Warten Sie, Frau Fotiní!«, das Connie ihr nachruft, ignoriert sie.

Was ist diesmal schiefgelaufen?

Die alte Fotiní war Connie nicht so recht geheuer. Connies kleiner Enkelin hatte sie sogar regelrecht Angst eingeflößt. Dabei hat die alte Frau es nur gut gemeint. Connie wollte sie etwas über ihre Zukunft vorhersagen, damit diese sich darauf einstellen und richtig verhalten könne. Von Connies Enkelin wollte sie Unglück fernhalten. Denn solch ein hübsches Baby könnte nur allzu leicht Opfer des bösen Blicks werden. Großmütterchen Fotiní hatte sich gar selbst dabei ertappt, wie sie das entzückende kleine Mädchen wie vernarrt anstarren musste. Da hilft nur dreimal spucken, um dem Übermaß an Bewunderung die ihr innewohnende Gefahr zu nehmen. Auf keinen Fall sollte die reizende Kleine Schaden nehmen! Deshalb hat Fotiní ihr auch den blauen Anhänger geschenkt, der den bösen Blick abwenden soll.

Man ist sehr kinderlieb in Griechenland, knuddelt und bestaunt fremde Kinder, packt die etwas größeren auf der Straße an den Schultern und schüttelt sie leicht, um zu zeigen, dass man sie für hübsche, kräftige Kerlchen hält. Die Kleinen kneift eine alte Frau wie Fotiní gern mal in die Wange. Man lobt und bewundert die Sprösslinge. Ja, und zuweilen spuckt man auch dreimal mehr oder weniger angedeutet, damit die Bewunderung nur ja keinen Schaden anrichtet. Denn an diese Gefahr denkt man stets.

Großmütterchen Fotiní kennt sich da aus. Sie hat genug erlebt auf ihre alten Tage und sieht es nun als ihre Aufgabe an, den Jungen mit ihrer Weisheit zu helfen. Dazu gehört auch ihre Kunst des Kaffeesatzlesens. Connie und Bernd können so etwas höchstens als Unterhaltung ansehen, doch viele, vor allem ältere Griechen, nehmen das durchaus ernst. Die alte Fotiní ist regelrecht eine Expertin auf dem Gebiet, die von vielen im Viertel ebenso wie in ihrem Heimatdorf und dem ihres schon vor Jahren verstorbenen Mannes konsultiert wird, wenn es darum geht, etwas über die Zukunft zu erfahren. Sie empfand es als respektlos, dass Connie und Bernd ihre Kunst ins Lächerliche zogen.

Was können Sie besser machen?

Connies Enkelin ist noch etwas zu jung, um von uns belehrt zu werden. Wenn sie Angst hat, dann hat sie Angst. Da ist nicht viel zu machen. Ihre Mutter Franziska hätte die bewundernden Worte und Blicke der alten Fotiní abwiegeln können, indem sie der Bewunderung irgendetwas entgegensetzt, wie beispielsweise: »Die Kleine quengelt und weint zu viel. Ich habe nur Sorgen mit ihr.« Auch solch eine Abwiegelung von Komplimenten wird als Abwehr des bösen Blicks gewertet.

Als Fotiní dann Bernd und Connie besuchte und sich die Mühe machte, via Kaffeesatz einen Blick in Connies künftiges Schicksal zu werfen, hätte das deutsche Paar am besten etwas Interesse vortäuschen sollen, auf gar keinen Fall aber lachen, wenn eine besorgniserregende Prognose gemacht wird. Das wird verständlicherweise als Geringschätzung aufgefasst.

Aberglaube

Frömmigkeit und Aberglaube schließen sich ebenso wenig aus wie Frömmigkeit und übelstes Fluchen. Die meisten Griechen sind tief gläubig und ebenso tief abergläubisch. Ja, und die meisten beziehen Gott und alle Heiligen ebenso gern in ihre häufig mit Sexualausdrücken gewürzten Flüche ein wie ihre liebsten Familienangehörigen.

Grund zur Sorge hat man, wenn jemand sagt: *»Pézi to máti mou«* (wörtlich: Mein Auge spielt). Denn wenn das Auge zuckt, dann ist das ein Zeichen dafür, dass etwas geschehen wird. Ist es das linke, so wird es etwas schlechtes sein. Grund zur Sorge besteht auch, wenn man in kurzem zeitlichem Abstand einen Priester im schwarzen Talar und eine schwarze Katze sieht. Kein gutes Zeichen! Sagen zwei gleichzeitig dasselbe Wort, so müssen beide Sprecher etwas Rotes anfassen, um Unheil und vor allem Zank zu vermeiden. Messer gibt man einander nicht in die Hand. Will man sie einander beispielsweise am Tisch reichen, so legt man sie so hin, dass der andere sie selbst ergreifen kann. Denn sonst gibt es Streit. Der klassische Unglückstag schließlich ist nicht wie in vielen anderen europäischen Ländern der Freitag, sondern der Dienstag. War doch der Tag des Beginns des osmanischen Jochs auch ein Dienstag.

Geht es darum, etwas über die Zukunft zu erfahren, so greifen vor allem die Damen bevorzugt zur Kaffeetasse. Nach dem

Genuss ihres Mokkas stürzen sie den im Tässchen verbliebenen Kaffeesatz auf die Untertasse. Aus den Formen und Mustern, die der trocknende Satz auf dem Porzellan bildet, versuchen sie etwas über das künftige Schicksal abzulesen. *Léi to flitzáni* (Sie sagt die Tasse), sagt man bewundernd von denjenigen, die sich besonders gut darin verstehen und daher von anderen konsultiert werden.

33 Wie eine Vogelscheuche

Von Gastfreundschaft und Geschwätz

Náxos, 2. Oktober

Mit einer Gummischürze um den Leib und in Lockenwicklern steht Connie am Waschbecken und wäscht ihre Seidenbluse, als es an der Tür klingelt. Sicherlich ihr Mann und Anna. Sie sind nach dem Frühstück mit dem Auto weggefahren, weil Bernd Anna noch das Mélanes-Tal mit dem antiken Steinbruch und dem unvollendeten *Kúros* zeigen wollte.

Kúros

Als *Kúros* wird in der Plastik der archaischen Periode (700 bis 500 v. Chr.) eine nackte, lebens- oder überlebensgroße Jünglingsstatue bezeichnet. Ihr weibliches Pendant ist die *Kóre*. Im Gegensatz zum *Kúros* ist sie bekleidet. Für beide ist ein unbestimmtes Lächeln auf ihren Gesichtern typisch, das sogenannte archaische Lächeln. Zahlreiche dieser Statuen wurden auf Náxos gefertigt. Unvollendete Exemplare blieben in den antiken Steinbrüchen der Insel zurück.

Statt der bekannten Gesichter steht eine schicke junge Frau mit schwarzen Locken vor ihr.

»Connie?«, sagt sie, ohne dass sie die große, dunkle Sonnenbrille abnimmt. »*Jásu!* Wie geht es dir?«

Connie kann nur raten, wer die Dame ist. Die junge Fotiní vielleicht? Die Enkelin der Alten gleichen Namens?

Endlich nimmt die Frau die Brille ab. Nein, die junge Fotiní ist das nicht. Das Gesicht und die große, schlanke Statur kommen Connie zwar irgendwie bekannt vor, doch sie erinnert sich beim besten Willen nicht woher.

Inzwischen spricht die Frau weiter: »Du bist also schon da! Ist Bernd zu Hause?«

»Der ist unterwegs. Ich weiß nicht, wann er zurückkommt, wohl erst am Nachmittag.« Connie überlegt immer fieberhafter, wer diese Dame sein soll.

»Macht nichts. Gib ihm nur den Umschlag. Vielleicht will er sich die Unterlagen während des Urlaubs schon mal ansehen. Wir habe sie gerade bekommen und ich dachte, ich komm gleich vorbei und bring sie ihm.«

Aha, sie ist also offenbar eine Kollegin von Bernd, denkt sich Connie und kramt weiter in ihrem Gedächtnis. Sie hat nur einmal einige seiner Kollegen und Kolleginnen gesehen, als sie ihren Mann vom Nachhilfestudio abgeholt hat. Es muss eine von ihnen sein, denn von seinem neuen Job im Computerladen kennt sie niemanden. Und, stimmt, da war eine große, modisch Gekleidete. Nur an den Namen erinnert sie sich nicht mehr.

»Komm rein. Entschuldige meinen Aufzug«, sagt Connie verlegen und tastet nach ihren Lockenwicklern. »Kann ich dir etwas anbieten?«

Die Dame bleibt im Hauseingang stehen und sieht an Connie vorbei.

»Möchtest du einen Kaffee?«

»Nein, danke. Ich habe gerade gefrühstückt und bin auf dem Weg zur Arbeit. Wie war deine Reise? Wo warst du überall mit deiner Freundin?«

»Setz dich doch«, fordert Connie die junge Dame nochmals auf und deutet auf das Sofa, auf dem sich diese endlich niederlässt. Mein Gott, wie unangenehm, denkt Connie und streicht sich über die Gummischürze. Dann zählt sie kurz die

Inseln auf, die Anna und sie besucht haben, und betont, dass es überall sehr schön war, nur viel kleiner und karger als Náxos seien vor allem die letzten der bereisten Inseln gewesen. Es sei ein gutes Gefühl, endlich wieder auf einer Insel mit etwas mehr Boden, mehr Substanz, zu sein, und schließlich sei Náxos für sie ja schon ein Stück Heimat.

Kaum hat Connie zu Ende gesprochen, schaut die junge Frau auf ihre silberne Armbanduhr und springt auf: »Ich muss weiter.« Schon ist sie an der Tür und im nächsten Augenblick auch schon verschwunden.

Bevor sich Connie wieder an die Arbeit macht, wirft sie einen kritischen Blick in den Spiegel. Wie eine Vogelscheuche, denkt sie unglücklich.

Ähnlich abfällig wie Connie in ihrer eigenen kritischen Selbstsicht äußert sich Bernds Kollegin später im Flur des Paukstudios, als sie ihren Kolleginnen erzählt, dass sie soeben bei Bernds Frau vorbeigeschaut habe: »Wie die aussieht! Ihr hättet die rosa Gummischürze und die Lockenwickler sehen sollen. Und kein Benehmen! Sie hat mir nicht einmal etwas angeboten. Die Ehe hält wohl nicht mehr lang. Fotinís Oma hat ihr ›die Tasse gelesen‹. Die prophezeit auch nichts Gutes!«

Was ist diesmal schiefgelaufen?

Nichts angeboten? – Stimmt doch gar nicht. Connies Fehler war in den Augen der Besucherin, dass sie nur gefragt und nicht etwa – trotz ablehnender Antwort – etwas auf den Tisch gestellt hat. Man ist gewohnt, etwas aufgedrängt zu bekommen, selbst wenn man gesagt hat, man wolle nichts. Das ist Teil des Spiels.

Musste Bernds Kollegin sich aber nun gleich bei ihren Kolleginnen über Aussehen und Auftritt von Bernds Ehefrau auslassen? Nein, natürlich musste sie das nicht. Man sollte ihr Verhalten auch nicht gerade nachahmen. Und Fotiní hätte es sich auch lieber verkneifen sollen auszuplaudern, was ihre Großmutter in Connies Kaffeesatz gelesen hat. So ganz die feine Art ist die Verbreitung solcher Klatschgeschichten bestimmt nicht, doch entspringen sie keiner besonderen Bosheit, sondern nur der weit verbreiteten Neigung zum Tratschen. Dabei wird nicht nur wie in diesem Fall kritisiert und gemeckert, ebenso gern spricht man über Positives und vor allem über Lustiges. Die Hauptsache ist, man hat ein Thema, um sich ausgiebig zu unterhalten und zu amüsieren.

Was können Sie besser machen?

Ein Glas kühles Wasser und ein Schälchen mit Sirupfrüchten und einem Löffel pflegt Bernds Kollegin wie die meisten Frauen ihren Gästen hinzustellen, kaum dass sie den Fuß über die Schwelle gesetzt haben. Etwas Ähnliches hätte sie auch von Connie erwartet. Gern wird auch Kaffee angeboten, aber den hatte die Besucherin ja abgelehnt. Also hätte Connie, falls sie keine Sirupfrüchte im Haus hatte, vielleicht einen Fruchtsaft und Nüsse oder Gebäck auf den Tisch stellen können. Nur gar nichts hinzustellen, geht nicht.

Ebenso wenig geht es übrigens, sich keine Zeit für Überraschungsbesuche wie diesen zu nehmen. Anderen auf diese Weise ins Haus zu schneien, ist durchaus üblich. Oft gehen die Besucher auch nicht wie Bernds Kollegin nach wenigen Minuten wieder, sondern sind auf einen längeren Tratsch eingestellt. Egal, womit man gerade beschäftigt ist oder was man vorhat, man muss sie bewirten und sich mit ihnen unterhalten. Unter Umständen kann man notfalls auch nach einer Weile seine Beschäftigung fortsetzen, wenn sie keinen Aufschub duldet, und sich bei deren Ausübung weiter mit dem Besuch unterhalten. Hauptsache ist, man sagt einem Überraschungsbesucher nicht, dass man im Moment keine Zeit für ihn habe. Dafür wird er kaum Verständnis haben.

Der Stolz der Hausfrau: *glykó tu kutaliú* (Löffelsüßes)

Jede Art von Obst, aber auch zartes, junges Gemüse wie kleine Zucchini, Auberginen, Gurken und Tomaten werden in dickem Zuckersirup konserviert, oft kombiniert mit Nüssen und Gewürzen. Der Fantasie sind keine Grenzen gesetzt; so ist es immer wieder spannend, davon zu probieren. Wer diese Spezialität nicht selbst zubereitet, kann sie auch fertig im Glas kaufen. Viele Konditoreien und die meisten Supermärkte und Tante-Emma-Läden haben sie im Angebot.

34 Erst mitmachen wollen, dann kneifen

Vom einzig richtigen Lebensgefühl

Náxos, 3. Oktober

Höchste Zeit, noch ein paar Ansichtskarten zu schreiben. Anna ist auf der Suche nach dem idealen Platz dafür und für einen letzten Frappé. Sie findet ein kleines Café unweit des Ortsteils Gróta, wo Connies und Bernds Haus steht. Die vier Tische im Freien sind alle besetzt. An einem sitzt eine junge Frau mit großen Ohrringen und großer Sonnenbrille – allein. Anna geht auf sie zu und deutet mit den Worten »*Kalispéra*. Ist der Platz frei?« auf den freien Stuhl neben ihr. Sie erhält keine Antwort.

»*Is this seat taken?*«, versucht sie es noch einmal auf Englisch.

»*Periméno ton ándras mu*« (Ich erwarte meinen Mann), sagt die Sonnenbrillenträgerin schließlich.

Anna versteht nur, dass es sich wohl um eine Ablehnung handelt. Sie nickt der Dame freundlich zu und schaut sich im Innern des kleinen Lokals um. Ganz hinten in der Ecke wäre noch ein Tisch frei, doch dort ist es arg düster. Darüber steht auf einem Eckregal der mit leisem Ton laufende Fernseher und gleich daneben befindet sich die Tür zur Toilette. Irgendwie nicht so recht geeignet, noch einmal die Tage auf Náxos Revue passieren zu lassen und ihre Eindrücke für ihre Freunde zusammenzufassen. Vielleicht lieber vorn am Fenster, wo es heller ist und sie das Treiben auf der Straße beobachten kann? Der ovale Tisch mit der Marmorplatte an der

Fensterfront ist groß und nur von zwei Frauen besetzt. Die Frauen sehen nett aus. Es wäre auch schön, noch einmal mit zwei Insulanerinnen ins Gespräch zu kommen, denn sie hat noch einige Stunden bis zu ihrer Verabredung zu überbrücken.

»*Kalispéra. May I?*« (Guten Tag. Darf ich?)

»*Kalispéra. Yes, please.*«

Dankend setzt sich Anna ans andere Ende des langen Tisches, während die zwei Damen ihr Gespräch fortsetzen, ohne sie weiter zu beachten. Als das Gespräch kurz verstummt und die eine von ihnen in ihrer Handtasche kramt, lächelt Anna freundlich zur anderen Dame hinüber und sagt: »*You are from Náxos?*«

»*Yes.*«

Dann wendet sie sich von Anna ab und wieder ihrer Tischnachbarin zu, die nun in ihrer Tasche fündig geworden ist und ihr zwei Fotos unter die Nase hält. Als der Kellner Annas Frappé bringt, wechselt eine der Damen einige Worte mit ihm. Darauf stehen beide auf und setzen sich an einen zwischenzeitlich frei gewordenen Tisch auf dem Gehsteig vor dem Lokal. Unwillkürlich schnüffelt Anna an sich – ob sie nach Schweiß riecht? Oder ist sonst irgendetwas an ihr nicht in Ordnung? Die beiden wollten doch ganz offenbar nicht mit ihr am Tisch sitzen. Anna fühlt sich zunehmend unwohl auf ihrem Platz.

Nach dem Kaffee spaziert sie den Weg, den ihr Connie beim Mittagessen erklärt hat, hinauf zum Kloster des heiligen Ioánnis Chrisóstomos. Je weiter sie den Hang hinaufgeht, desto schöner wird der Blick zurück auf den von der Abendsonne in ein warmes Licht getauchten Hauptort der Insel mit der Erhebung seines Kastro-Viertels, den ein- und auslaufenden Fähren und der Palátia-Halbinsel, auf der sich deutlich das Wahrzeichen von Náxos, das riesige Marmortor des Apollon-

Tempels, abzeichnet. Vor ihr liegen die schmucklosen weißen Mauern des Klosters, über denen die weißblaue griechische Flagge neben einer goldgelben Fahne mit einem schwarzen Doppeladler weht. Leider findet sie die Pforte um diese Stunde verschlossen. Doch der Aufstieg hat sich dennoch gelohnt. Wenigstens in die kleine Höhlenkirche am Hang etwas unterhalb des Klosters kann sie hineinsehen, und als Extra-Belohnung für ihre Mühe gibt es einen grandiosen Sonnenuntergang.

Mit wehenden Fahnen

Die weißblauen und gelbschwarzen Fahnen, die vor vielen Kirchen und Klöstern flattern, weisen auf die enge Verflechtung zwischen Staat und Kirche hin. Die gelbe Fahne mit dem schwarzen Doppeladler symbolisiert die orthodoxe Kirche, obwohl das offizielle Symbol der Kirche von Griechenland ein dunkelroter Doppeladler auf weißem Grund ist. Der doppelköpfige Adler ist das Symbol des Byzantinischen Reichs bzw. seiner letzten Dynastie, der der Palaiologen, die Konstantinopel beherrschten, bevor es 1453 an die Osmanen fiel. Bekannter ist natürlich die weißblaue Fahne, die Nationalflagge Griechenlands. In ihr symbolisiert das weiße Kreuz in der oberen linken Ecke die von der orthodoxen Kirche gewahrte christliche Tradition des Landes.

Um halb neun hat sich Anna mit der jungen Fotiní verabredet. Fotiní hat vorgeschlagen, zusammen mit ihrer Clique – ihrer *paréa* – etwas zu trinken, essen zu gehen und anschließend ein Musiklokal zu besuchen. Anna kam dieser Vorschlag recht. So könnten Connie und Bernd den letzten Abend vor der Abreise in trauter Zweisamkeit verbringen.

Pünktlich um halb neun sitzt Anna in der Ouzeri, die sie als Treffpunkt vereinbart haben, um zehn vor neun tritt Fotiní endlich durch die Tür. Während sie Anna mit einem Kuss auf beide Wangen herzlich begrüßt, gesellen sich zwei große schlanke Frauen mit blond gesträhnten langen Haaren zu ihnen: Níki und Vásia. Bald darauf kommt auch der braun gebrannte, stämmige Stélios. Bis dahin haben alle schon einen Ouzo getrunken und es ist viertel nach neun. Zuletzt treffen Stamátis und Spýros ein. Weitere kleine Ouzofläschchen und eine Auswahl an *mezédes* kommen auf den Tisch.

Als Fotiní gegen halb zehn zahlt, ruft Stélios von seinem Handy aus in dem kleinen Restaurant Máro an und reserviert Plätze.

Als sie endlich kurz vor zehn dort eintreffen, ist Anna schon etwas müde. Die Spezialitäten aus dem Bergdorf Apíranthos, dem Heimatdorf der Wirtin, schmecken köstlich. Anna bestellt gebratenes Schweinefleisch in roter Soße und probiert auch von dem Rindfleisch in Weinsoße, das Fotiní bestellt hat. An die *zúla vrastí*, die gekochte Ziege, und die *ardúmia*, die Innereien, die die Männer bestellt haben, traut sie sich trotz Aufforderung nicht ran. Keine Experimente an ihrem letzten Abend vor der Schiffsreise morgen. Anna schaut auf die Uhr: schon elf Uhr durch.

»In das Musiklokal gehen wir nicht mehr, oder?«, fragt sie Fotiní.

»Doch, doch, warum denn nicht?«, wundert sich diese.

»Gegen Mitternacht lohnt es sich vielleicht hinzugehen«, wirft Níki ein. »Die Musik sollte zwar um elf anfangen, aber das zieht sich meist hin. Da ist jetzt sicher noch nichts los«

Anna ist enttäuscht. Wäre ein schöner Ausklang gewesen, *buzúki*-Musik zu hören. Connie hat ihr zwar den Haustürschlüssel gegeben, damit Anna sie nicht stören muss, wenn es später wird. Aber so spät? Morgen haben sie schließlich eine lange Reise vor sich, und sie ist jetzt schon hundemüde.

»Wo ist dieses Musiklokal denn überhaupt?«, will sie wissen.

»Nicht weit, an der Straße nach Engarés. In zehn Minuten sind wir mit dem Taxi dort.«

»Fotiní, sei mir nicht böse«, ringt Anna sich durch, »ich glaube, ich fahre besser nach Hause. Ich reise doch morgen ab. Das wird mir zu spät.«

»Ach komm, wir müssen ja nicht bis in die Morgenstunden bleiben. Es wird dir gefallen!«

Inzwischen haben alle mitbekommen, dass Anna kneifen will. *»Mi mas chalás to kéfi tóra!«* (Verdirb uns doch jetzt nicht den Spaß!), tönt es rundum.

Anna sitzt in der Zwickmühle. Sie ist sehr müde und spürt schon den Alkohol ihren Körper träge und schwer machen, doch sie spürt auch den Drang der fröhlichen Gesellschaft, die sie nicht gehen lassen will. Sie will ja keine Spaßbremse sein! Wieder andererseits fürchtet sie aber, dass sich Connie und Bernd Sorgen machen, wenn sie gar so lang ausbleibt. Sie so spät noch anrufen will Anna auch nicht. Wahrscheinlich sind sie schon im Bett. Auf keinen Fall will sie Connie und Bernd stören und ihnen den letzten gemeinsamen Abend verderben. Nein, sie wird nach dem Essen gehen.

»Dann gehe ich auch nicht mehr mit«, wagt sich Fotiní zu sagen. Damit löst sie einen erneuten Proteststurm aus.

Kéfi – geballte Lebenslust

»Gute Laune« steht als Übersetzung für *kéfi* im Wörterbuch. Sagt jemand: *»Den echo kéfi«*, so bedeutet das schlicht: Ich habe keine Lust. Doch schwingt in dem Begriff *kéfi* weit mehr mit, als das Lexikon hergibt.

Kéfi ist ein erstrebenswertes Wohlgefühl für Griechen ebenso wie für Griechenlandtouristen – das sagenumwobene griechische Lebensgefühl also. *Kéfi* ist der Gemütszustand, in dem der Mensch mit sich selbst und der Welt im Reinen ist, eine Verfassung, in der er ganz bei sich ist und gleichzeitig mit allem und allen verbunden. Es darf – muss aber nicht – auch eine gewissen Trunkenheit hineinspielen. *Sto kéfi* heißt auch »beschwipst«. Damit ist das *kéfi* genau das Lebensgefühl, das so manchem etwas schwerblütigen Mitteleuropäer abgeht. Er sucht es unter der mediterranen Sonne im Kreise von Menschen, die zu jener seligen Fröhlichkeit und tiefen Entspanntheit fähig sind, die er anstrebt und nie so richtig erreicht.

Kéfi geht auf das türkische, arabischstämmige *keyif* zurück, von dem übrigens auch unser Wort »kiffen« kommt. Besonders zum Tragen kommt das Gefühl des *kéfi* im *rembétiko*, der Musikrichtung, die aus dem Elend einer Flüchtlingskatastrophe der Jahre 1922/23 entstand. Wie keine anderen sind die ihr zuzuordnenden Tänze *zeï(m)békiko(s), chasápiko* und *tsiftetéli* geeignet, sich in das *kéfi* hineinzutanzen, es auszukosten und ihm in der Bewegung Ausdruck zu verleihen.

Was ist diesmal schiefgelaufen?

Anna war einmal mehr einer *paréa* begegnet, einem eingeschworenen Freundeskreis, in den sie die befreundete Fotiní eingeführt hat – diesmal ein Häufchen junger Leute. Man wollte nicht nur zusammen speisen, sondern ließ den Abend erst einmal langsam bei einem Aperitif anlaufen und hatte vor, ihn schließlich in einem Musiklokal ausklingen zu lassen. Das kann ein sehr langer Abend werden! Darauf war Anna nicht eingestellt. Denn über die Einzelheiten hatte sie mit Fotiní nicht gesprochen. Na ja, dann geht sie eben eher nach Hause, wo liegt das Problem? *Mi mas chalás to kéfi tóra!* (Verdirb uns nicht den Spaß!, oder – wo wir den Begriff nun kennen – wörtlicher: Mach uns nicht das *kéfi* kaputt!) bekam sie zu hören. Man hatte sie voll integriert und gemeinsam gerade begonnen, sich so richtig wohlzufühlen. Alle in dem Grüppchen trugen ihren Teil zu diesem Wohlgefühl bei, das etwas

Wichtiges und Wertvolles bedeutet. Ob es anhält, wenn einer oder gar mehrere ausbrechen? Zu riskant! Hat man sich für den Abend verabredet, so verbringt man ihn normalerweise bis zum Ende zusammen.

Zuvor hatte Anna den Nachmittag allein verbracht. Sie wollte Ansichtskarten schreiben, wäre aber auch einem Schwätzchen nicht abgeneigt gewesen. Doch schien man nicht den Tisch mit ihr teilen zu wollen. Auch das hat wieder damit zu tun, dass man normalerweise in Gesellschaft, als *paréa* ausgeht. Man ist es nicht gewohnt, sich einfach an einen fremden Tisch zu setzen, in eine andere *paréa* einzudringen. Dabei sind die Griechen doch so gesellig, oder? Stimmt. Oft beobachtet man, wie jemand sich beim Betreten des Lokals lang umsieht, zu wem er sich vielleicht setzen könnte. Er lässt sich Zeit, streift an den Tischen vorbei, grüßt hier und da und – wartet, dass jemand ihn auffordert, sich zu ihm zu setzen. Ungebeten tut er das in der Regel nicht.

Was können Sie besser machen?

Anna hätte besser vorher Fotiní gefragt, wie sich der Abend wohl gestalten würde. In den meisten Musiklokalen (*buzuxídika*, *skylàdika* oder *rembetádika*) ebenso wie in Diskos und Clubs geht es normalerweise erst ab Mitternacht so richtig rund. Geht man vorher hin, wird man nicht so recht auf den Geschmack kommen. Meist fängt die Musik erst gegen elf Uhr abends an zu spielen. Eigentlich wie in Deutschland, nur hatte Anna wohl das Musiklokal nicht mit einem Club gleichgesetzt.

Hier spielt die Musik

Buzuxídiko (Plural *buzuxídika*) nennen sich Vergnügungslokale mit Musik und Tanz. Die Bezeichnung leitet sich von dem wichtigsten Instrument populärer griechischer Musik, dem *buzúki*, ab.

Skyládiko (Plural *skyládika*) ist eine weitere Bezeichnung für solche Vergnügungslokale ebenso wie für die Musikrichtung, der sie sich verschrieben haben. Es handelt sich dabei um griechische Popmusik, die mehr oder minder stark von der Volksmusik geprägt ist. Ursprünglich stand das Wort abwertend für Musik minderer Qualität, steckt doch der mit seinem Gebell und Gejaule nicht gerade als musikalisch geltende Hund *(skýlos)* darin. Inzwischen hat es den negativen Beigeschmack verloren und bezeichnet ähnlich dem *buzuxídiko* ganz allgemein Musik- und Tanzlokale, die meist recht groß sind.

Rembetádiko (Plural *rembetádika*) heißen Musiklokale, die sich der Musikrichtung *rembétiko* verschrieben haben.

Neben diesen Vergnügungslokalen gibt es auch zahlreiche Tavernen, in denen man zum Essen Livemusik genießen kann. In manchen von ihnen treten an den Wochenenden Künstler auf. Andere laden nur ab und zu Musiker ein und kündigen deren Auftritte dann durch Flyer oder Plakate an.

Außerdem gibt es natürlich auch Diskos und Clubs, in denen DJs auflegen. *Ellinádika* (Plural von *ellinádiko*) nennt man Bars und Clubs, die sich auf griechische Musik spezialisiert haben.

Intimer sind Bars mit Musikuntermalung und sporadischen Liveauftritten. Sie heißen *bar* oder *baráki* (eine Verkleinerungsform von *bar*). Gibt es in einer Bar als Sitzgelegenheit bestenfalls Barhocker, aber keine Sessel oder Stühle, so nennt man sie *orthádiko*, abgeleitet von dem Wort *órthios* für »aufrecht« oder »stehend«.

Tragisch war Annas Ausbruch aus der *paréa* nicht, das *kéfi* der Clique wird ihn schon überlebt haben. Die Freunde moserten halt ein bisschen, war es doch eine gute Gelegenheit, Anna zu zeigen, dass sie Wert auf ihre Gesellschaft legen, und sich selbst bewusst zu machen, wie pudelwohl man sich just so beieinander fühlt. Denn es ist ja etwas Schönes, sich so zusammengeschweißt zu fühlen. Harren Sie also ruhig einmal mit einer *paréa* den Abend bzw. die Nacht über aus. Um mit den Einheimischen an solch langen Abenden mithalten zu können, sollte man vorher ruhig den mediterranen Brauch einer Mittagsruhe ausprobieren.

Was hätte Anna zuvor in dem Café tun können, um zu einem schönen Platz und einem Schwätzchen zu kommen? In Speiselokalen kann man sich mit der Platzsuche an den Kellner wenden, in einfachen Tavernen und Cafés ist das eher unüblich. Sieht er einen Gast sich suchend umblicken, so wird ein gewandter Kellner von selbst versuchen, ihm den gewünschten Platz zu beschaffen. Auch kann es passieren, dass einem einer der Gäste einen Platz an seinem Tisch anbietet, wenn er merkt, dass sonst alles besetzt ist. Nur eben unaufgefordert sollte man sich nicht an einen besetzten Tisch setzen. Zu einem Schwätzchen kommt man trotzdem meist leicht. Das geht auch gut von Tisch zu Tisch. Befinden Sie sich in einem Gebiet, wo man nicht schon mit Touristen übersättigt ist, wird ohnehin bald jemand das Wort an Sie richten. Denn man ist neugierig, wenn man auf einen Fremden trifft und, ja, man ist gesellig.

Epilog

Auf der Rückreise, 4. Oktober

Die Fähre pflügt durch die gleichmäßigen Kräuseln des tiefblauen Meeres und zieht einen breiten Schweif weißer Gischt hinter sich her, der sich in einem heiteren Farbenspiel verschiedener Türkistöne auflöst.

Genauso brodelnd, sprühend, hüpfend, tanzend, funkelnd, glitzernd und irisierend wie die wirbelnde Gischt sind Connies Gedanken. Je weiter sich das Schiff von Náxos entfernt, desto deutlicher steigt aus einem Cocktail gegensätzlicher Empfindungen und Erinnerungen die Sehnsucht auf, sich dort eine neue Heimat zu schaffen.

So wie sich die wild aufgerissenen Wogen in der Ferne wieder glätten, so glätten sich auch die Furchen, die manche Sorge, manch Unbehagen, verletztes Gefühl und Ressentiment auf ihre Stirn gezeichnet haben. Bedenken und Furchtsamkeit machen einer neuen Zuversicht Platz.

Ihrem Mann hat das neue Umfeld sichtbar gut getan. Braun gebrannt, stets heiter und voller Stolz auf sein Werk ebenso wie voller Fürsorge für sie hat sie sich geradewegs neu in ihn verliebt. Sie will ihren Lebensweg wieder eng mit seinem verschmelzen und ihren Lebensmittelpunkt auf die sonnige Insel verlagern.

Was kann jetzt noch schieflaufen?

Bernd, Connie und Anna sind von Fettnäpfchen zu Fettnäpfchen gehüpft. Ordentlich gespritzt hat es dabei zuweilen, doch niemand kam ernsthaft zu Schaden. Während sie verlegen den Fuß wieder aus dem Fettnapf zogen, zogen sie auch den einen oder anderen Schluss über ihr Gastland, seine Gepflogenheiten und seine Menschen und machten sich einige Erkenntnisse zu eigen. Sie trafen auf andere Begriffe von Pünktlichkeit, Genauigkeit und Verbindlichkeit. Sie lernten andere Gewichtungen von Arbeit und Muße, privaten und dienstlichen Pflichten kennen. Manches davon beginnen sie zu schätzen, mit manchem sich zu arrangieren. War auch die eine oder andere Situation peinlich, so gilt allemal das Fazit: Es wird nichts so heiß gegessen, wie es gekocht wird. In Griechenland schon gleich gar nicht! Das gilt hier wörtlich ebenso wie im übertragenen Sinn. Schon eher lauwarm kommen viele Spezialitäten der Landesküche auf den Tisch, gerade so lässt sich ihr voller Geschmack am besten genießen. Heiß hingegen sind oft die Gemüter. Aber hinter Ungestüm und Aufruhr von Emotionen warten Großherzigkeit, Großzügigkeit und Nachsicht auf ihren großen Auftritt, den sie sich kaum je nehmen lassen. Sicher warten auf die neugebackenen Wahlgriechen Connie und Bernd noch eine Menge Überraschungen – erfreuliche ebenso wie unliebsame – im fremden Land. Doch sie haben schon einmal das bewältigt, was zum Wichtigsten überhaupt zählt: Sie haben sich Freunde geschaffen. Denn mehr als in der zunehmenden Anonymität und Vereinzelung der deutschen Großstadt, aus der sie kommen, zählen hier auf ihrer griechischen Insel noch Beziehungen von Mensch zu Mensch. Ohne solche persönlichen Beziehungen hätten sie hier sicher einen schweren Stand. Sie auszubauen und zu pflegen wird eine genauso wichtige Aufgabe sein wie das bessere Erlernen der Sprache, wenn ihr Vorhaben, sich hier eine neue Heimat zu schaffen und sich in ihr wohlzufühlen, gelingen soll. Die Zeit, die sie gewählt haben, um im Land der Götter Fuß zu fassen, ist eine schwierige und zugleich interessante. Griechenland ist ein Land im Umbruch. Gutes Gelingen und viel Glück, Connie und Bernd! Und, Anna: Komm doch mal wieder vorbei!

Danksagung

Herzlichen Dank für mannigfaltige Anregungen, Inspiration und Hilfe an Frau Vasiliki Vlachou-Thein und Herrn Georg Kokkalis.

Griechische Körpersprache

Das Gestenrepertoire der Griechen ist riesig. Gestik und Mimik ermöglichen eine Verständigung ganz ohne Worte. Vor allem aber werden sie gebraucht, um die eigene Rede zu unterstreichen. Faszinierend zu beobachten, aber für Außenstehende schwer zu ergründen. Der Einzelne versteht es, die allgemein gebräuchlichen Gebärden auf seine ganz persönliche Weise auszuschmücken und so zu kombinieren, dass immer neue Variationen entstehen.

Hier der zaghafte Versuch eines Überblicks über den Grundgestenschatz:

Zustimmung/Bejahung: kurzes Schließen der Augenlider, oft begleitet von einer Neigung des Kopfes, meist nach vorn, manchmal auch seitlich. Achtung, Verwechslungsgefahr! Wirkt unter Umständen wie ein Kopfschütteln. Zur Bekräftigung inniger Übereinstimmung klopfen sich Männer auch gern auf die Schulter.

Ablehnung/Verneinung: Anheben des Kinns, Aufwärtsbewegung des Kopfes, begleitet von hochgezogenen Augenbrauen, meist mit weit geöffneten Augen. Akzentuiert wird diese Mimik gern durch ein Schnalzen mit der Zunge. Achtung, Verwechslungsgefahr! Die Geste kann für ein Nicken gehalten werden, da der angehobene Kopf wieder zum Ausgangspunkt, also nach unten zur Brust, zurückkehrt. Die Verwechslungsgefahr mit einem bejahenden Nicken erhöht sich noch, wenn die Geste zur Bekräftigung (oder weil sie für unverstanden gehalten wurde) wiederholt wird.

Da die Gesten für Zustimmung und Ablehnung für Außenstehende so verwirrend sind, hier noch ein Tipp: Achten Sie auf die Eingangsbewegung des Kopfes! Geht er zuerst nach oben, so heißt das »Nein«. Geht er zuerst nach unten (oder zur Seite), bedeutet es »Ja«.

Okay/In Ordnung: geballte Faust mit hochgerecktem Daumen.

Gröbste Beleidigung: erhobene, dem Gegenüber entgegengestreckte Handinnenfläche mit abgespreizten Fingern. Mit dieser *múndza* genannten Geste ist nicht zu spaßen. Sie ist gröbste Ablehnung und übelster Schimpf. So verfluchen und verdammen Sie jemanden, schicken ihn zur Hölle. Lassen Sie Ihre Finger davon! Achtung, Verwechslungsgefahr beim Winken, beim Anzeigen der Ziffer fünf und Signalisieren von »Stopp«!

Abgemilderte Beleidigung: Etwas abmildern lässt sich eine *múndza*, indem man die Finger nur wenig oder gar nicht spreizt oder die Handinnenfläche etwas ins Abseits anstatt direkt auf das Gesicht des Gegenübers zuschiebt. Frauen, die nicht auf Konfrontationskurs gehen wollen, sich aber dennoch eine *múndza* beim besten Willen nicht verkneifen können, verstecken sie zuweilen (z.B. unter dem Tisch), indem sie den Arm dabei schräg nach unten führen. Eine echte *múndza* ist das dann nicht mehr. Männern fällt dergleichen nicht ein (– wäre ja unmännlich, derart einer Konfrontation aus dem Weg zu gehen und sich vor den Folgen zu drücken, die durchaus auch einmal handgreiflicher Art sein können).

Eine weitere Variante, die ebenfalls etwas abgeschwächt wirkt, ist eine *múndza*-ähnliche Geste mit nur zwei oder drei gespreizten Fingern. Achtung, Verwechslungsgefahr beim Anzeigen der Ziffern zwei oder drei oder eines Victoryzeichens!

Drohen: Eine Tracht Prügel droht man mit in der Luft karateschlagartig auf- und abbewegter Hand an.

Drohen kann man auch mit der bösesten aller Gesten, der *múndza* (s. unter Gröbste Beleidigung). Je näher man bei ihrer Ausführung sein Handinneres an das Gesicht des Gegenübers bringt, desto bedrohlicher wirkt sie. Man kann sie aber auch erst einmal nur andeuten, indem man dem anderen die Handinnenfläche mit geschlossenen Fingerspitzen entgegenstreckt und dabei *físa!* (blas!) sagt. Es liegt nun am Gegenüber, ob er auf die aneinandergelegten Finger blasen will, damit sie sich wie Knospenblätter öffnen und aus der angedrohten eine echte *múndza* mit gespreizten Fingern wird. Vor allem Kinder fordern sich so gern gegenseitig heraus.

Jemanden herbeirufen: Hand ausstrecken, Handfläche nach unten und mit den Fingern Luft zu sich hinschaufeln. Achtung, Verwechslungsgefahr mit Abschiedswinken oder Zeichen zum Abstandhalten!

Fragen: Handfläche halb nach oben drehen, Zeigefinger auf den Befragten richten. Der Daumen weist nach außen, die übrigen drei Finger sind leicht angewinkelt. Doch man hat ja nicht nur die Hände zur Verfügung, um seinen Gesprächspartner zu einer Antwort zu drängen: Die Augen fixieren das Gegenüber, der Kopf macht kaum merkliche, an ein Zittern erinnernde Auf- und Abbewegungen, die mit zunehmender Ungeduld in ein leichtes Kopfkreisen übergehen.

Wer weiß das schon?!: Die Fingerspitzen der nach oben geöffneten Hände zeichnen bedächtig kleine Kreise in die Luft. Eine gern als Antwort auf Fragen nach Zeit- oder Mengenangaben gebrauchte Geste, die beispielsweise bedeuten kann: vielleicht ein Kilo, vielleicht zehn. Oder: vielleicht heute, vielleicht morgen oder vielleicht auch übermorgen. Mimisch wird sie gern mit hochgezogenen Augenbrauen und vorgeschobener Unterlippe begleitet.

Was willst du?/Was nun?/Wie geht's dir?/Unglaublich!: hochgezogene Augenbrauen, begleitet von einem Anheben der nach oben geöffneten Hände, die sich mehrmals leicht zur Seite drehen. Dies ist eine Allerweltsgeste. Sie kann fragend gebraucht werden, sie kann aber auch als Antwort stehen. Als solche kann sie ebenso bedeuten, dass man etwas für unfassbar hält, wie, dass man nichts zu sagen weiß.

Du bist mein Freund!/Danke!/Ich fühle mir dir eng verbunden!: Die Hand wird, oft von einer leichten Verbeugung begleitet, auf die Brust gelegt.

Groß(artig): Beide Hände zeichnen weit ausladend große Kreise in die Luft.

Gut!/Spitze!/Köstlich!: Eine Hand wird mit nach oben zur Spitze geschlossenen Fingern vor dem Oberkörper aus dem Handgelenk heraus leicht von oben nach unten geführt und verharrt dort kurz, bevor die Geste wiederholt wird. So drückt man höchstes Lob aus.

Es geht ums Essen: Die Fingerspitzen werden in der gleichen Weise zusammengeführt und wackeln in Richtung Mund. So kann man beispielsweise zu verstehen geben, dass man gern etwas essen würde oder – eventuell in Kombination mit der vorangehenden Geste – dass einem etwas Köstliches vorgesetzt wurde.

Es geht ums Trinken: Der dem Mund zugewandte Daumen der ansonsten geschlossenen Hand wird mehrmals wackelnd zum Mund hin- und wieder weggeführt. Mit dieser Geste kann man auf gewünschte oder genossene Drinks anspielen. Außerdem lässt sich so signalisieren, dass man jemanden für einen Trinker hält.

Hunger!: Die Handfläche reibt den Magen.

Bitte zahlen!: Eine Hand schreibt mit unsichtbarem Griffel Zahlen in die Luft.

Lügner!: Man streicht sich einen imaginären Bart mit offener Hand oder fährt sich mit den Außenseiten der Finger mehrmals über die Wange.

Obszöne/sexuelle Anspielung: zu einem Kreis geschlossener Daumen und Zeigefinger. Unbedingt vermeiden, es sei denn, Sie sind auf Tauchgang! Verwechslungsgefahr mit dem unter Piloten und Tauchern auch in Griechenland gebräuchlichen Okayzeichen oder dem Anzeigen eines Durchmessers!

Noch obszöner: ausgestreckter Mittelfinger.

Es sind Beziehungen im Spiel: aneinandergeriebene Mittelfinger der beiden flach vor sich ausgebreiteten Hände.

Zehn Dinge, die Sie getan haben müssen

1. Unter einer Platane sitzen

Fast jedes Dorf hat seine *platía*, seinen von einer oder mehreren Platanen beschatteten Platz, der Treffpunkt der Einheimischen ist. Tavernen, *kafenía* und Ouzerien platzieren unter dem Laub ihre Tische und Stühle. Genießen Sie den lichten Schatten, der kühler und von anderer Qualität ist als der von Sonnenschirmen und Markisen, und beobachten Sie das Treiben und den Lebensrhythmus dieses Ortszentrums.

2. Klöster, Kirchen und Kapellen besuchen

Die Sakralbauten sind Oasen der Ruhe und Kühle, oft sind sie reizvoll gelegen, manche von ihnen in atemberaubender Steillage.

3. Mit den Griechen feiern

Wer eine Einladung zu einer privaten Feier bekommt, ist ein Glückspilz und sollte sie nicht ausschlagen. Außerdem können Sie sich nach Kirchweihfesten in der bereisten Gegend umhören. *Panijýri* heißt ein solches öffentliches Fest.

4. Livemusik hören

Von Touristikunternehmen organisierte »Griechische Abende« mögen zwar lustig sein, ein echtes Gefühl von dem, was griechische Musik und Lebensart ist, vermitteln sie aber kaum. Eher lohnt es sich, eines der *rembétiko*-Lokale aufzusuchen, die es in größeren Städten gibt. Viele haben nur in der Wintersaison ab Ende Oktober/Anfang November geöffnet, außerhalb dieser Zeit bieten sich *buzúki-* und Kleinkunstlokale an. Im ganzen Land treten Musiker außerdem in Tavernen auf.

5. Einen Markt besuchen

Begegnungsstätten der Einheimischen. Sie bieten einen Überblick über regionale Spezialitäten, verwöhnen mit dem Duft von frischem Obst und Gemüse und verblüffen mit der ungewohnten Präsentation der Waren.

6. In einem kafenío verweilen

In den traditionellen, spartanisch eingerichteten *kafenía* wird bei einem Tässchen Mokka, begleitet vom Kreisen des *kombolói*, in aller Muße Geselligkeit gepflegt, Zeitung gelesen, über Politik palavert und *távli* gespielt. Fündig werden Sie vor allem in ländlichen Gegenden und an den Stadträndern. Meist sind nur Männer vor Ort; Sie brauchen sich jedoch auch als Frau nicht zu scheuen, hineinzugehen und in Ruhe einen Mokka zu genießen.

7. Auf uralten Maultierpfaden wandern

Geschichte zum Anfassen: Jahrhundertealte, mit Natursteinen gepflasterte Saumpfade zwischen ebenso alten Olivenbäumen, übereinander geschichteten Steinterrassen und Stützmauern laden zum Wandern ein.

8. Über Wildblumenwiesen spazieren

Die beste Jahreszeit dafür ist der Frühling. Dann finden Sie roten Mohn, weiße und gelbe Margariten, blaue Glockenblumen soweit das Auge reicht, aber auch seltene Orchideen. Die Artenvielfalt ist gigantisch.

9. Zum Propheten gehen

Profítís Ilías heißt meist der höchste Berg einer Insel oder Region, von dessen Hängen und Kuppen Sie einen grandiosen Ausblick haben. Oft gibt es statt Wäldern nur niedrige Macchia-Büsche und mit weiten Abständen gepflanzte Olivenbäume – alles wirkt unendlich offen. Weit schwebt der Blick über Hügel, kleine Ebenen, hinaus aufs Meer. Dort verliert er sich nicht in der Endlosigkeit, sondern findet als Fixpunkte wieder Bergkuppen anderer Inseln oder der Festlandküste. Diese Perspektive verstärkt das Gefühl, sich eine Landschaft oder eine Insel zu eigen gemacht zu haben, und weckt gleichzeitig Lust auf neue Streifzüge.

10. In kühles Nass tauchen

Es muss nicht immer das Meer sein. In den Bergen gibt es manch erfrischenden Wasserfall, der kleine Becken bildet, wie z.B. auf Samothráki, Thásos und Íthaka. Flüsse wie der Achéron oder Néstos, aber auch viele kleinere Wasserläufe besitzen hervorragende Stellen zum Baden.

Zehn Handlungen, mit denen Sie sich blamieren

1. Verwechseln von Ja und Nein

Wenn Sie meinen, ein griechisches *ne*, gesenkte Augenlider, leicht (vor oder seitlich) geneigter Kopf bedeuten »nein«, dann täuschen Sie sich. *Ne* heißt »ja«.

»Nein« hingegen wird ausgedrückt durch hochgezogene Augenbrauen, weit geöffnete Augen, ein angehobenes Kinn, zuweilen ein Zungenschnalzen und/oder einen in den Nacken geworfenen Kopf – dies oft mehrmals, sodass es einem Nicken ähnelt. Die sprachliche Entsprechung ist *óchi* – nein.

2. Beschimpfung mit fünf Fingern

Schieben Sie Ihrem Gegenüber Ihre geöffnete Handinnenfläche mit fünf abgespreizten Fingern entgegen, so beschimpfen Sie ihn ganz ohne Worte aufs Übelste, insbesondere wenn Sie die Geste in Richtung Gesicht des anderen machen. Das wirkt regelrecht bedrohlich.

Darf's noch ein bisschen mehr sein? Dann benutzen Sie beide Hände! Sie wollten niemanden verteufeln, sondern nur die Zahl fünf andeuten? Oder vielleicht zum Abschied grüßen? Dann haben Sie sich blamiert, den Empfänger dieser Geste im besten Fall vor ein Rätsel gestellt, im schlimmsten für immer vergrault.

3. Beschimpfung mit zwei Fingern

Machen Sie die gleiche Geste wie unter Punkt 2, spreizen dabei aber nur Zeige- und Mittelfinger, die anderen Finger bleiben geschlossen. Die Bedeutung ist der obigen ähnlich, aber etwas abgemildert. Sie wollten auf diese Weise die Zahl zwei anzeigen? Oder Sie haben gemeint, das bedeute *victory* – Sieg? Nicht in Griechenland!

4. Wenn das Tanzbein zu sehr juckt

Toll, was der Mann da aufs Parkett legt! Spontan hat er sich von der Musik packen lassen und führt einen Tanz auf, der seines Gleichen sucht. Da juckt Ihnen doch auch das von einigen Ouzos geölte Tanzbein. Und schon stapfen Sie damit mitten in den Fettnapf, denn der Mann tanzt mit Hingabe den *zeïmbékikos*. Ihm einen Teil der Tanzfläche abspenstig zu machen, kommt einem Verbrechen gleich, das in den ersten Jahrzehnten des 20. Jahrhunderts noch mit gezücktem Messer geahndet wurde.

5. Dem Tänzer applaudieren

Auch Applaus ist verpönt und kann als Beleidigung gewertet werden, wenn jemand einen *zeïmbékikos* aus spontanem Antrieb und nicht für Publikum tanzt. Das Gleiche gilt – abgemildert – generell, wenn Griechen außerhalb von Publikumsveranstaltungen tanzen.

6. Verstummen

Man redet gern. Klatsch, Tratsch, hitzige Diskussionen – die Griechen lieben das und sie vertreten vehement ihre Meinung. Sie dürfen ruhig eine andere haben. Sie dürfen Ihrem Gesprächspartner auch ins Wort fallen, so wie er Ihnen ins Wort fällt. Was Sie nicht dürfen, ist ein Gespräch vorschnell abzubrechen. Auch wenn Sie meinen, Ihr Gegenüber ist gerade dabei, mit voller Stimmkraft – unterstützt von Gestik und Mimik – das Gespräch zum Streit eskalieren zu lassen, ist das kein Grund dafür. Er will nicht streiten, sondern nur das volle Repertoire seiner Argumentierkunst vorführen.

7. Getrennt zahlen

Nach einem schönen Abend in geselliger Runde in der Taverne geht's ans Zahlen. Sie und Ihre Tischgenossen zücken jeder Ihr Portemonnaie und verlangen getrennte Rechnungen. Absolut unüblich, absolut deutsch!

8. Fragen zur Rechnung

Noch eins draufsetzen können Sie, indem Sie fragen, was denn die ein oder zwei Euro extra auf der Rechnung bedeuten. *Psomí* (Brot) oder *kuvér* (Gedeckpreis) wird Ihnen der Kellner wahrscheinlich mit grimmiger Miene antworten. Noch ein Platscher gefällig? Dann sagen Sie: »Brot habe ich doch gar nicht bestellt. Ich habe auch nichts davon gegessen!« oder »*Kuvér*? Wo steht denn das auf der Karte?«

9. Einen türkischen Kaffee bestellen

Eines der am kräftigsten spritzenden Fettnäpfchen ist das Kaffeetässchen. Das traditionelle starke Gebräu darin heißt »griechischer Kaffee« oder Mokka. Nennen Sie dieses Lebenselixier der Griechen stattdessen »türkischer Kaffee«, so kommt das gar nicht gut an.

10. Störungen zur Mittagszeit

Mesiméri (Mittag) bedeutet nicht schlicht die Mitte des Tages. Der Begriff dehnt sich aus auf die tägliche Ruhezeit von zwei bis drei Stunden, die man sich, wenn möglich, gönnt. Viele nutzen sie zu einem Mittagsschläfchen. Es ist die Zeit der *xekúrasi*, der Erholung oder Siesta. Es ist nicht die Zeit für Telefonanrufe oder Besuche! Wann der Einzelne diese mittägliche Auszeit nimmt, kann stark variieren. Rechnen Sie irgendwann zwischen 13 und 18 Uhr damit und stören Sie dann nicht!

Glossar

ágios (agía, ágio)	heiliger (heilige, heiliges) [άγιος (αγία, άγιο)]
agorá	Markt
Alexander der Große	356–323 v. Chr., Sohn Philipps II.; König von Makedonien, Schüler des Aristoteles, Eroberer, der die griechische Kultur weit nach Vorderasien und Ägypten trug, dessen gewaltiges Reich jedoch nach seinem Tod zerfiel.
arní (foúrnou/psitó)	Lamm(braten) [αρνί (φούρνου / ψιτό)]
Asklepío(n)	antikes Heiligtum des griechischen Gottes Asklepios, meist mit angeschlossener Heilstätte
bah!	oft gehörter griechischer Ausruf mit der Bedeutung von »Ach (was)!« / »Überhaupt nicht!«
Bauernsalat	Salat aus Tomaten, Gurken, Zwiebeln und Schafskäse, gewürzt mit Oregano und meist garniert mit Oliven und / oder Kapern [*saláta choriátiki* – σαλάτα χωριάτικη]
Bejahung	*ne* oder *málista*
Böser Blick	Glaube an die Fähigkeit bestimmter Menschen, durch bloßes Ansehen Schaden zuzufügen (Auslöser können sein: Stolz, Neid oder Komplimente; Gegenmittel: blaues Glas- oder Keramikauge oder blaue Perlen, Kreuz)

bougátsa	gefülltes Blätterteiggebäck; meist mit süßer Cremefüllung [μπουγάτσα]
brávo!	Ausruf, der nicht nur verbalen Applaus spendet, sondern auch schlicht Zustimmung bedeutet
buzúki	griechisches Saiteninstrument mit bauchigem Korpus und langem Hals; wurde mit einer Flüchtlingswelle aus Kleinasien 1922/23 eingeführt; Hauptinstrument der ►*rembétiko*- und Tavernenmusik.
Byzantinisches Reich	Kaiserreich im östlichen Mittelmeerraum, das durch die Reichsteilung 395 aus der östlichen Hälfte des Römischen Reiches entstand und bis zur Eroberung Konstantinopels durch die Osmanen im Jahre 1453 fortbestand.
Caldera	Vulkankessel
chalvás	Süßspeise aus Sesam(paste), Honig und/oder Zucker, Öl (oder Pflanzenfett oder Butter) und weiteren variierenden Zutaten wie Grieß oder Mehl, Nüssen, Kakao, Zimt, Nelken und Zitronenschale.
chasápiko(s)	Im 4/4-Rhythmus vorzugsweise von zwei bis vier Männern mit Schulterfassung getanzter, aus Konstantinopel (Istanbul) stammender Tanz, der der Musikrichtung ►*rembétiko* zuzurechnen ist; wörtlich: Metzgertanz – wurde ursprünglich auf Festen der Metzgergilde getanzt.
Chatzidákis (Hatzidakis / Hadjidakis), Mános	griechischer Komponist (1925–1994), bekannt geworden durch Filmmusiken und Welthits wie »Ein Schiff wird kommen«.
chérete	Guten Tag! (Zur Begrüßung und zum Abschied gebrauchte Grußformel)
chóra	(alter) Hauptort einer Insel oder Region

chtapódi	Oktopus [χταπόδι]
choriátikos <-i, -o>	Bauern-, Land-; kurz für *choriátiki saláta* [χωριάτικη σαλάτα] – Bauernsalat, oder *choriátiko psomí* [χωριάτικο ψωμί] – Bauernbrot
chrónia pollá!	Glückwunsch mit der Bedeutung »Viele (Lebens-)Jahre!«
danken	*efcharistó (polí)!* – danke (sehr)!; will man ganz besonders herzlich danken, so legt man die Hand ans Herz; Danksagungen sind weniger selbstverständlich als in Mitteleuropa.
Dodekanes ***(Dodekánisa)***	Gruppe aus zwölf (daher der Name) Haupt- und einigen kleineren Inseln in der Ägäis, deren bekannteste Rhodos, Kos, Karpathos und Patmos sind.
Doppeladler	dieses Symbol, das die orthodoxe Kirche aufgegriffen hat und das heute in Schwarz auf Goldgelb vor vielen Gotteshäusern weht, stand ursprünglich für Michael VIII. Palaiologos, der Konstantinopel 1261 von den Kreuzfahrern zurückeroberte, die Dynastie der Palaiologen sowie allgemein für das Byzantinische Reich.
éla!	Komm!
eláte!	Kommt! / Kommen Sie!
Elýtis, Odysséas	1979 mit dem Literaturnobelpreis ausgezeichneter Dichter, eigentlich Odysséas Alepoudélis (1911 – 1996)
embrós!	Los! / Vorwärts! / Hallo! (so meldet man sich am Telefon)
efcharistó	danke
endáxi	In Ordnung

fakeláki	Verkleinerungsform von fákelos (Umschlag); Synonym für Bestechungsgeld.
filótimo	Respekt und persönliche Freiheit forderndes, tief im Menschen verankertes Ehrgefühl, das sich über die eigene Person hinaus auf das persönliche Umfeld wie Familie, Heimat und Unternehmen erstreckt; einer der Schlüsselbegriffe griechischen Wesens.
Fischtaverne	einfaches, auf Fischgerichte spezialisiertes Speiselokal
frappé	geschäumter, meist kalter Pulverkaffee
Fumarole	Austrittsstelle vulkanischer Dämpfe
Glasauge	Ein blaues Glasauge, blaue Perlen oder ein Kreuz sollen vor dem ▸bösen Blick schützen.
Ikone	religiöses Tafelbild der orthodoxen Kirche
Ikonostase	von drei Türen durchbrochene Bilderwand zwischen Gemeinde- und Altarraum in orthodoxen Kirchen
imám baildí	Auberginengericht türkischen Ursprungs; wörtlich: Der Imam fiel in Ohnmacht; Name einer modernen griechischen Band [Ιμάμ μπαϊλντί]
já	Tschüss; kurz für *ygía* – Gesundheit
jámas	Prost; kurz für »auf unsere Gesundheit«
jásu	Hallo / Grüß dich; kurz für »deine Gesundheit«
jásas	Hallo / Grüß Sie / Grüß Euch; kurz für »eure Gesundheit«
jemistá	gefüllte Tomaten und Paprikaschoten

kafenío(n)	fast ausschließlich von Männern frequentiertes traditionelles griechisches Kaffeehaus; unterscheidet sich grundlegend von unseren Cafés.
kakaviá	Fischsuppe [κακαβιά]
kalderími	Pflasterweg; alte Geschäftsstraßen der Dörfer sowie häufig aus byzantinischer Zeit stammende, mit Natursteinen gepflasterte und oft mit Seitenmauern gesicherte Saumpfade; eigenen sich gut als Wanderwege.
kaliméra	Guten Morgen; bis zur ►Mittagsruhe verwendeter Gruß)
kalispéra	Guten Tag / Nachmittag / Abend; nach der ►Mittagsruhe verwendeter Gruß
kaliníchta	Gute Nacht
Kalós orísate (kalós írthate)	Herzlich willkommen
kamáki	Aufreißer; wörtlich: Harpune
Kazantzákis, Níkos	griechischer Schriftsteller (1883 – 1957), zu dessen Werken das Heldenepos »Freiheit oder Tod« und der dem gleichnamigen Film zugrundeliegende Roman »Alexis Sorbas« gehören
kéfi	Lust, Wohlbehagen, gute Laune, Frohsinn, Vergnügen – ein schwer zu übersetzendes griechisches Lebensgefühl
kombolói **(pl. *kombológia*)**	dem Fingerspiel dienendes Perlenkettchen, das zur täglichen Herrenausstattung gehört
kuvér	(Gedeck)Preis [Κουβέρ]
Kykladen	kreisförmig (daher der Name) um das einstige Kultzentrum Délos gruppierte Inselgruppe in der Ägäis, zu der bekannte Inseln wie Sandoríni (Santorin, Thíra), Mykonos und Naxos gehören

malákas	Wichser; Schimpfwort, das sich durch inflationären Gebrauch abgeschliffen hat, sodass es je nach Kontext und Betonung auch in der Bedeutung von »Blödmann« oder »Kumpel« verwendet wird.
mesiméri	Mittag, Zeit der ►Mittagsruhe
Metaxás, Ioánnis	griechischer General und Politiker (1871–1941), der eine diktatorische, antikommunistische Regierung führte und Ende 1940 erfolgreich den Angriff der Italiener abwehrte. Sein Nein *(ochi)* zur Forderung der Italiener nach italienischen Militärstützpunkten auf griechischem Boden wird noch heute mit einem der beiden griechischen Nationalfeiertagen, dem Ochi-Tag am 28. Oktober, gefeiert.
mezés **(pl.** *mezédes***)**	Vorspeise, Appetithäppchen [μεζές (pl. μεζέδες)]
Mittagsruhe	Die nach persönlichem Tagesablauf irgendwann zwischen 13 und 18 Uhr fallende etwa zweistündige Ruhezeit sollte nicht gestört werden; viele halten ein Mittagsschläfchen.
mizíthra	Molkenfrischkäse
m(o)ú(n)dza	beschimpfende/beleidigende Geste
m(o)usakás	Auflauf aus Auberginen, Hackfleisch und Kartoffeln [μουσακας]
Namenstag	vor dem Geburtstag rangierender wichtigster persönliche Feiertag
ne	ja
Obristen	Militärführer (Oberste); Bezeichnung für das Oberstentrio Papadópoulos / Patakós / Makarézos, das im April 1967 die Militärdiktatur einführte, sowie für weitere bis zum Ende der Diktatur im Juli 1974 folgende Militärregime.

óchi	nein
odós	Straße, Gasse [οδός]
ópa!	Freudenruf, Anfeuerung, Aufforderung zum Aufmerken oder zur Vorsicht in der Bedeutung von »Packen wir's!« bzw. »Achtung!«, »Vorsicht!« oder »Hoppla!«; oft verwendet, wenn Griechen zusammen tanzen, wo er nicht nur Anfeuerung ist, sondern auch Zeichen, in eine andere Richtung oder Schrittfolge zu wechseln.
Orthodoxe Kirche	vorherrschende Religion, der rund 97 Prozent aller Griechen angehören; neben der katholischen und protestantischen Kirche, denen gegenüber die orthodoxe Kirche von einer konservativeren Haltung geprägt ist, ist sie eine der drei großen christlichen Kirchen.
Osmanisches Reich	Reich der osmanischen Dynastie (1299–1922), das sich auf seinem Höhepunkt in Südosteuropa, dem Mittleren Osten und Nordafrika ausdehnte; wird auch als Ottomanisches Reich, in Europa auch als Türkisches Reich bezeichnet.
Ouzo	Anisschnaps
Oúzo ***me mezé***	mit Appetithäppchen servierter Anisschnaps
Ouzeri	Auf die ►*mezédes* genannten kalten und warmen Vorspeisen, die gern zum Ouzo gegessen werden, spezialisiertes Lokal; manche Ouzerien haben annähernd das gleiche Angebot wie ►Tavernen.
Palaiologen (Paleologen)	Von Michael VIII. Palaiologos begründete letzte Dynastie des Byzantischen Reichs (1261–1453)
Panajía (Panagía)	Muttergottes

Pandokrátor	All-/Weltenherrscher; Christus Pandokrátor bezeichnet einen Christi Weltherrschaft, Segensmacht und Lehrautorität betonenden Typus der Ikonografie orthodoxer Kirchen. Meist befindet sich die Pandokrátor-Ikone in der Wölbung der Apsis oder zentral in der ►Ikonostase. Typisch sind der auf den Betrachter gerichtete Blick, die zum Segen erhobene rechte Hand und das Evangelienbuch in der Linken.
panijýri	(Kirchen-/Kirchweih-)Fest
paputsákia	mit Hackfleisch gefüllte Auberginen
paréa	Freundeskreis, Clique, Kreis Gleichgesinnter
pastítsio	Hackfleisch-Nudel-Auflauf [παστίτσιο]
períptero	Kiosk
platía	(Dorf-, Stadt-)Platz; Treffpunkt der Einheimischen
poh, poh, poh!	Allerweltsausruf, in den alles Mögliche hineingelegt werden kann, von Stöhnen und Staunen über Zweifel und Ungläubigkeit bis zu Scheu, Furcht und Angst oder Missbilligung und Tadel.
psomí	Brot; auf Speisekarten verbirgt sich hinter diesem Posten manchmal der Gedeckpreis, der eigentlich *kuvér* heißt [ψωμί]
re(m)bétiko (re(m)pétiko)	beliebter, in der ersten Hälfte des 19. Jh. aus urbanen Subkulturen heraus unter dem Einfluss der Musik kleinasiatischer Flüchtlinge entstandener Musikstil.
Retsina	von der EU geschützte Bezeichnung für den griechischen geharzten, trockenen Wein; meist Weißwein aus den Rebsorten Savvatianó und Rodítis; weitaus seltener Rosé (griechisch *kokkinéli*) und Rotwein (aus der Mandilariá-Traube).

Seféris, Giórgos	griechischer Schriftsteller und Diplomat (1900 – 1971), der 1963 den Literaturnobelpreis erhielt; viele seiner Gedichte wurden zu beliebten Liedern.
sigá, sigá!	Langsam, langsam! / Immer mit der Ruhe!
skála	Treppe / Anlegestelle; Bezeichnung für eine Siedlung am Meer, die meist einen Bezug zu einem gleichnamigen, höher gelegenen Ort hat.
skordaliá	Knoblauchpüree auf Kartoffel- und / oder Brotbasis
skórpena	Drachenkopf (Drachenfisch, Skorpionsfisch) [σκόρπαινα]
stifádo	Zubereitungsart, bei der verschiedene Fleischarten oder Oktopus mit vielen, meist kleinen ganzen Zwiebeln und Gewürzen geschmort werden [στιφάδο]
stin ijá su (sas)	Prost / Auf deine (Ihre / eure) Gesundheit
Sirtaki	von dem griechischen Komponisten Mikis Theodorákis für den Film »Alexis Sorbas« von 1964 geschaffener Tanz, dessen Bezeichnung sich von dem beliebten traditionellen Reihentanz *syrtós* ableitet, ohne dass er mit diesem verwandt wäre; eher gibt es Ähnlichkeiten zum Tanz ►*chasápikos*.
suvláki (pl. suvlákia)	Fleischspießchen
syrtós (chorós)	griechischer Reihentanz
taramá(s)/taramosaláta	kalte, cremige Vorspeise *(►mezé)* oder Dip auf Basis von Fischrogen
Taverne	schlichtes Wein-, Speise- oder Musiklokal
távli	mit Backgammon verwandtes Brettspiel für zwei Personen
ti kánis?	Wie geht es dir?

ti kánete?	Wie geht es euch/Ihnen?
tsiftetéli	von Frauen getanzter Solotanz kleinasiatischen Ursprungs
tsikudiá/tsípuro	Tresterschnaps
tyrópita	Gebäck mit Schafskäsefüllung, meist aus Blätterteig
ud (oud/úti)	eine aus dem arabischen Raum stammende Kurzhalslaute, die von kleinasiatischen Flüchtlingen eingeführt wurde und vorwiegend im ►*rembétiko* und in der Musik Nordgriechenlands verwendet wird.
Verneinung	*óchi*
xekúrasi	Erholung, Mittagsruhe, Siesta
xifías	Schwertfisch
Zaziki *(tzatzíki)*	Dip aus Joghurt mit Gurken, Kräutern und viel Knoblauch; steht auf griechischen Speisekarten unter »Salate«.
zeï(m)békiko(s)	von Männern getanzter Solotanz; wichtigster Tanz aus dem Umfeld des ►*rembétiko*.

Stichwortverzeichnis

Aberglaube 236
Absprachen
- Terminabsprachen 115, 217
- Versprechen 209
- Vertragsabsprachen 115, 232
Alkohol s. Spirituosen, Trinkgewohnheiten u. Trinksprüche
Anmache 209
Applaus 21
Arbeit 115
Ausrufe 125
Autofahren
- Fahrverhalten und Fahrzeuge 44, 217
- Straßenzustand und Verkehrsverhältnisse 63
- Unfälle 63, 217
Autorität 151

Behörden 104
Beleidigung
- Beleidigende Geste 197
- Kränkung der Ehre 51, 115
Bestechung **109**, 115
Besuche 226, 243
Besuchszeiten 186
Beziehungen 104, **149**
Bildung 138

Dienstleister 104
Dorffest 21

Ehrgefühl 51, 115
Einladungen 76, 97, **171**, 217

Familie 104
Fasten 175
Flirten 209
Freiheit 151
Frömmigkeit 44

Gästezimmer 90
Gastlichkeit 97, 171, 243
Genauigkeit 168
Geschäftsgebaren 115, 179, 232
Geschenke
- Gastgeschenke 171
- Stille Gaben 215
Geschichte 159
Geselligkeit 97, 243, 248
Gesellschaft
- Arbeit 115
- Familie und Patenschaft 104
- Kinder- und Jugendarbeit 62
- Vetternwirtschaft 149
Gesprächskultur
- Ausrufe 132
- Gesprächsstil 94
- Gesprächsthema Politik 151
- Gesprächsthema Türken 158
- Gesprächsthema Wetter 110
- Grußworte 77
- Tratsch 243
Gesten
- Übersicht »Griechische Körpersprache« 262
- Bejahung und Verneinung 41
- Gestenreiche Unterhaltung 144
- Ela(te)! Komm(t)! 73
- *múndza* – die schlimmste Geste 197
Grußworte 70

Handwerker 115, 168
Hilfsbereitschaft 115
Höflichkeit 37

Institutionen 104

Kaffee 31
Kaffeehaus 192
Kinder 61–62
Kirche 44
Klöster
- Jahresfeste der Klöster 27, 64
- Klöster und Mönchtum 204
- Marienklöster 188
Konversation s. Gesprächsstil

Körpersprache
s. Gesten
Kosenamen
- kulinarische Verkleinerungsformen 224
- männliche Spitznamen 211
- weibliche Spitznamen 225
Kreuzzeichen 44
Küche s. Spezialitäten

Lebensgefühl 248
Literatur 72

Mahnungen 104
Mimik 97, 144, 262
- s. Griechische Körpersprache
Musik 174
- Komponist Míkis Theodorákis 217
- Musiklokale 255
- Tanz u. Musikrichtung *rembétiko* 29
Muße 123

Namen
- männliche Vornamen 211
- traditionelle Namensgebung 212
- weibliche Vornamen 224

Oktopus 51
Oliven 183
Ortsnamen 189

Pate 108
Patriotismus 151

Religion
- griechische Orthodoxie 48
- Muttergottesnamen 188, 225
- *Panajía!* - Anruf der Muttergottes 125
Restaurantbesuch 51, 79, 97, 160

Schimpfworte 140
Schlepper 96
Sicherheit 44, 63, 226
Spezialitäten
- Fastenspeisen 175
- Fisch und Meeresfrüchte 51, 97
- Sirupfrüchte 247
- Traditionelle Gerichte 79, 248
Spirituosen
- Likörspezialitäten 227
- Ouzo 116
- Tsípuro und Metaxá 180
Spitznamen s. Kosenamen
Sprache
- Ausrufe 125
- Frage nach dem Befinden 92
- Fremdwörter 84
- Gruß- und Höflichkeitsformeln 77
- Sprachformen *Katharévusa* und *Dimotikí* 82

Tagesablauf 186
Tänze 29
Taufpate 108
Tavernenbesuch
- Tavernenknigge 163
- Tischgesellschaft 102
Taxifahren 125
Telefonieren 136
Terminabsprachen 115, 217
Tischkultur 97, 197
Trinkgewohnheiten 21, 192
Trinksprüche 197

Vergnügungslokale 255
Verkleinerungsformen (Namen, Speisen) s. Kosenamen
Versprechen 115, 209
Vetternwirtschaft 144

Wesensart
- Ehrgefühl 51, 115
- Freiheitsliebe und Patriotismus 151
- Fußfaulheit 110
- Geselligkeit 97, 248
- Gesprächigkeit 90
- Großzügigkeit 70, 97, 209
- Hang zu praktischen Lösungen 168, 197
- Unbesorgtheit 226

Zeitangaben 115, 217, 232
Zimmersuche 90

Murat Topal
BERLIN
Ich hab noch einen Döner an der Spree – ein Heimatbuch
ISBN 978-3-934918-84-9

© Print 6 by Katja Renner

Locker und lehrreich präsentiert Murat Topal in amüsanten Episoden voll Multikulti, Action und Augenzwinkern sein ganz persönliches Berlin.

Murat Topal, Deutsch-Türke und gebürtiger Berliner, arbeitete zehn Jahre lang als Polizist im Bezirk Kreuzberg, bevor er sich ganz dem Dasein als Comedy-Künstler widmete. Bekannt ist er unter anderem durch Auftritte in verschiedenen TV-Sendungen und durch die Serie *Spezialeinsatz*, in der er die Hauptrolle spielt. Seit Februar 2011 tourt er mit seinem dritten abendfüllenden Bühnenprogramm *MultiTool – Der Mann für alle Fälle* durch Deutschland.

»Der CONBOOK Verlag hat mit seiner Reihe *Heimatbuch* voll ins Schwarze getroffen.«
(suite 101)

Die *Heimatbuch*-Reihe, u. a.

CONBOOK VERLAG
www.conbook-verlag.de

Alles zu den Heimatbüchern: **www.heimatbuch.de**

Alles, was Reisende und Griechenland-Freunde über Genuss, Kultur und Lebensart wissen müssen. Mit Tipps zu Gastronomie, Umgangsformen und Sprache.

Heidi Jovanovic

Griechenland erleben
Genuss, Kultur und Lebensart

ISBN 978-3-934918-34-4

Reste der Antike, Dauersonnenschein und Strände ziehen Touristen aus aller Welt alljährlich nach Griechenland. Nirgendwo lässt sich besser den Ursprüngen europäischer Kultur nachspüren und Sonne tanken. Aber Griechenland hat noch weit mehr zu bieten.

Ungeahnte Genüsse für Leib und Seele, die Vielfalt und Nuancen einer bezaubernden Landschaft, eine einzigartige Gegenwartskultur und eine bewunderswerte Wesens- und Lebensart werden in diesem Genuss- und Kulturführer beschrieben.

Ergänzt mit praktischen Tipps und Anregungen, umfangreichen Hilfen und Informationen wird der Leser hinter die ersten touristischen Eindrücke geführt und kann vielleicht erst dadurch eine Reise erleben, die einen wirklich bleibenden Eindruck hinterlassen wird.

»[...] Der Autorin Heidi Jovanovic ist mit ›Griechenland erleben‹ ein Griechenlandbuch geglückt, an dem auch der erfahrene Griechenlandreisende seine Freude haben wird.« (Buchtipp des Deutsch-Griechischen Vereins Mühlheim e.V.)

»Dieses Taschenbuch mit seinen umfangreichen Hilfen und Informationen sollte bei jeder Griechenlandreise griffbereit sein.« (Deutsches Kontakt- und Informationszentrum Athen)